公安学新论

杜志淳　杨正鸣　主编
王永全　倪　铁　副主编
沈臻懿　执行副主编

上海人民出版社

序

“国家安危，公安系于一半”。公安学是研究调整有关国家安全与社会治安秩序的社会关系的行为规律的一门社会科学与自然科学相交叉的综合学科。准确地说，公安学所要研究的内容与法律或法制有关，但又不仅仅是法律科学范围以内的内容。切实发挥公安的职能作用，加强公安学的理论研究，丰富公安学的研究成果，打造法治公安，既是推进依法治国战略、建设法治中国的重要一环，也是公安学学科发展的必由之路。

华东政法大学刑事司法学院是全国高等院校中公安类专业办学历史最悠久的单位之一，也是华东地区公安类专业办学层次和水平最高的单位。学院在公安学建设中发挥长期积累的学科优势，整合侦查学、治安学、边防管理学等专业力量，并依托司法鉴定与计算机科学与技术（计算机应用技术）等学科作为公安学的重要支撑，形成了较为丰富的理论与实践成果。

青年人才的培养，是学术发展的未来。为了主动迎接确立公安学一级学科后的时代背景，充分利用现有优势和资源，进一步夯实、建设、发展公安学学科。多年来，学院采取多种措施推进研究生教育创新，加大研究生学术论文培育力度，取得了一批具有相当质量的优秀学术成果。我们希望有更多的人能够投入到公安学的研究中来，成为法治建设的中坚力量。

本书编者

2017 年 4 月

目录
CONTENTS

侵权诉讼中商标近似司法鉴定之初探

陈晓铭*

摘要：在商标侵权中，商标近似的认定一直是司法实践中的关键和难题。商标近似司法鉴定具有不可估量的价值。本文从商标近似的概念界定、商标近似司法鉴定的范围、鉴定中存在的问题等方面一一加以论述，并结合目前国内外的理论与实践经验，提出明确的商标近似司法鉴定范围以及将“引起相关公众混淆”这一要件的认定纳入鉴定范围的重要性，并针对现阶段出现的问题为商标近似司法鉴定体系的完善提出相关建议。

关键词：商标近似　司法鉴定　混淆

作为无形资产的重要构成，商标的价值日益彰显，然与此同时，商标侵权行为也层出不穷。但侵权者一般很少全盘剽窃他人之商标，往往取其部分，假以无碍大体之增删或换汤不换药之转变，使一般消费者难以分辨而发生混同，甚至受到蒙骗。商标侵害与不正当竞争之案件多系因商标近似引起。①近似商标的判断是商标民事案件的难点，极易产生争议。

一、商标近似之概念界定

目前，负责商标注册、复审部门及法院在司法实践中对商标近似认定的判断标准不一，本文讨论的是法院在商标侵权诉讼中认定的作为侵权类型之一的商标近似。

《最高人民法院关于审理商标民事纠纷案件适用法律若干问题的解释》第9条规定了商标文字的音形义，图形的颜色构图，或其各要素整合后的结构、立体形状、总体颜色近似，易使相关公众对商品的来源与原告注册商标混淆或误认有特定之关联的，即构成了商标近似。

---

* 陈晓铭，华东政法大学2013级司法鉴定硕士研究生，现就职于上海市黄浦区司法局。主要研究方向为司法鉴定。

① 曾陈明：《商标法原理》，中国人民大学出版社2003年版，第299页。

新修改的《商标法》明确强调受保护的注册商标只要具可区别性，即可申请商标。故其可区别性的要素亦可构成商标近似的认定因素。通常意义上，商标近似含两个要素：其一，商标客观上存有近似之处；其二，相关公众在一般注意之程度下易对两个商标产生混淆。

(一) 客观上的近似

简而言之，商标客观近似的因素就是其音、形、义。

1. 声音的近似性

相同的汉语拼音可以给若干汉字注音，因此，在先申请或已注册的汉字拼音商标，一般来说与读音相同的汉字商标不构成近似。但若在先的纯拼音商标已经存在，则作为近似的考量因素。新修改的《商标法》使声音标识可纳入注册商标范畴，使声音不局限于读音。

国外声音的近似性是商标近似的重要因素。在 singer Manufacturinge v.Morsesewing Machine & Supply Corp.(1995)一案中，美国的辛格公司注册了"Style-O-Matic"商标，使用在缝纫机上，而后莫斯缝纫机械与供应公司在缝纫机上使用了"Dial-O-Matic"商标。法院判决后一商标的使用侵犯了原告的商标权。主要依据是两者发音近似在电话订货或收音机广告中易使相关消费者产生混淆。①

2. 外观的近似性

组成商标的文字、图形或者其组合具有一定的形式意义。从外观上看，文字除了其含义外，本身就是一定的图形，②特别是汉字，一种独特的书写方式也是一种图形。例如历时 6 年的"中国方便食品知识产权第一案"，白家粉丝与河南白象之争就是典型。

3. 含义的近似性

商标文字间或文字与图形，抑或图形间足以在意义上引起混淆。如三星与 Three Star、白雪与 White Snow 等。

(二) 相关公众产生混淆

2006 年的《北京市高级人民法院关于审理商标民事纠纷案件若干问题的解答》回答了足以造成相关公众混淆、误认的界定问题。其指"相关公众误认为被

① [美]米勒、戴维斯：《知识产权法》(英文版)，中国人民大学出版社 2004 年版，第 260 页。
② 刘玲芳：《商标近似认定标准及方法研究》，清华大学 2005 年硕士论文。

控侵权商标与注册商标所标示的商品来自同一市场主体，或者虽然认为两者所标示的商品来自不同的市场主体，但是误认为使用两者的市场主体之间存在经营上、组织上或法律上的关联”。新修改的《商标法》以基本法的形式确立了混淆原则，第57条细分了原法第52条中的“在同一种商品或者类似商品上使用与注册商标相同或者近似的商标”的侵权情形，对除“同一种商品上使用相同商标”外的近似侵权认定增加了“容易导致混淆”这一要件。由此观之，混淆可能性原则是商标侵权判定的基本原则，在商标侵权判定中起着指导性的作用。另外，在商标侵权的诉讼阶段，商标近似性认定的标准还要考虑商标的知名度。商标的近似程度和商标构成要素之间是否近似相关，以商标审查标准确定的原则为准。

尽管构成商标近似的两要素中前者是导致后者的条件或原因，但后者是具有决定性作用的。即使商标在某种程度上构成客观近似，但若两商标在实践中已长期并存，一般消费者通过两者细微的差异已能够辨认，即不致使相关公众产生混淆，则仍可判为不近似。

但在司法实践中，商标侵权案件的商标近似认定都不能单纯地从相关法条出发进行简单的判断。无论从商标的属性、功能还是形态上看，“商标近似”都不仅仅是一个单纯的视觉和法律判断问题，其中涉及到视觉心理学、知觉心理学、设计学、符号学、语言文字学等多学科的领域和内容，是一个综合学科的问题。

二、商标近似司法鉴定的范围

（一）商标近似司法鉴定的理论分歧

司法鉴定是一种科学实证活动，是指在诉讼活动中鉴定人运用科学技术或者专门知识对诉讼涉及的专门性问题进行鉴别和判断并提供鉴定意见的活动。[①]鉴定意见是对涉及专门知识、技术的事实问题作出分析、鉴别和判断，不能涵盖法律问题。在商标侵权诉讼中，是否构成近似的问题，可否交由司法鉴定机构进行鉴定？是由鉴定机构直接认定，还是由鉴定机构认定部分事实，由法院在此基础上审核认定各方证据最终作出认定，抑或是由法官根据相关证据直接作出裁量？

西方法谚有谓“法官不回答事实问题，陪审团不回答法律问题”，但我国不

① 参见《全国人大常委会关于司法鉴定管理问题的决定》，2005年2月28日第十届全国人民代表大会常务委员会第十四次会议通过。根据2015年4月24日第十二届全国人民代表大会常务委员会第十四次会议《关于修改〈中华人民共和国义务教育法〉等五部法律的决定》修正。

实行陪审制，事实问题和法律问题貌似没区分的必要，事实问题和法律问题是糅杂在一起的，法官往往双管齐下。这种误解也是导致商标近似司法鉴定范围争议的主要原因。

关于商标近似的属性，通常认为其是商标法上的概念，上文也从法条规定方面对其概念进行把握。有学者认为，如果争议问题的认定夹杂了法律、政策和政治的要素，需要进行价值选择或利益平衡，需要考虑司法政策，则属于法官的权力范围，应当由法官来作出。商标近似的判断应当综合考虑诸多因素，夹杂了法律、政策的多重考虑，因此专属于法官的权力范围。①

然而实践中涉及商标近似司法鉴定的案件虽然不多，但其存在也说明司法实践对将商标近似纳入司法鉴定范畴也不是持完全否定态度的，其既具有法律性也具有事实性。

如前文所述，通常商标近似有两个构成要件，将“客观上存在近似”这一要件纳入司法鉴定范畴，一般无争议，至于“引起相关公众混淆”这一要件的判定可否纳入，尚难达成共识，也是引起争议的关键所在。

(二) 引起相关公众混淆应纳入司法鉴定范畴

将“引起相关公众混淆”这一因素的判断纳入司法鉴定的范畴，是一种必然的趋势，商标近似司法鉴定意见能更好地帮助法官进行事实认定，从而进行法律适用。

商标近似并非纯粹的法律概念。在认定过程中，商标近似涉及的不仅是法律问题，如果法官用法律知识和审判经验或者逻辑推理很难解决，司法判决的公正性和正确性就难以保障，此时，商标近似的司法鉴定不失为解此燃眉之急的绝佳途径。

1. 其本身具有专门性问题的技术特征

“相关公众混淆”认定本身具有专业的知识要素，从商标的属性、功能和形态上看，“商标近似”不仅仅是一个单纯的视觉和法律判断问题，涉及多领域多学科的内容。即便是按照《最高人民法院关于审理商标民事纠纷案件适用法律若干问题的解释》第 10 条认定商标近似原则中“相关公众的一般注意力为标准”的要求，同样也包含了如何以“相关公众的一般注意力为标准”；如何以该标准测试、比对、检验“商标近似”的方法；如何以科学合理的方法进行组织比对、检验、测试等问题。

---

① 石必胜：《知识产权诉讼中的鉴定范围》，载《人民司法》2013 年第 11 期。

虽然我国相关的行政法规和司法解释所规定的对“商标近似”的侵权诉讼的认定和比对标准，都规定了判断“商标近似”应采用“混淆原则”、“误认原则”、“相关公众原则”、“一般注意力原则”和“隔离比对原则”。这些判断原则和比对方法之中既包含了一定的法律判断要素，也包含了相当的专业知识要素。

因此，我们不能回避在甄别“商标近似”的内容和过程中相应的技术属性和技术支持的问题。如果仅由具有法律知识的主体进行判断，不仅违背了“商标近似”的判断规律，还容易出现反复和差错。如果没有具有专门知识和经验的专家组织“相关公众”进行比对和“误认率”的统计得出相关数据、做出鉴定意见，就不可避免地会出现“商标近似”判断的失误。所以客观上也要求凭其专门知识、技能或特别经验，能够运用科学方法和手段（包括视觉测试、心理实验）的专家组织“相关公众”进行测试、比对，并得出科学的结论。

2. 抽象法律判断规则的缺陷

抽象的法律认定规则使混淆的判断充满漏洞。司法解释虽然规定了认定商标近似的原则，但未能对商标近似认定这样一种技术性比较强的行为规定具体操作的标准和流程。法官往往仅凭自己对上述原则的理解和简单的比较分析去自行操作。可想而知，这样的结果很容易出现同案不同判的结果，从而严重影响我国司法的权威性。除了规定的笼统外，现有的规定中还存在着一定的“模糊性”，类似“相关公众”等虚拟概念的范围、“一般注意力”的界定等，具体案件中往往争议频发。

所以很有必要引入专门知识和相关技术来认定类似问题，以弥补认知缺陷和界定的模糊。

3. 司法实践的需要

司法实践中，简单的商标近似侵权案件，法官凭借自己的专业知识和经验足以把握事实和法律问题。但对较复杂的商标近似案件中是否客观近似，尤其是是否导致混淆的“事实认定”往往力不从心。

同时，我国的司法水平存在地域差异，地域内部也有高低。故将具有专业性技术问题的“商标近似”交给具有专门知识的司法鉴定人员进行鉴定，不仅分担了法官对于事实问题解决的负担，有利于司法机关专心研究法律问题，提升业务水平，而且有利于提高商标近似认定的权威性，大大提升司法公信力。

4. 商标法立法价值的体现

从立法角度考量，“混淆”原则为商标侵权的认定确立了第三方标准，体现了商标法旨在保护商标权人以及其他相关公众的利益。但相关公众是抽象概念，对其注意力的科学估量评判亦超出了法官的认知范畴。

关于引起相关公众混淆问题的判定，如若由法官自由心证，个体的局限性暴露无遗，不同法官同案不同判也在所难免。这种差异事实上使商标侵权判定的第三方标准流于法官主观化，且其作为法律专业人士，观察、比较能力高于一般群体，以其一般注意力作为标准有悖于立法意图。但相关公众作为一个概念，其思维认知过程具有一定的共性，通过司法鉴定的途径即用科学技术或专门知识探求相关公众对商标的认知情况，并以此为依据进行鉴别和判断能否引起"混淆"、是否构成近似，来做出相关的鉴定意见具有一定的科学性。

5. 司法鉴定法规的要求

商标近似所涉学科的多样性，符合《司法鉴定执业分类规定》所规定的知识产权鉴定的内容和要求："知识产权司法鉴定是指依法取得有关知识产权司法鉴定资格的鉴定机构和鉴定人受司法机关或当事人的委托，根据技术专家对本领域公知技术及相关专业技术的了解，并运用必要的检测、化验、分析手段，对被侵权的技术和相关技术的特征是否相同或者等同进行认定。"①因此将其纳入知识产权司法鉴定的范畴有其科学性和合理性。

6. 国外经验的启示

美国对于认定商标近似就采用了专家鉴定人的制度。判断商标是否近似是以消费者是否发生混淆误认为原则，亦称之为"消费者记忆原则"。采用该原则势必要运用并通过对相关人员的记忆测试、分析统计、视觉测试方法以科学的数据对商标是否近似做出鉴定意见。

总之，将"引起相关公众混淆"的判定纳入商标近似司法鉴定的范畴具有必要性和现实性，采用技术的语言解读混淆与否、混淆的程度等在司法实践中有不可估量的现实意义。

当然，将商标近似认定纳入司法鉴定范畴并非鼓励用纯粹的技术手段来判定和排斥其他证据和法官的主观认定，鉴定意见并不当然具有既判效力。同时，在实践中对鉴定机构的中立性，以及选取相关公众的客观性和全面性必须采取相应的措施加以规制，以保障司法鉴定价值的最大实现。

三、商标近似司法鉴定在实践中存在的问题

商标近似司法鉴定范围的争议也为司法实践中的诸多问题埋下伏笔。司法实践中商标近似鉴定强烈的现实需求与鉴定案件很少之间的矛盾引人深思，

① 霍宪丹主编：《司法鉴定通论》，法律出版社2009年版，第136页。

目前的商标司法鉴定意见(即事实认定)与商标审判案件中的司法认定结果(即法律适用)往往会出现不一致的现象。究其原因,主要是司法鉴定人员根据的商标鉴定标准与审判人员的司法认定标准存在差异。一方面是商标近似司法鉴定缺乏统一标准,另一方面司法认定制度也不完善。某种程度上而言,差异存在具有必然性,主要反映了以下问题:

(一)鉴定事项属性不明、范围不清

商标等知识产权鉴定较之其他形式的司法鉴定,如法医鉴定、物证类鉴定等,法律和事实判断的界限更加模糊。商标近似认定已不是纯粹的技术问题,既涉及事实判断,也涉及法律判断。司法鉴定的科学性和客观性本可以发挥很大价值。但知识产权司法鉴定具有浓厚的主观性,事实问题与法律问题的区分存在一定难度。

实践中对注册商标是否客观上近似,一般在认定上容易达成共识。但对“混淆”要件等的判定,因没有明确纳入司法鉴定范畴,若仅采取自由心证,不同法官对同案极有可能不同判,从而造成司法裁量尺度的不统一,若一味依赖商标近似的鉴定意见,则会使得审判权不合理的让渡,有损司法公信。

为了缓解事实判断和法律评价之间的紧张关系,对鉴定事项进行细化就显得十分重要。规范鉴定的具体操作程序、统一鉴定标准,增强可操作性,一方面给鉴定主体施展空间,另一方面防止其“越俎代庖”,是提高鉴定质量,保证鉴定结论客观真实的必要措施。在具体操作上,鉴定事项范围应尽量细化,明确事实判断与法律判断范围的界限,即使不能穷尽所有的专门性问题,也能形成对鉴定主体自由裁量权的有力约束,避免其越权鉴定,也能最大程度地发挥鉴定人辅助法官在事实认定上的作用。

(二)与鉴定意见相关的司法认定制度不完善

如前文论述,法律抽象的判断规则使混淆的判断充满漏洞。到底商标比对的内容是什么?虽然司法解释规定了商标相同或相似判断的方法为隔离比对,但缺乏具体操作标准。司法实践中审判人员两手各捧着一个商标进行简单主观比对的情况仍然常见。“相关公众”等概念的范围,以及“一般注意力”的界定等,具体案件也存在不同的声音。

这种不确定性导致了司法实践中商标近似认定的不统一,同一法院司法认定与鉴定意见以及不同法院司法认定间都可能存在矛盾。为了解决上述问题,商标近似的认定有必要从立法上明确较为科学、细致的认定体系与方法。我国

商标法制的完善迫在眉睫，商标近似的认定是体现专业性和难度的，仅有原则性规定是不够的，细化司法认定的标准，才能将法官部分让渡于司法鉴定的"审判权"收回，某种程度上弥补了司法鉴定在法律认定上的不能。制定一套切实可行的操作方式和明确的标准来指导各地法院商标近似认定工作，才能保证全国各地法院按照统一标准作出客观公正的判决。

（三）科学客观的鉴定方式的缺乏

当前理论界和司法实践对商标近似司法鉴定往往从客观近似性的角度入手，侧重商标间要素的分解和表象视觉元素的描述及比对，对近似的实质要件即"引起相关公众的混淆"缺乏内在形成机制、判断方式的科学属性的研究和考量。

在商标的司法鉴定中，不能片面地认为专门知识和科学技术只是在实验室"运用必要的检测、化验、分析手段"，应从广义的角度理解。例如作为管理学上比较成熟的科研方法"市场调查法"，[①]将其应用到司法鉴定中来具有一定的前景。通过科学研究方法对是否引起"混淆"的调查，是对"事实的认定"，属于司法鉴定范围。

当然，在我国采用市场调查法，需要把握以下几点：首先，应保障调查对象的合理性，作为市场调查对象的相关公众应具备四个条件：一是与商标所使用的商品或服务相关的公众，二是须对相关商品或者服务有充足的了解，三是具备一般且非专业注意力和谨慎程度，四是对相关商标不具有精确的记忆。[②]此外还应注意所选调查对象组成上的代表性与均衡性，适当调配各行业人士所占的比例以确保调查结果的可靠度与可信度。其次，调查地域范围应当选择与原被告最为密切的地域开展。再次，调查方式应当使调查对象处于自然购物状态下。然后，对调查结果的分析，多大程度的混淆可以判定为商标近似从而构成商标侵权，需要在司法实践中积累经验合理分析。最后，市场调查方法并不是所有案件中都应当使用的一种方法，基于其较高的成本，笔者认为，对于那些法官觉得难以判定或是争议较大的案件，采取这种方式比较适宜。

四、结　　语

商标近似的认定并没有一个适用于所有案件的统一方法，在司法实践中要

---

① 周家贵：《商标问卷调查在英美法院商标侵权案件中的运用》，载《知识产权》2006年第6期。

② 彭学龙：《商标法的符号学分析》，法律出版社2007年版，第195—196页。

结合具体个案的不同情况选择合适的方法，考虑适当的因素，以相关公众是否有可能产生混淆为根本准则加以判定。因商标近似认定夹杂各种事实因素，因此将商标近似认定纳入司法鉴定的范畴具有合理性。明确“混淆”等要件作为鉴定事项，帮助法官解决不能运用法律知识、裁判经验或者通过逻辑推理解决的这些专门性技术问题，不失为解决商标近似鉴定中诸多问题的不二途径，同时也应完善商标近似鉴定相关的司法认定制度。此外，尝试借鉴市场调查法等作为鉴定方式即混淆可能性原则实践具体化形式，从技术的角度对混淆与否及程度做出专业判断，以及将类似科学方法引入司法鉴定能更客观地描述事实状态，使法官在此基础上通过证据规则正确认定案件事实和适用法律，使案件的处理结果获得最大的公正。本文希望从司法鉴定的视角对司法实践中准确认定商标近似进行初步探讨，不断完善司法实践中商标近似司法鉴定体系，从而提升司法公信力，更好地保护商标权人及相关公众的利益。

A Tentative Study of the Trademark Approximate Judicial Authentication in the Infringement Lawsuit

Abstract: In trademark infringement, the cognizance of trademark similarity has been the key and difficult problem in judicial practice. The Trademark Approximate judicial authentication is of great value. From the definition of the trademark approximation, the scope of the trademark approximation of the forensic identification, the problems existing in the appraisal, so the clear scope of trademark approximation judicial identification, and the importance of the recognition of the “cause public confusion related to” into the scope of identification, and recommendations for the perfection of trademark approximate judicial identification system in current stage are bought forward.

Key words: similarity in trademarks　judicial authentication　confusion

浅谈侦查人员讯问伦理观的规范健全

王　哲*

摘要：近年来我国很大一部分侦查人员依然无法做到正确的行使讯问权，滥用、错用侦查讯问权的现象还普遍存在，其核心原由是讯问人员欠缺正确的伦理观念。侦查讯问目前面临着司法人员伦理素养不高的困境，讯问伦理是一种内心的思维和态度，其完善不能仅仅依靠外部制度的健全，而需要通过针对性的心理教育和思想引导，立法规制和政策指引相结合才能提高讯问人员的伦理素质，避免冤假错案的发生并增加群众对司法公正的信任度。

关键词：侦查讯问　伦理　道德困境

一、侦查讯问人员的伦理的定义

讯问伦理是关于讯问道德的理论，是研究讯问道德的产生、发展、本质、评价、作用以及讯问道德教育、道德修养规律的理论观念。①伦理规范之所以具有约束力，是因为其含义得到了人们的认可。伦理首先应建立起"内心"的应然，同时社会的行为期待也通过这种已经确定的规范建立起来，违背这种规范的行为将招致严厉的社会惩罚。与多数法律规范不同，伦理规范最初并不注重外部行为，而是注重内心的思想。②

（一）讯问伦理的内涵

"内涵"指的是事物本身所固有的属性，是一个事物的基本概念。伦理蕴含理性和公共意志，在此我们可将伦理定义为被社会普遍认可的价值观念和人性需求。侦查讯问是国家机关依靠国家公权力，以国家强制力为保障的，用法律规范的程序来进行打击犯罪和保障人权的行为。

首先，侦查讯问中的伦理应区分于一般性的伦理。依照社会的一般理论和

* 王哲，华东政法大学2014级公安法学研究生，主要研究方向为侦查学。

① [古希腊]亚里士多德：《尼各马克伦理学》，廖申白译，商务印书馆2015年版，第49—51页。

② [德]伯恩·魏德士：《法理学》，丁晓春、吴越译，法律出版社2013年版，第48页。

公共意志的观点:任何人只要遵循着社会普遍的契约规则和道德准则,便应当被尊重和保护,而一旦对他人社会造成了损害,便应当接受相应的惩罚。侦查行为不仅仅是逮捕人的工具和追诉的手段,而更应具有理性的光辉和善的本质,因此要进一步关注程序的善良本质以及对社会和后人的教化和感召结果。①

其次,侦查讯问中的伦理应当具有内心的强制性。同一般伦理道德一样,讯问中的伦理应当建立起内心的应然性,讯问人员需要知晓讯问中的善与恶,哪些是自己正当的权力,哪些是超出了自己职权范围的事项,并在内心上给予确认,构建讯问伦理规范体系。不同于法律法规的外在强制力,伦理强制力则限于讯问人员的内心谴责,讯问人员违背了内心的伦理体系只会受到相关良心的谴责和精神层面的负罪感。

最后,侦查讯问的伦理需要同社会期待相适应。讯问人员仅仅依靠自身的意识和道德水准是很难建立起普遍适用于整体讯问人员的伦理规范体系的,所以讯问人员的伦理还需要同社会上的期待相适应。讯问人员需要了解国家和社会对于讯问活动的定义以及对讯问成果的期待内容。然后将自身特定的伦理规范同社会期待相结合,形成讯问人员应具有的伦理体系。

综合以上三点,侦查活动中的伦理的内涵便是侦查讯问中那些应该被肯定、被保护的内在的一般性价值观念,是指讯问阶段各方主体应得到人性道义上的支持的内在需求和被公共价值所肯定的价值观念,以及因侦查讯问的特殊性而应当有所限制或制约的人性需求和公共价值观念,以及对讯问阶段各方主体内在的自发性的约束规范。

(二) 讯问伦理的外延

外延是指一个事物所涵盖的每个方面,也就是一个事物的所有可能的存在方式。讯问伦理的外延则表现为在讯问阶段中对善恶行为作出的判断以及讯问人员应当持有的伦理观,具体表现为讯问人员在讯问阶段的心态。大致可分为三个方面:

第一方面是侦查人员自身应有的伦理观。侦查人员应当同其他社会公众一样,拥有端正的思想和积极的生活态度,有基本的善恶观和人道主义精神。同时,讯问人员要富有法治精神,坚持公平正义的伦理观念。

第二方面是讯问人员看待职位和工作的心态。讯问人员执行侦查职责时必

① 杨正鸣、宋远升:《论侦查行为的伦理效益》,载《中国人民公安大学学报(社会科学版)》2006 年第 5 期。

须公正无私且不受个人情感左右，必须具有诚信、正直、勇敢、坚毅的品德。而对于讯问人员而言，这种优良的品质很容易转化为感召和教化的力量，从而完成从个人品性到社会伦理效益的外化过程。[①]讯问人员对待工作的心态也决定了一个讯问人员伦理体系的优劣，讯问人员应该正确认识自身工作的重要性，富有爱岗敬业精神，协调各方工作，服从上级的统一指挥并对不合理的指导提出质疑。

第三方面是讯问人员对待犯罪嫌疑人的心态。讯问人员应当避免对嫌疑人任意的有罪推定，避免对犯罪嫌疑人产生歧视心理和复仇惩戒心理，不应当以非法和非正义的手段来审讯嫌疑人，应当从证据出发，保证嫌疑人正当权利的同时保持对嫌疑人基本的人格尊重。

二、讯问人员面临伦理素质欠缺的困境

笔者在网络上收集到了 39 个有关刑讯逼供罪的裁判案例和 17 个媒体公布的案例，这 56 个案例中基本都存在着大量的非法讯问现象，可以折射出当前我国讯问环节存在大量不正规的审讯行为。讯问人员忽视了对于伦理观念的培养和健全，导致我国的讯问阶段一直无法走上正轨。一些讯问人员在很多环节上产生了畸形心理，其伦理的缺陷主要表现为三方面：

（一）讯问阶段刑讯逼供现象依然大量存在

近年来经常可以听到有关刑讯逼供导致冤假错案的新闻报道。典型案件主要有：湖北省佘祥林杀妻案件、湖南省滕兴善杀人案件、山西省岳兔元杀人案件、河南省赵作海杀人案件等“被害人回来”的案件以及云南省杜培武杀妻案件、辽宁省李化伟杀妻案件以及甘肃省杨文礼等抢劫杀人案件等“真凶出现”的案件。[②]2014 年 12 月轰动全国的呼格吉勒图案的再审判决认定原审被告人呼格吉勒图无罪，这一悲剧不但让中国司法蒙羞，也给予广大司法工作者警示，在办案过程中一定要严格按照相关程序，给予嫌疑人应有的权利保障。

在实践中，许多法律法规并不具有可操作性，办案人员刑讯逼供的防止措施没有得到有效的制定和实行，新的不当审讯的方式不断涌现出来，讯问人员的伦理底线不断的后退。同时当前的刑讯逼供案暴露出一些新的问题，如在职务犯罪中，刑讯逼供现象越来越突出，看守所的刑讯逼供减少了，其他场所如监

① 杨正鸣、宋远升：《论侦查行为的伦理效益》，载《中国人民公安大学学报（社会科学版）》2006 年第 5 期。

② 郭华：《侦查讯问权的正当性及其制约机制》，载《中国刑事法杂志》2011 年第 1 期。

视居住场所刑讯逼供问题又凸显了出来。[①]

(二) 讯问人员采用其他非刑讯不当手段获取口供

讯问中还有很多虽然没有对嫌疑人身体健康造成损害但却对心理造成了不可见的巨大伤害的审讯方式，对嫌疑人采取精神攻击或施加压力来获取口供逼迫其认罪的现象还大量存在。

讯问人员除了刑讯逼供之外还更可能频繁地采用诱供欺骗的方式。讯问的持续使得一些犯罪嫌疑人的内心已濒临崩溃，这影响着其是否认罪的过程。根据决策心理学的理论，理性人都会为了追求长期利益而放弃短期利益。但置身于高度心理强制环境下的犯罪嫌疑人却难以遵循这一决策理论，绝大多数人会为了尽快从讯问的高压中解脱而认罪。[②]这便促使更多的讯问人员通过非刑讯逼供的其他不当方式去获取嫌疑人口供。这种现象是我国法治发展中衍生的一个副产品，如果不能有效解决和避免这种现象的出现，将会导致更多严重的后果。

(三) 讯问中对犯罪嫌疑人的审讯态度恶劣

在很多审讯案件中，讯问人员都持着一种蔑视敌对的心态对待嫌疑人，刑讯逼供和诱供精神压迫等非法手段常常伴随着辱骂殴打等恶劣的侮辱行为。比如在王志恒、曹进忠刑讯逼供案中被告人王志恒、曹进忠等分别踢打了马沙力海大腿及肩等部位。被告人王志恒还将含在口中的矿泉水喷在马沙力海脸上，又将剩余的矿泉水倒在其身上。在闫耀锋滥用职权，赵朔、贾严刚、李红卫刑讯逼供，王庆保玩忽职守案中被告人王庆保称："徐快到崩溃边缘，应继续审，否则前功尽弃。审讯分班应调整。一组加压，一组做思想工作，审讯人员要制定详细的审讯计划，对说的假话要大胆驳斥，软硬兼施，适当加威，饭吃两顿，水让喝，不让长休息。"被告人闫耀锋中途到会指出："审讯和看守不能分开，审讯要有衔接，要求尽快破案。徐的身体状况可让狱医进行检查，没有问题不能休息，分两大班。王庆保总负责，赵朔负责审讯"。并说："徐再说假话打他两耳光，脸上吐几口"、"三天之内要结果，最迟下星期要结果，我不看过程只要结果，出了事我负责。"[③]

在这些案例中的侮辱行为最后都升级演变为刑讯逼供，导致了被害人死亡

---

① 陈如超：《刑讯逼供的国家治理：1979—2013》，载《中国法学》2014 年第 5 期。

② [英]弗雷德·英博：《审讯与供述》，何家弘等译，北京群众出版社 1992 年版，第 33 页。

③ 以上案例均载自北大法意，http://www.lawyee.org/Case/Case_Result.asp?Case_Name=%u5211%u8BAF。访问日期：2015 年 11 月 27 日。

的结果。这一方面说明了殴打辱骂等行为一开始可能只不过是讯问人员惯用的伎俩,大量的审讯恶劣现象依然存在于我国讯问阶段之中,同时另一方面也说明审讯态度的恶劣十分容易导致讯问人员同嫌疑人之间的矛盾进一步激化,导致刑讯逼供等非法讯问现象的产生。

三、讯问人员伦理道德观念缺乏的原因分析

(一) 立法上存在功利主义思想同时缺乏操作性

目前讯问活动依然存在着很多功利主义的思想,在法律中可以看出一些规定明显与伦理规范相冲突。"讯问实践的需要"又常绕过侦查讯问权的正当性,特别是侦查讯问的证据功能转向侦查线索的追逐,致使保障犯罪嫌疑人权利的程序在实践中不断地转化为恶化其诉讼地位的实际措施。①

如在《公安机关办理刑事案件程序规定》第 198 条中规定:犯罪嫌疑人对侦查人员的提问,应当如实回答。第一次讯问,应当问明犯罪嫌疑人的职业、文化程度、家庭情况、社会经历、是否属于人大代表、政协委员、是否受过刑事处罚或者行政处理等情况。这一条款首先便是规定了嫌疑人如实回答讯问人员的问话,若是有罪便要实话实说,这种规定不符合基本的理性观念,任何人都是趋利避害的,要求有罪的人去证实自己有罪不符合基本的理性思维和伦理常识。同时在第一次讯问需要回答的问题中包含了很多与案件侦破毫无关系的问题,比如是否属于人大代表或者是否受过刑事处罚以及一些家庭情况和社会经历等都应该与案件关系不大,只会让侦查人员作出先入为主的判断,对于案件的科学正确侦破起不到任何的好处。

犯罪嫌疑人的权利在立法上的不断扩增,并未带来实践中侦查讯问时对犯罪嫌疑人肉体的摧残与精神折磨等法外侵害的绝对减弱。许多证据表明,一些警察仍然诉诸于肉体暴力以获取口供,不幸的是这些肉体上的酷刑和侵害从来都没有在任何地方消失过。②在《公安机关办理刑事案件程序规定》第 203 条中规定:讯问犯罪嫌疑人,在文字记录的同时,可以对讯问过程进行录音或者录像。这条中只表明了立法者重视那些案情重大的讯问合法,而在其他案件中只是可以录音录像,那么实践中基本上就不会录音录像,侦查人员审讯权的滥用

① 郭华:《侦查讯问权的正当性及其制约机制》,载《中国刑事法杂志》2011 年第 1 期。

② Miranda v. Arizona, 384 U.S.436(1966).转引自郭华:《侦查讯问权的正当性及其制约机制》,载《中国刑事法杂志》2011 年第 1 期。

便无法受到来自法律上的监控，则很有可能导致对嫌疑人人身权利的侵犯。

从立法者制定法律的角度来看，他所要做到的只是制定出来的结果和政策最优化，所谓的最优化无非便是满足了一个社会最大的福利和利益追求。立法者只要考虑什么样的法律能使得一个社会福利最大化，而不会去考虑个人在面对该程序的时候可能会遇到的阻碍和困境。很多事实表明，一味地追求国家整体利益而忽视对每一位公民个体权益的保护，其结果往往同预期背道而驰。立法者应该意识到只有对公民的自由和法律的正义有基本的尊重，才能在法治国家建设的道路上走得长久。

（二）司法上过度的有罪推定以及对讯问非法操作的忽视

首先，讯问人员对待犯罪嫌疑人的态度是一种绝对的有罪推定。法律意识、法律观念在很大程度上决定着执法、司法的效果。正是因为某些侦查人员在审讯犯罪嫌疑人的时候戴上了“有色眼镜”，才使得他们极度漠视嫌疑人的合法权利，在讯问过程中对有利于嫌疑人的相关权利条款不予彻底执行甚至是置之不理。[①]然而，这并非就说明刑讯逼供和有罪推定是定罪过程中必然的产物。在几百年前，大思想家、法学家孟德斯鸠就曾经在《论法的精神》中提及了他对于刑讯逼供和有罪推定的看法，他认为法律虽然必须预先对案情做一些假设，但并非必须刑讯罪犯。可见刑讯并非其性质所必需。[②]

讯问人员在侦查阶段中大量的凭借自身侦查经验和直觉来锁定嫌疑人，运用合适的推理来对符合作案时间、地点、动机的人群进行合理的怀疑是自古以来侦查人员永恒不变的技巧和手段。我国还没有达到只需要客观证据或者只需要运用高科技就可以锁定犯罪人，让任何违法者无所遁形的程度，所以一些正常合理的怀疑是不可避免的。但经验再丰富的侦查人员也不能保证自己的推理完美无缺，所以在实践中也难免会出现抓错嫌疑人等现象，而讯问人员却依然保持一种有罪推定的先入为主的思想使得无辜者的自我辩护苍白无力，因此导致了大量冤假错案的发生。

其次，讯问人员对待嫌疑人持消极的工作态度，正确的审讯思维无法得到理想的结果。讯问人员在面对犯罪嫌疑人的时候没有基本的人道主义尊重，不仅仅将犯罪嫌疑人认为是有罪的，而且对这些“犯罪者”产生了异端排斥的心理。

侦查讯问人员面对嫌疑人经常采取消极应对的措施，侵犯嫌疑人权利。相关

① 张志英：《论有罪推定思想的具体表现及其转变路径——以刑事冤案的产生为切入点》，载《河南师范大学学报（哲学社会科学版）》2009 年第 3 期。

② ［法］孟德斯鸠：《论法的精神》，许明龙译，商务印书馆 2015 年版，第 111 页。

研究结果提示我们，讯问人员在工作中常常持消极态度，不利于保持良好的工作心态，容易伤害到嫌疑人权益。有必要对讯问人员开展相关的心理健康教育的干预与指导，注意引导讯问人员在工作中学会运用多种积极应对方式来解决问题。①

讯问人员很多情况下不会告知犯罪嫌疑人比如法律规定不能自证其罪、在侦查阶段聘请律师等合法的权利，因为告知犯罪嫌疑人过多的权利可能会使得犯罪嫌疑人寻找有效的逃避罪责的空间和手段。同时，讯问人员在没有突破口的情况下会尽可能多的调查犯罪嫌疑人的自身信息，了解很多与案件无关但是可能对判断犯罪嫌疑人性格特点和思维方式有用的信息。侦查人员会去了解很多嫌疑人不愿意让他人知晓的隐私，在讯问中会借助国家公权力的威信调查了解并很可能将相关案情对外公开，严重侵犯了嫌疑人的相关权利。

再次，讯问人员很多违法违纪的行为最后都没有受到严厉的惩罚。以下是笔者在整理 39 份裁判文书和 17 份媒体公布的案例中，每个涉嫌刑讯逼供案件被告人最后所得到的处罚。

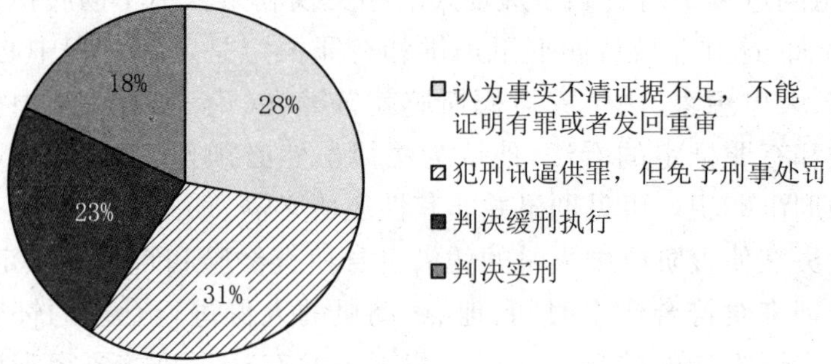

图 1　裁判案例中各种处理结果所占百分比

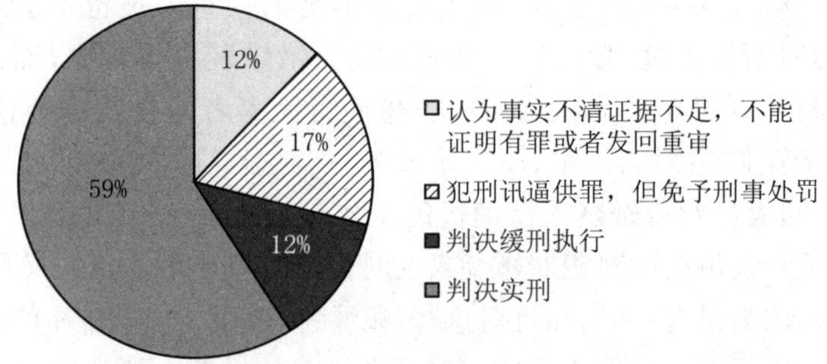

图 2　媒体公布案例中各种处理结果所占百分比

① 刘启刚、周立秋:《一线讯问人员应对方式现状的调研报告》，载《广州市公安管理干部学院学报》2014 年第 3 期。

如上图所示，在39个刑讯逼供的裁判案例中，只有18%的案件最后被判决实刑，有59%的处理结果最后都没有对被告人进行刑事处罚。在17个媒体公布的案例中有59%的案件被判处实刑，只有29%的案件最后没有得到刑罚。媒体公布的案例大多数偏向刑讯逼供最终都受到了应有的惩罚，遵循了社会普遍的意志，然而实际上在39个法院裁判案例中却恰好相反。①上图表明我国对于刑讯逼供的打击重视力度远远不够，在处罚上明显过轻，使得许多讯问人员实施违法行为时认为自己并不会受到法律追究或者即使被提起诉讼所得到的处理结果也偏向于侦查人员一方，这种处理方式则会给予讯问人员盲目的引导和自信，让其认为对嫌疑人进行暴力和侮辱虐待是理所当然的，扭曲了讯问人员应有的讯问伦理观。同时媒体的报道也具有一定的迷惑性，只挑选具有新闻价值的案例而忽视了一般现状，使得一般民众认为讯问人员会畏惧非法审讯所面临的恶果。

最后，讯问人员缺乏基本的讯问谋略和手段。通过正常的审讯无法攻破犯罪嫌疑人的心理防线，只能通过寻找立法的漏洞用非正义的方式来讯问，甚至采用违法手段来获取口供线索，事后再消除非法审讯的痕迹。在很多案件中，因为侦查人员自身的原因而没有获得有效侦破案件的线索，则有可能为了尽快破案以结束复杂艰难的思考和调查工作以及完成上级领导的指示，会对犯罪嫌疑人进行威胁、引诱和欺诈甚至对其刑讯逼供和变相肉刑，这种现象虽然随着近年来刑诉法的修改和上级领导的重视在讯问中出现的频率得到了控制，但是以破案为核心同时又不重视自身素质的提高以及对嫌疑人不尊重的思想依然存在，导致很多刑讯逼供等非法讯问手段依然存在，只不过侦查人员用一些更加隐蔽的手段和方法并且及时将一些逼供的痕迹抹除，使得很多嫌疑人有苦不敢说或者没有有效的证据来自我保护。

四、规范讯问人员伦理道德观念的建议

笔者认为想要确实提高讯问人员的伦理观念应该通过立法上的引导规范以及司法上端正讯问思维心态两个方面下手。

(一) 加强立法的引导和监督

1. 加强实体要件的保护

现行的刑诉法中规定了侦查人员在讯问普通犯罪嫌疑人的时候，可以对讯

① 资料来源：北大法意，http://www.lawyee.org/Case/Case_Result.asp?Case_Name=%u5211%u8BAF.访问日期：2015年11月27日。

问过程进行录音或者录像。随着科技和经济水平的发展我国完全有能力在每一个刑事案件讯问中进行录音录像,保证每一个案件的客观真实和讯问合法,还应该增加在对普通犯罪讯问中,确立完善的录音录像和律师在场制度的立法保护。比如可以采用监管场所和讯问室自动录音录像的方法。将门禁和录音录像设施联系在一起,讯问人员一旦刷卡进入讯问室,则录音录像自动打开,做到全程对嫌疑人和讯问人员的监控,保障嫌疑人不受非法侵害。①

另外赋予律师在侦查讯问时的在场权,已经成为现代法治国家的通常做法。大量实践证明,在侦查讯问阶段允许律师在场,可以监督侦查人员的侦查活动,有利于保障犯罪嫌疑人的合法权益。

2. 坚守人道主义精神

仅仅是为了查清事实和证据而机械地进行立法是不能制定出让嫌疑人得到公平对待的法律法规的。在立法上,站在嫌疑人的立场考虑,则制定的法律可以方便于司法中讯问人员伦理观念的规范健全。

如讯问之前对于嫌疑人的相关法律救济和权利的告知程序极为重要,很多案件中嫌疑人并不了解自己有哪些法律规定的权利,如果立法上不规范详细的告知义务,则讯问人员容易在讯问过程中利用嫌疑人的不知情而选择不告知,损害其应得利益。在英美法系国家,一般要求在讯问前告知沉默权、委托或指定律师帮助权,并且明确告诉犯罪嫌疑人,他对于侦查人员的讯问所作的回答可以在审判中用作证据,如果犯罪嫌疑人主张任何一项权利,讯问原则上不得开始或继续。

在大陆法系国家中随着《欧洲人权公约》的实施,对于侦查人员讯问犯罪嫌疑人时的权利告知规则逐步向英美法和国际准则靠拢,少数国家的告知要求甚至比美国还要严格。②我国只是规定了一些基本的告知内容,如犯罪嫌疑人在被侦查机关第一次讯问后或者采取强制措施之日起,可以聘请律师为其提供包括法律咨询、代理申诉、控告、了解犯罪嫌疑人涉嫌的罪名等在内的法律帮助,而并没有规定确保犯罪嫌疑人知悉权的权利告知规则,因此应当规定具体法律保障和权利的告知规则,坚守立法上的人道主义精神。

3. 加强对讯问人员的监督监控

我国虽然在立法上规范了多种保护嫌疑人自身权利的法规,但是其中一部分不具有较好的可操作性从而导致实践中经常不能有效的运用。《公安机关办

① 马国兰:《侦查讯问制度改革研究》,载《广西警官高等专科学校学报》2015 年第 2 期。

② 张佐良:《当前我国讯问模式的主要缺陷和改革发展方向》,载《中国人民公安大学学报(社会科学版)》2010 年第 1 期。

理刑事案件程序规定》第 7 条规定："上级公安机关发现下级公安机关做出的决定或者办理的案件有错误的，有权予以撤销或者变更，也可以指令下级公安机关予以纠正。下级公安机关对上级公安机关的决定必须执行，如果认为有错误，可以在执行的同时向上级公安机关报告。"但是实践中公安机关很难安排上级侦查人员去监督下级侦查人员办案。同时侦查讯问具有时间和空间的不特定性，导致在讯问中该条款的监督作用不大。

《刑事诉讼法》第 116 条和第 121 条规定了同级公安机关内部对侦查讯问也有监督的权利。但是互相监督中的讯问人员都由公安机关成员组成，固定场所监督中的看守所也隶属于公安机关管理，明显缺乏外部第三方介入的监督，不能完全避免公安机关单方的暗箱操作。只有"让权力运行于阳光之下"，才能避免权力的滥用，保障法律的依法实施，维护公民的合法权益。[①]

(二) 执法上端正心态并树立健康伦理观

1. 加强对有非法审讯历史或倾向的讯问人员的监管

我国讯问阶段虽然存在很多不合理的现象，但是讯问中不合伦理道德的侦查人员并非一开始便是如此。周围的一些老干警或者领导持有错误的思维，在这种压力环境的作用下久而久之是会将他人同化，一些正确的审讯思维便被抛弃，导致了非道德手段的层出不穷。应当给所有讯问人员营造一个良好的工作环境，健全对那些运用错误讯问方式的干警以及一些分管领导的监管和考察以及信息反馈举报机制，一旦发现在讯问中存在不正当的情况，相关人员可以对其进行批评指正或进行检举揭发，让所有讯问人员处在一个法治健康的环境，防止不道德的思想"交叉感染"。

2. 重视业绩考核中的讯问规范化和伦理的因素

贝卡利亚从唯物主义的感觉论出发，认为人的意志是受物质生活需求支配的，自然物体所遵循的力学规律也同样影响着人的意志和行为。贝卡利亚认为犯罪是特定环境下趋利避害的选择。[②]因此奖励惩罚机制一直是对国家机关工作人员正确执法的一个重要引导手段，对正确的讯问模式给予奖励，对出色的讯问人员给予提拔重用，对那些只会依靠非法和非道德手段对待嫌疑人的讯问人员给予严肃处理。如果讯问中使用违法非正义手段所获得的利益远远低于可能受到的惩罚，因而稍微理智的讯问人员便会放弃使用一些不可取的讯问

---

① 郭少杰、薛炳尧：《侦查讯问监督的现状及完善》，载《湖北警官学院学报》2014 年第 12 期。

② [意]切萨雷·贝卡利亚：《论犯罪与刑罚》，黄风译，北京大学出版社 2014 年版，第 132 页。

手段。

3. 消除坚持讯问伦理无意义的观点

开展相关针对性的培训，培养讯问人员广阔的视野和法治素养。实践中往往坚持了伦理最后可能只是换来嫌疑人更多的谎言和欺骗，让一些嫌疑人认为讯问人员太好相处，反而降低了讯问人员的威信，增加了讯问的难度。然而理性对待嫌疑人虽可能短时间得不到理想的效果，但是非正义的对待嫌疑人只能换来更多的坏处。

讯问人员的非道德侮辱、虐待会把那些有罪的犯罪者回归社会改造自身的路径无情的摧毁，那些被处罚过的犯罪人在服刑结束后很可能依然会走上违法的道路，同时滥用审讯权也是对国家赋予权力的不重视，只能激发民众更多的不满。因此，需要通过讲座会议等形式来对讯问人员进行统一的培训，让其充分了解讯问只是为了更好的收集破案的线索，将有罪的人交予法院审判，保护无罪的人不受追究，这才是讯问的价值。

4. 加强宣传教育，修正讯问人员极端的有罪推定观

首先，讯问人员应该避免对嫌疑人持有轻蔑看不起的态度。斯宾诺莎认为：轻蔑是对于心灵上觉得无关轻重之物的想象，当此物呈现在我们面前时，心灵总是趋于想象此物所缺乏的性质，而不去想象此物所具有的性质。①讯问人员之所以会有轻蔑的态度是因为嫌疑人在侦查人员的心中，地位并不重要，讯问人员对自身的工作和嫌疑人本身并没有放在眼里，认为任何结果的发生都与自己无关，便会产生轻蔑的心理，而这种心态是讯问人员不尊重甚至非法虐待嫌疑人的原因之一。

其次，讯问人员不应该厌恶和嘲笑嫌疑人，厌恶和嘲笑是讯问人员否认嫌疑人的存在来自我安慰和满足的一种扭曲的心态。对犯罪人应该用平和的方式去将他们送上法庭让其得到应有的处罚，而在讯问阶段并不能排除嫌疑人无罪的可能性，因此不应该对其抱有仇视心理，更不能否认其存在，坚持基本的怀疑并坚持科学的讯问手法即可。

最后，讯问人员在有罪推定中应该保持自己的理性思维，理性思维是人类控制自己一些不当行为和心理最有效的方式。②讯问人员当然需要猜测推断，但前提是坚持理性，要理性的思考如何侦破案件并且重视自身的存在，侦查人员的目的是通过寻找证据判断案件性质将有罪的人交给法院进行审判，所以在讯

---

① [荷兰]斯宾诺莎：《伦理学》，贺麟译，商务印书馆2015年版，第152页。
② [荷兰]斯宾诺莎：《伦理学》，贺麟译，商务印书馆2015年版，第185页。

问中应该时刻清醒认识自身的定位并且理性寻求利益最大化才是当前讯问人员在有罪推定的前提下应该持有的思维。

5. 重视证据和现场勘查的重要性,防止任意的主观假想

整个刑事诉讼领域都存在许多非道德现象的重要原因是因为没有足够充分完整的证据来支持诉讼活动的展开。若证据确实充分,那么讯问人员完全不用考虑如何从嫌疑人那里获得有用的线索,直接不用任何口供就可以来判断嫌疑人是否有罪。所以最重要的还是要把现场勘察和证据的收集工作做好,把侦查阶段核心环节证据的收集做好,那么讯问人员也失去了恶劣对待嫌疑人的理由,讯问便可以按照法律规定的程序顺利地走下去,同时也提高了讯问人员的伦理道德素养。

On the Standardization and Soundness of Investigating Interrogation Ethics

Abstract: In recent years, a large portion of our investigators are still unable to achieve the correct exercise of power of interrogation, abuse, misuse of interrogation rights are also widespread phenomena, the core reason is the lack of correct ethical values in interrogation. Interrogation is currently facing the plight that Judicial personnel ethics literacy is not high enough, interrogation ethics is a kind of inner thinking and attitude, it can not only rely on external sound system, and it also needs to adopt targeted psychological education and ideological guidance, legislative regulation and policy guidance to improve the ethical quality of the interrogator, in order to avoid the occurrence of miscarriages of justice and increase the trust of the masses of judicial justice.

Key words: investigation　interrogation　ethical dilemma

中国私家侦探规范化与职业化路径浅析

苏　娜*

摘要：中国的私家侦探业是个舶来品，由于存在巨大的市场需求，才得以迅速发展。面对"疏"比"堵"更有效的背景下，探索中国私家侦探规范的道路不失为明智之举。私家侦探作为一种灰色身份与灰色行业存在于我国，其出路应是制定切实有效的行业规范途径，建立多元的公民权利保障机制，促进私家侦探规范化发展，这也是构建和谐社会法治国家的题中之义。

关键词：私家侦探　规范化　行业协会　资格准入

私家侦探在国外已经有着几百年的历史，在我国虽然发展受到了阻碍，但是也仍然有着深厚的渊源。对于什么是私家侦探，也即私家侦探的概念，在学界中一般可以分为三种：

第一种观点认为私家侦探指在世界范围内的，早于国家警察或平行于国家警察侦查机构以外，实施侦查与调查行为的个人或者单位，是由市场规律来调整的一种私力救济方式和侦查力量。在现代社会，是对国家正式警察力量的补充与辅助。

第二种观点认为私家侦探是指独立于国家刑事侦查力量以外的个人或者私人调查公司。它以盈利为目的，以民事调查为主并从事部分刑事侦查工作。由于不具备侦查权力，其地位与作用尚不完全被社会所承认。①这种观点认为私家侦探只能对民事纠纷、行政案件开展专业调查、收集有关证据，是非国家刑事侦查主体的个人或机构。②

第三种观点认为私家侦探，是相对于官方侦探而言的，其更为准确的称谓应是非官方侦探或调查员，一般指的是那些专为个人提供保卫及调查服务的民间专业人员。虽然，私家侦探也从事案件调查，也具有一定的专业性，但是，私

* 苏娜，华东政法大学2014级公安法学硕士研究生，主要研究方向为犯罪学。

① 王大伟：《私人侦探的概念与历史》，载《公安大学学报》2001年第6期。

② 杜晓宁：《私人侦探社的生存发展以及若干法律问题探究》，载《上海公安高等专科学校学报》2008年第2期。

家侦探不属于国家工作人员，其行为不具有法律上的强制力，其所得的材料能否作为证据尚需由司法机关判断。①

从上述三种观点可以看出，对于私家侦探概念主要的争议点有两点，第一点在于私家侦探究竟应不应该从属于国家侦查机关，还是独立于侦查机关之外，第二点是其可以从事刑事案件的侦查活动，还是只能从事民商事侦查活动，也就是说在刑事案件中，私家侦查收集到的证据能否作为定罪量刑的依据，私家侦查是否具有一定的侦查权。目前在我国，私家侦探的地位尚未被法律所确定，在刑事侦查中私家侦探也是没有任何侦查权利的，虽然侦查机关在案件侦查中的主体地位不应该被动摇，但是在当前侦查行为缺少监管机制，警力不足现象普遍而私家侦探又作为灰色产业长久的存在于民间，将一部分的侦查权利授予被法律认可并受侦查机关领导的私家侦探个体或者组织也未尝不失为一种选择。

一、私家侦探的源起及原因

私家侦探这一称呼起源于西方国家，英文里被称作 private detective 或者 private eye，说起私家侦探，很多人都会自然地联想到侦探小说大师柯南·道尔笔下的福尔摩斯。他们是头戴黑色礼帽，手持烟斗手杖的推理天才，是充满魅力而且机智勇敢的柯南，是“地下游击队员”，是“走钢丝的人”。②福尔摩斯已经在很大程度上成为私家侦探的代名词。他的故事其实也在很大程度上反映了 19 世纪后期英国社会中犯罪侦查的状况。作为一种社会传统，英国人在很长的历史时期内都把维持治安和追诉犯罪视为公民的私事。直到 17、18 世纪的时候，英国的警察和治安法官还都在很大程度上具有“业余”和“民间”的性质。大约在 17 世纪的时候，随着英国社会中犯罪数量的增长，在一些大城市中便出现了职业性“告密人”或“捕盗人”。这些人或者向法庭提供有关犯罪或罪犯的信息，或者亲自去抓捕罪犯并交付法庭审判，然后从事主或法院处领取酬金。开始时，这些人只是偶尔为之，后来逐渐以此为业，便成为了早期的私人侦探。③后来伦敦地区有一个著名的捕盗人，名叫乔纳森·怀尔德。如果说英国的怀尔德还算不上西方私人侦探业的开山者，那么美国的平克顿则肯定称得起是私家侦探业的创始人。美国广义上的私家侦探业是世界上发展较完备的，力量和规模

① 倪铁：《中国私家侦探合法化可行性研究》，载《检察风云》2011 年第 2 期。

② 孟广刚：《我的侦探路》，同心出版社 2006 年版，序言。

③ 何家弘：《私人侦探与私人保安》，中国人民大学出版社 1990 年版，第 19 页。

较大，影响力也较大。平克顿本人定立了世界上最早的行业自律规则——“平克顿准则”，至今有着很大的影响。

可以见得，私家侦探绝对不是一种凭空出现的产物，它的源起以及之后的发展壮大应离不开以下几种特定的社会背景。

第一，私家侦探业的出现需要具有成熟的经济市场环境，只有在当私家侦探们所从事的工作成为了一种市场的需求物品时，这个行业才能发展壮大，侦探们的努力成果才能最终转化为相应的报酬。因此，可以肯定的是，私家侦探出现的最初动力和目标并非是为了帮助政府和警察处理一些社会问题如犯罪，在资本主义浪潮之下，仅仅是为了简单的经济利益。

第二，私家侦探出现和发展的条件是警察职能的垄断性以及警力的稀缺性。权利导致腐败，绝对的权利导致绝对的腐败。当警察垄断了刑事犯罪的证据收集权利和案件定性决定权的时候，则必然出现权利滥用的现象，因此容易导致执法的不公正，很多受害人很难相信警察能够为了人民的利益而尽职尽责，而受雇佣合同在身的私家侦探则显得相对可靠。此外，警力的配置同犯罪率的增长不平衡这一特征也导致了私家侦探的发展和壮大，不仅仅是当事人需要私家侦探来帮助自己维护自身权益，政府和警察也需要私家侦探来协助自身处理繁重复杂的案件。因此，可以确定的是，只要当私家侦探具有市场需求，并且民间对于警察的办案破案能力持不信任的态度时，那么无论法律肯定或者禁止，私家侦探这一行业都会实质性地存在于社会中。

二、私家侦探在我国存在的法理基础

私家侦探虽说是近年来从西方引入的一种新兴产业，但是其身影在我国古代侦查史中也早有反映。我国古代有私家保镖(后来发展为镖局)，但是它还不是现代意义上的私家侦探。严格地说，中国的私家侦探是个舶来品。19 世纪后期到 20 世纪初期，受外来文化影响较大的上海、天津、广州等沿海城市，出现了一些效仿西方模式的私家侦探。直到 1992 年，上海才成立了新中国第一家私家侦探机构——上海社会安全咨询调查事务所。①

1992 年，上海有名的大侦探端木宏峪在上海成立了新中国第一家私家侦探机构“上海社会安全咨询调查事务所”。其主要承接民事案件调查取证、企业与公民个人安全咨询一类业务。这家私家侦探所的成立，拉开了新中国私家侦探

① 吕继东:《“私家侦探”的法律思考》，载《公安研究》2004 年第 10 期。

业的序幕。1993年国家公安部专门发出行政规章明确禁止私家侦探，使刚刚呈兴旺发展之势的私家侦探业很快就遭受到沉重的打击。《公安部关于禁止开设“私人侦探所”性质的民间机构的通知》规定：严禁任何单位和个人开办各种形式的“民事事务调查所”、“安全事务调查所”等私人侦探所性质的民间机构。对现有“私人侦探所”性质的民间机构要认真清理，会同工商行政管理部门予以取缔，禁止以更换名称、变换方式等形式，继续开展类似业务。私家侦探在这一时期遭受了沉重的打击。民间的侦探机构虽然遭到公安部行政规章的明令禁止，但其私人侦探业务并没有停止开展，有的改头换面仍然以“调查事务机构”、“信息咨询机构”等名目较隐蔽地出现。

无论有关部门如何禁止，无论私家侦探业遭到怎么样的沉重打击，私家侦探业都在或明或暗地顽强存在，究其原因如下：

第一，我国经济模式发生了转变，已经从计划经济转向市场经济，社会需求多样化，市场活力增强，有市场有需求则相应的行业就会出现，私家侦探顺势出现。

第二，现实社会生活中，警察通过行政和刑事工作来维护社会整体的安全与稳定，进而间接地保障社会中具体个体的利益。由于警力的限制，警察不可能对社会中每个具体的个体直接提供面面俱到的服务，因此，当社会中具体个体的利益受到某种伤害，而又得不到有关部门的公权力救济时，为了社会的公正和公平，就需要有一种私权力对公权力进行补充。

第三，随着《最高人民法院关于民事诉讼证据的若干规定》的出台，加大了当事人举证的力度，法院在民事诉讼中一般不会主动去调查取证，而且坚持“谁主张，谁举证”的举证责任制度。诉讼模式的转化，在很大程度上把举证责任转移给了诉讼当事人。当事人为了胜诉，必然会千方百计地去调查取证。诸如：婚姻家庭关系中的夫妻不忠和财产转移调查，刑事自诉案件的证据调查，经营领域中不正当竞争、虚假资信、假冒伪劣、商业欺诈、商业窃密等调查，保险领域的理赔欺诈调查。[①]其中婚姻家庭中的夫妻不忠问题，一直以来都是社会中讨论的热点问题，夫妻中受伤害的一方为在法庭上更好地维护自己的权益，就必须要得到对方不忠行为的证据，而公安部门是没有义务对这些行为进行侦查的，因此，绝大部分的受害者选择了求助于私家侦探。

由于国家并未给予私家侦探合法地位，这个行业一直处于隐晦的灰色地带。从业人员杂乱，无行业规范，行业乱象严重，因而需要相关的法律法规来对

① 李晨耕：《浅谈私人侦探“转正”》，载《中国保安》2004年第17期。

其进行相应的整改和规范，使其既能顺应时代和市场的需求，又可以遵从政府和法律的指引。

三、私家侦探行业乱象之表现

私家侦探在当前早已经是一个家喻户晓的名词，尤其是在各类民事纠纷之中，我们可以经常见到私家侦探的身影。然而，由于长久以来一直未被法律所承认，私家侦探这一行业也只能活在阴影之中，缺乏政府相关部门的监管和合理的市场准入机制，当前的私家侦探乱象百出，具体包括以下几个方面：

（一）行业属性属灰色地位，使其游离法律边缘

目前私家侦探业因没有合法的社会地位，所以他们也不敢明目张胆的用“私家侦探所”来命名，大多巧立名目通过各种手段取得执照。常见的有行动调查公司、事物调查公司、女子调查活动中心、侦探调查顾问公司、社会安全咨询调查事务所、诚信调查中心、民事事务调查中心和商务经济调查所等，不胜枚举。而这些调查机构没有一个统一的组织机构来管理。身份介于模糊与非模糊之间，导致各显其能、一盘散沙。长时间这种状态，可能造成很多不稳定因素的滋长。据不完全统计，中国现在已有各种调查类企业组织或机构数万家，遍及北京、上海、广州等大城市。

（二）不规范的调查手段，容易侵犯他人合法权益

私家侦探主要从事婚外情调查、追债、企业资信调查，知识产权调查等等。他们帮助委托人调查取证时，由于证据本身的隐蔽性，他们大都使用的是秘密的调查手段，例如跟踪仪，窃听器，偷拍偷录这种都是私家侦探的必备技能。为了获得相应的信息，经常性直接或者间接地侵犯他人隐私权。据《北京青年报》报道，两名私家侦探通过跟踪、拍照等方式为雇主调查婚外情，被北京市东城区人民法院以非法经营罪判处有期徒刑1年，缓刑1年，并处罚金10万元。根据相关规定，私家侦探机构在我国是被明令禁止的，但是调查发现，此类机构在网上大量存在。这些私家侦探机构大多打着咨询公司的旗号，在工商部门登记的经营范围为咨询、策划、文化交流等业务，但其实却是在进行着违法的调查行为。[①]没有

① 李铁柱、池海波：《私家侦探违法乱象：敲诈当事双方　靠打手搜集情报》，载《北京青年报》2014年8月28日。

具体的从业范围以及明确的职业操守，私家侦探极易为了利益侵犯他人隐私权以及其他合法权益。从案例中就可以得知类似的相关情况并不少见。2010 年 1 月，北京市朝阳区人民法院对中侦泽尔商务公司的 4 名私家侦探，以非法经营罪判处其有期徒刑。这些私家侦探主要从事非法跟踪、拍照、定位等活动。2010 年 6 月，朝阳区人民法院又开庭审理了涉案人数达十几人的私家侦探案，张荣浩和张荣涛等人因开办私家侦探所涉及多项罪名，被朝阳区人民检察院以非法经营罪和非法获取公民个人信息罪提起公诉。①可见缺少了行业准则和法律规制，私家侦探只能在罪与非罪的钢丝上行走。

(三) 广泛的业务范围，导致无法统一监管

私家侦探接受委托的案件范围广泛，只要顾客需要什么信息情报，他们就想方设法为顾客提供什么，就连他们自己也觉得自己的经营范围很广泛。有市场，有利益，他们就会用尽其能，想尽办法钻法律的空子，利用若干手段和方式获得所需信息。他们提供的服务范围可以说渗透到了生活的方方面面，比如婚姻、外遇、财产、查找失踪人口、知识产权侵权、劳资纠纷、债务清偿、资产追踪等方面的调查取证。②在这样一个灰色地带里，侵犯私权，侵犯公权都可能存在，相关法律法规需要明确私家侦探的业务范围和底线，否则后果是让更多的私家侦探走上违法犯罪的道路。在我国，由于私家侦探并未获得合法地位，当然也就没有明确的机关和部门来规范治理相关情况，同时也没有任何监督体系，两者综合起来，导致私家侦探行业是一盘散沙，毫无章程规矩可言，比如私家侦探在取证过程中广泛使用跟踪仪器、针孔镜头等侵犯他人隐私的秘密手段，极易触犯法律规定，长此以往，行业乱象将泛滥成灾。

(四) 从业人员鱼龙混杂，行业人员质量参差不齐

从目前从事私家侦探业务人员的现状来看，从业人员主要由律师、法律工作者、离退休的警察、退转军人等组成。这些人在与调查相关的专业知识、专业技能水平上存在很大的差异。由于缺乏管理，无法经过专门的技能培训，有的从业人员甚至是素质低下，收了费用就逃之夭夭，更有甚者利用别人的隐私相威胁，完全没有行业道德和操守准则。这样容易导致社会诚信缺失，进而侵犯他人的合法权益。根据某法院相关工作人员受理的案件情况反映：私家侦探每

① 王丽英、范静：《中国私家侦探违法犯罪现状》，载《检察风云》2011 年第 2 期。
② 周忠伟：《我国私人侦探问题研究概述》，载《江西公安专科学校学报》2005 年第 3 期。

单业务收费按照难易程度和调查时间分6 000元、8 000元、12 000元不等，每次开展业务都会和客户签订合同，在业务完成后当着客户的面把合同销毁。一台摄像机、几个定位器、几台电脑，就能成立一家“调查公司”，开展所谓的“侦探业务”，从事跟踪、偷拍等行为。这些“调查公司”中的“调查人员”素质普遍比较差，公司对他们的要求也不高，只要能够长时间蹲点跟踪、会操作摄像机、照相机等设备即可。在一起张家港法院审理的有关私家侦探的案件中，3名被告人（私家侦探）的文化程度都不高。郭某高中未毕业，一直在张家港、江阴等地打工。张某小学未毕业，一直在外打工。郭某某初中文化，曾经在一家服装加工企业上班。[①]由此可见，如果不能及时的解决好私家侦探的行业地位和市场准入条件，将会对社会秩序和人民生活造成巨大的困扰。

四、规制社会乱象路径对策

将私家侦探业从无序到有序、逐步进行规范需要一个过程，同时更需要有完善的制度保障，一方面通过立法规范这个新兴行业，使其“名正言顺”，另一方面也要制定具体可行的规定。在当前的法制背景下，从法律上给予私家侦探合法的定性和定位，私家侦探业在我国要健康有序地发展下去，必须加强规范管理，建立起自己的行业规范和法律规范。

（一）完善相关立法

当前我国的法律中并未承认私家侦探的合法地位，这是导致现阶段私家侦探行业乱象百出的根源所在。我们应当在法律法规上明确规定私家侦探的地位以及违法时应当受到的惩罚。显然，无论承认与否，私家侦探已经存在并且会继续在中国发展，如果没有正确的引导和合理的规范，将产生很多负面的后果。我国之所以不愿意承认私家侦探的地位，主要是因为私家侦探的存在很有可能影响到侦查机关的权利运作，影响群众正常的生活秩序。我们都清楚私家侦探可能会侵犯隐私权，在当今的法治社会中普通公民是无权对他人的隐私权进行干涉的，因此，想要承认私家侦探的地位，就意味着要将私家侦探的秘密调查权归纳到国家和政府之下，而同时将私家侦探对于一些民商事案件的调查行为兼并到相关事务调查所之中。将私家侦探的各种权限都牢牢的把控好，就不会出现那么多侵犯人权违章乱纪的现象了。

① 吴丹：《私家侦探市场的猫鼠游戏》，载《人民法院报》2013年2月18日。

(二)私家侦探调查手段以及业务范围的规范化

私家侦探的调查手段是多种多样的,可以把它们分为公开调查手段和秘密调查手段。如果仅仅将私家侦探的调查手段限制在公开调查手段之内,那么其调查情况、搜集证据的能力势必大为降低,也就无法显示出“侦探”应有的作用,因此,可以规定允许私家侦探使用部分秘密调查手段。①由于私家侦探开展活动往往是秘密进行的,这就容易侵犯公民的隐私权,对于何种秘密手段可以由私家侦探在调查时行使,何种不能,应予以明确,私家侦探在调查时,必须使用合法的手段,以免侵犯调查对象的隐私权。所以,对于秘密调查手段应予允许,但在适用时必须限制,并不是任何秘密调查手段都可为其所用。

同时如果私家侦探的业务范围太广的话,会导致因没有相应的配套制度而陷入不好管理的状态。鉴于此,在我国私人侦探合法化之后,应将其业务范围限制在较为成熟的民商事领域,当我国私人侦探业发展到一定阶段后,再考虑是否将其业务范围扩大到刑事诉讼领域。②除了目前我国不允许私家侦探介入刑事诉讼领域之外,私家侦探的业务范围亦不应涉及国家安全、军事秘密等涉及国家重大利益的事项。因为这些事项关系社会的稳定和国家安全,法律应该是涉及该方面案件的绝对垄断手段,不允许私家侦探介入这些事项。

(三)建立私家侦探业的行业资格准入以及管理机制

法国、英国、德国、加拿大、俄罗斯、日本都很注重对私家侦探业的监管,使其正常运行。如加拿大对私人调查和安全行业管理采取制定法律进行规范、加强对使用器材管理、行业协会组织实施监督三种方法。我国目前对私人侦探业没有明确的法律依据,没有明确的管理职能部门,公安机关对私人侦探业的监管处于空白状态。③私家侦探在初期发展过程中已经暴露出一些问题,要解决这些问题,使其稳步健康地发展,必须加强规范管理,其中严格正规的资格准入程序尤为重要。针对我国目前私家侦探机构比较混乱无序的局面,应借鉴国外的经验。例如在美国,私人侦探业的管理主要由各州警务部或警察局负责,虽然各州的法律不同导致对私人侦探业的管理方法有些差异,但共同点是都要求私人侦探在开业前必须申请营业执照,有的州法律还规定必须雇佣侦探所的私人

① 尹艳丹、李运杨:《我国私人侦探合法化研究》,载《广西政法管理干部学院学报》2011年第2期。

② 管光承、刘莹:《关于创建我国私人侦探制度的构想》,载《江西公安专科学校学报》2004年第4期。

③ 云山城:《国外私人调查(侦探)业发展、管理、立法情况及对我国的借鉴意义》,载《铁道警官高等专科学校学报》2012年第3期。

侦探从事侦探活动，任何人不得雇佣个人从事调查活动。[①]2002 年 12 月 6 日，"中国私人侦探峰会"在重庆悄悄拉开帷幕，会上通过了《前进中的中国调查行业》的"纲领性"文件，被认为是此后同业者的行动指南。2003 年 12 月 19 日至 20 日，第二届全国规模的私人侦探峰会又在杭州召开，再次引起了社会各界的广泛关注。2004 年 12 月 18 日，中国民间调查行业联盟在无锡成立，由孟广刚任主席，大会通过了《民间调查行业自律规范守则》，我国私人侦探业在逐步走向规范发展路上跨出了摸索的第一步。[②]

（四）私家侦探从业人员的资格认定

面对从业人员的成分复杂、素质参差不齐的现状，加强行业自律机制，提高从业人员素质已成为当务之急。侦探活动不但具有一定的隐蔽性、保密性、危险性，其操作也具有很强的专业性和技巧性。因此在现代社会条件下，对从业人员性格品质、心理素质、思维能力等多方面综合素质的要求都非常高。这方面我们可以借鉴外国私家侦探的资质管理制度。德国的私家侦探资质管理非常严格，私家侦探必须加入联邦探员协会，要想加入协会，需经过 2 年的考察、考核和甄别。法国私家侦探的资质管理最为严格，申请从事职业私家侦探，不得有前科，没有受过行政纪律处分，从未宣布破产，有一定的经济基础和经济实力，持有法国本土或欧共体国家公民身份证和护照，而且需要有关部门出具的职业能力证书，以证明具备侦探专业知识、技能和道德品质，对于声誉不好的侦探和侦探公司，给予批评、警告、停业整顿、吊销执照的处分。[③]同时国家也可以通过兴办侦探学校或者由各地公安、警察院校来负责培养、培训，充实私人侦探的法律和业务知识，加强其职业道德和执业纪律教育，提高其素质。[④]

（五）形成强有力的监督体系

为了使私家侦探业健康有序合法的发展，制定和建立专门机关进行监督管理是十分必要的。首先，内部监督建立私家侦探行业自治协会，制定协会章程和行规，当然其内容不得与法律、法规和规章抵触，不能及于"公权"范围。其次，对私家侦探及其组织开展定期考核和年检制度，对于考核不合格或者有违法犯罪行为的，应当取消执业资格。再次，要定期组织培训和评级制度，进一步

① 贺红梅：《美国保安服务业的特点及借鉴意义》，载《中国保安》2006 年第 10 期。
② 刘文：《浅谈私人侦探业在国内外的发展》，载《黑龙江史志》2008 年第 8 期。
③ 倪铁：《中国私家侦探合法化可行性研究》，载《检察风云》2011 年第 2 期。
④ 何家弘：《法律如何面对私人侦探》，载《法制与新闻》2009 年第 10 期。

提高私家侦探从业人员的素质和技能。因此，我们也有必要成立从地方到全国性的各级私家侦探行业协会，并由全国私家侦探行业协会制定统一的道德准则和行为准则，由地方各级私家侦探协会根据本地区的具体情况制定实施细则。

Analysis on the standardization and professional path of Chinese private detective

Abstract: China's private detective is an exotic industry, because there is a huge market demand which causes the rapid development. In the face of the environment that "sparse" is more effective than "blocking", exploring the norms of China's private detective road may well be a wise idea. As the private identity of the gray and gray industry, the solution of this issue is to develop practical and effective ways to regulate the industry, and establish the mechanism of multiple civil rights protection in order to promote the development of private detective standardization. Only in this way, we can build up a harmonious society.

Key words: private detective standardization Industry Association Qualification Access

大数据时代犯罪预防战略的变革

邱庆聪*

摘要：犯罪预防是一个战略性体系，针对犯罪意图产生机制和犯罪行为发生机制包含有不同的犯罪预防策略。大数据为犯罪预防带来了变革的机遇，有助于实现犯罪预防战略的重心转移。大数据在犯罪预防中具有特殊价值，在情报主导、遏制犯罪意图产生、犯罪空间防控、被害预防等方面能够为精准高效地实现犯罪预防提供数据支持。

关键词：大数据　犯罪预防　战略　策略

伴随着互联网、移动互联网、物联网、云计算、传感等技术的发展以及各类软件的应用，数据呈现井喷式，并日益渗透到生产、生活、科研、工作等各个领域，成为重要的生产要素和战略资源，随之而来的是大数据时代。大数据静态表现为海量数据甚至无限数据，动态表现为数据分析处理过程；大数据是一种价值资源，是蕴含了无限信息和知识的数据资源；大数据是创新的基础，通过数据整合、分析，由已知判断未知，发现新的知识，创造新的价值。日益发展和完善的大数据技术给各个领域带来了变革的机会，也对犯罪预防的战略构成带来了理论冲击，同时也将会推动犯罪预防战略的重心转移，为更好的实现犯罪预防提供新的机遇。

一、犯罪预防战略构成分析

犯罪预防是一个复杂的系统工程，预防犯罪是一个战略目标，相关理论、手段、技术等内容共同构成一个战略体系。犯罪预防要着眼于犯罪行为的形成机制，多管齐下，才能做到蛇打七寸，火力全开，防之有效。本文认为犯罪行为的形成机制主要包含犯罪意图的产生机制和犯罪行为的发生机制，通俗来讲就是犯罪原因（动机）和犯罪条件（机会）两部分。

---

* 邱庆聪，华东政法大学2015级诉讼法学硕士研究生，主要研究方向为侦查学。

(一) 犯罪意图的产生机制

根据陈和华教授的逻辑思维和观点，犯罪原因主要分为三个层次："遗传和环境的合力作用以及个体对环境主动的适应和互动作用"造成人格缺陷，这是犯罪行为发生的根源性因素，是终极原因；人格缺陷表现为自我调整能力不足或缺乏，对外呈现为自私心态，对内呈现为自毁情结，导致其向犯罪动机的转化，这是犯罪行为发生的调整性因素，是间接原因；绝对或相对型诱因，比如饥饿、贫穷、挫折、相对剥夺感等刺激产生需要，激发动机，这是犯罪行为发生的诱因性因素，是直接原因。[①]具体内容和作用形式参见下图：

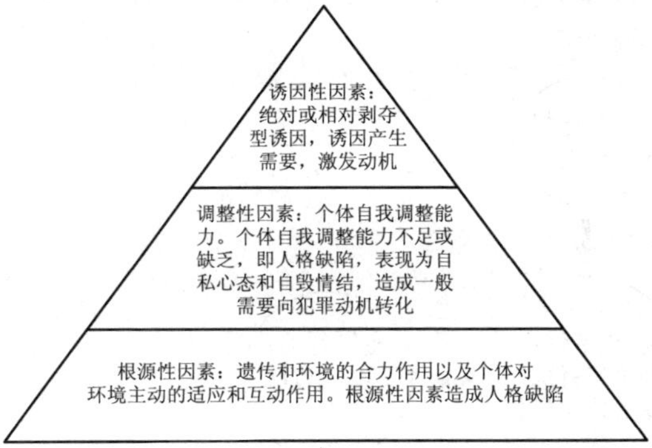

犯罪原因层次

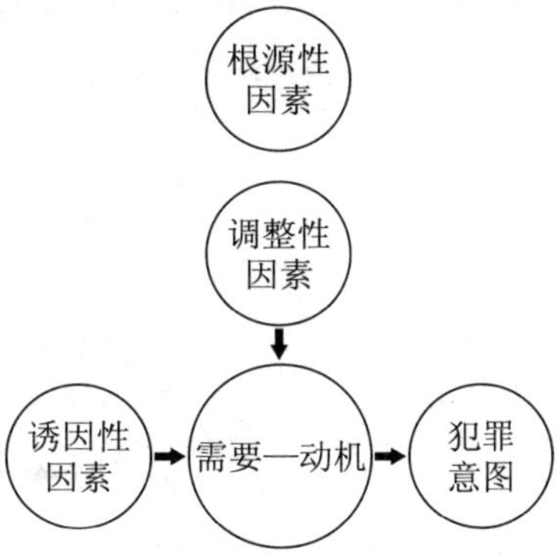

犯罪原因作用形式

就个体而言，自我调整能力决定了在面对诱惑、产生需要时是选择做个守法者还是产生犯罪动机，这是犯罪人和守法者的根本区别，也是为了实现有效的犯罪预防所需要重点应对和突破的方面。

(二) 犯罪行为的发生机制

人的行为通常遵循以下模式：需要引起动机，动机支配行为，行为指向目标。动机和行为之间并不是简单的对应关系，其复杂关系表现为以下四点：一是有动机不一定有行为，二是有行为则没有动机，三是同一动机可产生多种行为表现，四是同一行为可受多种动机驱使。[②]"动机是行为的一个主要决定因素，但不是唯一影响行为的因素，行为的发生还受个体事先没有

① 陈和华：《犯罪原因分析的技术路径》，载《法学》2013 年第 8 期。

② 张爱卿：《论人类行为的动机——一种新的动机理论构理》，载《华东师范大学学报(教育科学版)》1996 年第 1 期。

预期到的其他多种外部、内部因素的影响”。[①]犯罪动机向犯罪行为的过渡，主要取决于犯罪条件的具备和成熟，以及犯罪人基于主客观方面的理性选择。

理性选择理论和日常活动理论为阐释犯罪行为的发生机制提供了理论基础。理性选择理论以意志自由和理性选择为内涵，运用功利主义和享乐主义两大理论工具，解释了犯罪人选择犯罪行为的“主观理性”。日常活动理论的代表人物马科斯·菲尔松提出犯罪三角结构原理，即罪犯—犯罪目标—监管缺失的三要素架构。他认为犯罪是特定时空条件下，具有潜在犯罪动机的犯罪行为人、潜在的犯罪目标和有效监管的缺失三类要素共同作用的结果。日常活动理论解释了犯罪人选择犯罪行为的“客观理性。”[②]犯罪行为的发生机制图如下：

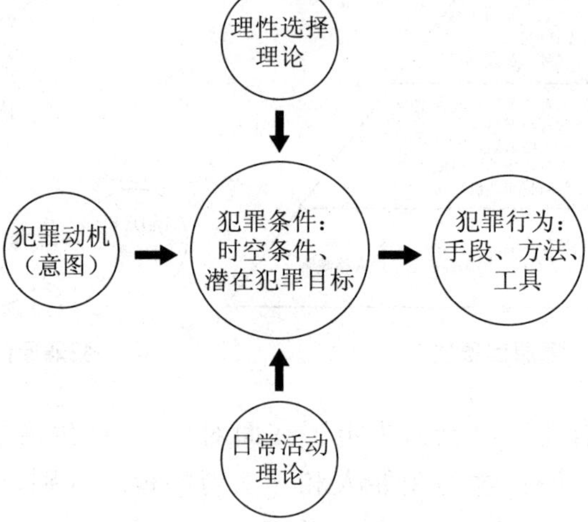

犯罪行为发生机制

（三）犯罪预防的战略构成

从犯罪行为的形成机制分析可以看出，犯罪行为的发生是一个系统的、复杂的、综合的过程，针对相关因素和条件所实施的犯罪预防也是一个战略性、综合性的体系。具体见下图：

① 张爱卿：《论人类行为的动机——一种新的动机理论构理》，载《华东师范大学学报（教育科学版）》1996年第1期。

② 岳平：《犯罪防控战略与策略之辨明——论犯罪空间防控的兴起及发展》，载《上海大学学报（社会科学版）》2015年第6期。

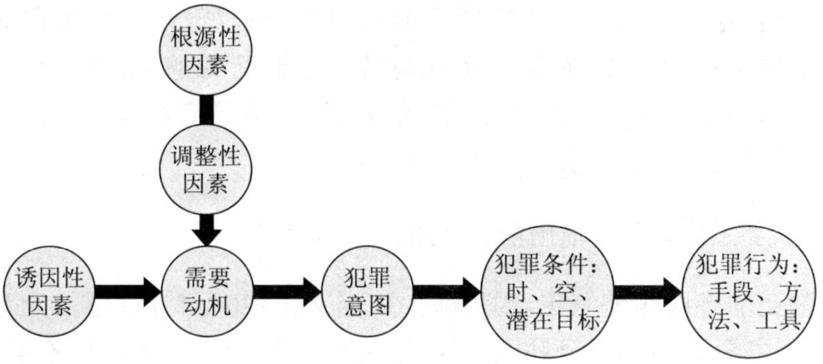

犯罪预防战略构成

犯罪预防的战略体系要坚持“统筹兼顾，突出重点”。统筹兼顾就是针对犯罪行为发生过程中的所有影响要素采取宏观性和针对性相结合的对策措施，参与部分上是从犯罪行为人到犯罪机会再到潜在犯罪目标，发生过程上是从一般需要的产生、犯罪动机的形成，到客观条件的具备、潜在目标的契合，最后到犯罪行为的发生，涵盖每一环节、触及每一部分。突出重点就是针对犯罪行为形成机制中的关键部分、决定性过程、核心影响因素重点采取对策，着重在改善和提高个体自我调整能力、加强情境预防、减弱犯罪客观条件等方面下功夫、谋成效，力求达到事半功倍的犯罪预防效果。

二、大数据时代犯罪预防战略的重心转移

（一）大数据在犯罪预防中的特有价值

一是有助于实现消极稳妥的事后预防与积极主动的事前预防相结合。海量的数据分析、对比、汇总、关联，可以有效发现与已发生的犯罪行为类型相关的因素和条件，从而采取有针对性的措施，更加稳妥的防范类似犯罪行为的再发生。同时，实时监控特定地区范围内与犯罪行为有关的因素和条件的变化，对比已发生的相关犯罪行为的数据标准实现犯罪行为预警，及时调整警务资源配置，改变犯罪条件，在犯罪行为发生前实施成功干预。

二是有助于实现宏观调控与精准预防相结合。大数据在海量数据的基础上，依靠大数据分析处理技术，可以弥补传统犯罪预防对策的制定缺少实证分析和数据支撑上的不足，使其得出的结论更可靠，预判的结果更准确。着眼于犯罪原因和犯罪条件，重点分析个人调整性因素和犯罪时空条件、潜在被害目

标等环节,以特定种类犯罪行为数据为分析对象,可以发现与特定犯罪行为具有相关关系的因素和条件,有助于实现对特定犯罪行为的精准预防,综合不同种类的犯罪行为数据进行分析,可以发现与犯罪行为具有相关关系的一般条件和因素,有助于实现对一般犯罪行为的针对性预防。

(二)大数据时代犯罪预防战略的重心转移

传统的犯罪预防策略制定,因为缺少数据支撑、实证检验,以及宏观的犯罪预防对策太空泛,缺少犯罪预防的针对性,具体的犯罪预防策略鲜有实证,缺乏犯罪预防的实效性,使得犯罪预防效果表现为"统筹兼顾少针对,突出重点乏实效"。传统犯罪预防的重心主要停留在以多发性犯罪行为和侦查破获的犯罪人为主要预防对象,倒推犯罪条件和犯罪动机,从而采取预防对策。传统犯罪预防强调事后预防,多发或重大案件预防,再犯预防,预防思维上主要体现为经验预防,预防时间上多有滞后性。

大数据时代,有了海量犯罪数据资源为基础,依靠不断发展和革新的大数据分析处理技术为依托,通过数据发现知识,通过实证认知犯罪,通过已知发现规律、预判未知,使得认识变得更加便捷,更加深刻,也更加可靠。犯罪预防的重心可以逐步转移到潜在的犯罪行为人和犯罪条件上,重点剖析犯罪意图的形成原因、利于犯罪的时空条件、易于被害的潜在目标,从源头和客观条件上采取防范对策。大数据时代的犯罪预防可以实现宏观预防与微观预防相结合,更重要的是可以突出事前预防、主动预防,精准预防,新犯预防,在预防思维上主要体现为实证预防,预防时间上具有及时性。

三、大数据用于犯罪预防的价值分析

大数据为犯罪预防插上数据的翅膀,凭借足量的数据采集、传输、分析和存储,信息提取和研判,探明犯罪行为和其他因素之间的相关关系,为预防犯罪而采取相应的对策提供有数据支撑的预测性的指导意见,实现精准化预防。本文出于先易后难和功利主义的考量,着重从重点部分和重要环节上去探讨大数据用于犯罪预防的策略价值。

(一)情报主导警务下的犯罪预防战略

情报主导警务是通过对来源广泛的信息、数据进行综合收集、分析和研判,得到情报产品,引导警务决策,科学、合理、有效配置警务资源,有效实现预防和打击犯罪的警务战略。情报主导警务是一种积极主动、先发制人式的警务运作模式,其核心是情报产品,基础是全面足量的信息资源,关键是情报分析研判,作用方式是通过情报主导决策,调度和配置警务资源、计划和安排战略战术,实现主动预防、精准管理、精确打击。情报主导警务中的"警务"含义很广,这里我们只限定于犯罪预防。情报主导警务,"其核心思想就是通过对数据、信息的统计分析得出犯罪热点、犯罪模式、犯罪规律及犯罪集中地带,分析犯罪网络的构成及犯罪分子的人际网络,从而为警力部署提供决策依据"。①

情报主导警务的发展目前存在局限性。在情报资源方面,信息来源不能穷尽或者不能实现全覆盖,信息资源的质量参差不齐,信息资源采集效率低下,间接导致了情报产品的质量、层次不高。在主导作用方面,情报分析研判能力不足,数据统计、分析过程中依赖的情报人员、技术手段、分析方法和应用软件等方面存在短板,难以有效的满足准确预判、主导决策以实现预知于前、防患于先的目的。在警务对象方面,犯罪情报的主导作用仍局限于侦查,主要体现在事后破案、打击犯罪方面,在提前预判、准确制导方面未成气候。

大数据的发展将为情报主导警务注入新的活力,为实现主动预防、科学部署、精确管理提供充足和必要的条件。首先,大数据为情报主导警务提供全面性、多类型、社会化的数据源,这些数据及时、全面地记录和反映了个人的活动轨迹,为情报产品的产出提供足量的基础数据原料。其次,全面快速高效的大数据分析技术,极大地提升了数据分析研判能力,全数据分析模式提升了情报产品的准确性,实时数据的收集、分析和处理提升了情报产品的实效性,情报产品准确性和实效性的不断提高直接推动着犯罪情报主导作用的实现和发挥。最后,依赖于对海量甚至全面的犯罪数据进行分析,可以科学、有效地发现各类犯罪行为在特定时间、空间、人群、环境等各个方面的稳定分布、动态变化和相关性规律与发展趋势,为犯罪预防提供更为精确的预测、定位,真正实现精确部署和精确预防,有助于把犯罪防控工作的重心向前推动至犯罪行为发生之时、之前。

(二)针对犯罪意图产生机制实施的犯罪预防策略

犯罪意图的产生受到根源性因素、调整性因素和诱因性因素三个层面的影响,从功利主义和实用主义的角度考虑,着眼于调整性因素采取对策,有利于犯罪预防效果的最大化。当然,调整性因素只是犯罪预防的最重要突破

① 唐超:《情报主导警务的信息资源管理视角分析》,载《情报探索》2012年第9期。

口，具体的犯罪预防对策都会涉及诱因性因素和根源性因素的调整，只不过对策的重点和目标还是在于提升个体的自我调整能力，以减少或者消除犯罪原因。

提升个体的自我调整能力，主要目标在于改善自私心态和自毁情结。自私心态，“指的是极端的个人主义倾向，即为一己私利而不惜侵犯社会规范、牺牲他人利益的倾向”。[①]自毁情结，“指一种不自我珍惜的意念和情感，具体来说是指个人不愿考虑行为的长远后果而追求短期满足的倾向”。[②]改善自私心态和自毁情结的落脚点主要在于环境和个体的相互作用，网络时代，大数据为有目的的营造环境、塑造个人提供了便捷高效的途径。

营造风正气清的社会环境需要大数据支撑。现今个体的成长环境已经不同于以往的传统成长环境，个体在心智成熟、知识增长、人格塑造、气质养成、社会交往等方面越来越离不开网络环境，传统的课堂教育、家庭教育、大众媒体宣传对个人的影响逐渐减弱。web 网、社交网络、移动互联网等的快速发展，多样化、复杂化的信息、观念铺天盖地而来，为个人的横向、纵向成长和发展提供了太多的可能性、放纵性和不确定性。大数据则在网络热点舆情、个人价值倾向、主流意识形态等方面的监测和控制方面发挥巨大作用，有利于营造风正气清的网络环境进而影响社会环境。

扶正纠偏、塑造健康人格需要大数据做后盾。通过实时的网络数据采集和抽取，分类和存储，分析和研判，数据产品深加工、综合归纳和整理形成个人、群体、区域和社会总体等不同层面的数据评估报告。一是监控评估，通过评估报告实时监控网络环境的清朗程度，评估个人、群体的价值观念、发展方向和层次。二是实时预警，对于严重违法违纪的网络信息和行为，超过合理限度的舆论倾向和价值观念偏移，尤其是人格缺陷方面的自私心态和自毁情结作为数据评估的重点，进行实时预警。三是定向引导，根据预警情况和评估结果，除了对网络违法违纪甚至犯罪行为进行惩处之外，还要进行有针对性的宣传造势，传播社会正能量，弘扬健康价值观、社会交往观，来引导网络舆论、观念、价值趋向，减少自私心态和自毁情结孕育的温床，培育善良宽容、珍惜人生、乐观豁达等优秀人格品质的沃土。四是监督反馈，通过适时引导，全时监测，实时评估进一步监督和反馈引导效果，为下一步对策调整提供数据和情报支持。四个环节环环相扣，紧密相连，循环往复。

---

①② 陈和华：《犯罪原因分析的技术路径》，载《法学》2013 年第 8 期。

(三) 针对犯罪行为的发生机制实施的犯罪预防策略

从犯罪意图的形成到犯罪行为的发生，其中犯罪空间和潜在犯罪目标是重要的组成部分和影响因素。犯罪空间和潜在的犯罪目标共同营造了犯罪行为人自认为合理的犯罪条件和机会，犯罪行为人在犯罪诱惑性和安全性的双重作用下，基于理性选择了犯罪意图到犯罪行为的外化。从减少犯罪空间和潜在犯罪目标方面着手，可以从客观上有效地限制犯罪行为的发生，具有很强的实用性、操作性、直接性和社会可接受性。

1. 地点导向警务下的犯罪预防策略

地点导向警务①有着深厚的理论基础和实践证明。犯罪地理学、环境犯罪学等分支学科都有其理论渊源，社会解组理论、破窗理论、防卫空间理论、日常活动理论、理性选择理论、犯罪空间分布理论以及衍生出的相关情景预防理论、环境设计预防理论、犯罪制图学派等等都可以提供相应的理论支撑。地点导向警务的重要理论基础就是犯罪聚集分布(犯罪热点)，即犯罪在空间环境内的聚集性和聚集的稳定性。这一理论假设已经得到美国学者的多次实证证实，其中“大卫·威斯勃德等人对西雅图市 1989—2002 年间的犯罪热点的长时段考察最为经典。他们发现在 14 年间 50%的案件只发生在 4.5%的路段上，威斯勃德等人由此大力倡导和推广地点警务”。②犯罪活动的高发性以及特定类型犯罪活动的相对聚集和稳定分布与特定区域、街道、站点等相对微小地理单位的空间地理以及人文环境特征存在千丝万缕的联系。地点导向警务已经成为美国警务的常态和主流。

地点导向警务是以犯罪空间为防控中心的警务模式。地点导向警务的实践指向就是犯罪空间控制，减少或者消除特定空间内的犯罪条件；地点导向警务的核心运用就是通过数据综合分析，探寻空间和犯罪种类、犯罪数量、犯罪人群、被害人群之间的相关关系，找到规律，为警务决策提供理论和方法支撑；地点导向警务的途径切入就是从犯罪空间评估和预警、空间环境设计、空间情境调控、警务资源调配、第三方人员参与等多个方面综合采取措施，减少犯罪空间，削减犯罪机会，切断犯罪行为发生机制。

地点导向警务以犯罪预防为出发点，以地点(犯罪空间)为落脚点，以数据

---

① 地点导向警务与情报主导警务、社区导向警务、问题导向警务并不冲突，所有的警务都应该以情报为主导，在具体实践指向方面，地点导向警务主要以犯罪空间防控为突破口，而社区导向警务、问题导向警务分别以社区建设、犯罪问题防控为主要侧重点和抓手，都是情报主导下的不同打击方向。

② 单勇、吴飞飞：《从罪犯到地点：犯罪空间防控的兴起》，载《山东警察学院学报》2013 年第 5 期。

分析技术为支撑点，其核心还是数据分析技术。“借助计算机网络与地理信息系统，及空间计量经济学所提供的分析工具，依托犯罪地理专题地图制作、核密度分析、最邻近指数分析、区位商分析、空间自相关分析、K 密度估计识别、样本分析、最近邻点统计、人工神经网络模拟及各种计量模型”，[①]发现犯罪热点、预测犯罪趋势、评估犯罪空间等。地点导向警务的核心技术支撑恰恰是大数据的优势所在：一是实时更新、不断丰富和持续充实犯罪热点的情报资源，大数据可以为犯罪热点分析提供全面性、社会化、实时性、多样化的数据资源，充实和丰富数据原料，减少分析误差，提高数据分析的准确性和可靠性；二是技术变革持续推动犯罪热点的情报分析和决策指导，大数据可以为犯罪热点分析提供高效便捷的数据分析技术，推动数据分析的快速化、科学化发展；三是大数据思维助推地点导向警务的方法创新，与大数据分析技术相配套的数据传输、数据存储、数据显示技术等的创新发展也为现在犯罪制图技术的全面深入发展与革新提供强大的技术动力，有助于拓展和优化犯罪热点分析和犯罪制图的实现渠道与路径。可以说借助大数据，犯罪空间的更多相关信息、情报、规律和趋势等将一一被挖掘、呈现和投入实践应用。

2. 被害人视角预防下的犯罪预防策略

犯罪是犯罪人、时空条件和犯罪目标综合作用的结果，这里我们主要把犯罪目标限定于被害人。在具体的犯罪场合中，除了有犯罪人的个人、社会等原因的推动外，被害人的个性特征和行为方式等也发挥了能动作用，或者表现为犯罪人犯罪的诱因，或者强化了犯罪人的犯罪意志，或者与犯罪人之间互动，共同制造了犯罪行为。从被害人角度研究被害预防是犯罪预防的重要和必要组成部分，是实现犯罪预防有效性的重要举措。

被害预防主要着眼于被害人的个人被害原因。[②]“被害人个人被害的原因，就是指被害人的被害性”。[③]被害性是指容易使人成为被害人的倾向性特性，是一种内在因素和外在因素相互作用的综合体现。被害人的被害性主要体现为客观被害性和主观被害性两个特征。客观被害性主要指被害人的人口统计学特征，比如性别、年龄、学历、婚姻状况、财产状况、职业等；主观被害性主要体现为被害诱发性、被害易感性、被害过错性和被害受容性，是指被害人内在因素所表现出来的容易招致被害的心理特征、人格特征、生活和行为方式等。被害诱

① 单勇、吴飞飞：《从罪犯到地点：犯罪空间防控的兴起》，载《山东警察学院学报》2013 年第 5 期。

② 被害原因既有社会原因，也有个人原因，从犯罪预防的切实有效性角度考虑，本文只研究被害人的个人原因。

③ 王良顺：《论被害预防》，载《武汉大学学报（哲学社会科学版）》2008 年第 4 期。

发性是指被害人身上体现的招致被害的积极性特征，对犯罪行为人实施犯罪起到了一定的诱因作用，对实施犯罪具有诱惑性；被害易感性则是容易引起被害的消极性特征，对犯罪行为人实施犯罪缺乏敏感性，容易接受诱导或被选作犯罪目标，犯罪人实施犯罪的成功率更高，更具有安全性；被害过错性是指被害人在与犯罪人的互动中所表现出来的事前的过错，过错使得犯罪人自认为实施犯罪具有“合理性”；被害受容性是被害人对加害行为表现出来的容忍性从而导致容易再次被害的特征。被害人身上所体现出的被害诱发性、过错性，意味着被害人具有一定程度的可责性，需要在大数据分析评估的支持下，对照自身存在的具有被害诱发性、过错性倾向的行为、性格、气质等特点，进行积极主动的自我调整和改善。而对于被害易感性和受容性特征来讲，除了个体自我调整方面的努力，更多的需要国家和社会承担责任。

研究被害人的被害性，发现容易成为被害人的重点人群，归纳总结出人口统计学特征、心理特征、人格特质、生活和行为方式与各类被害之间的相关关系，从而有意识、有针对的采取被害预防。大数据在这方面将发挥不可或缺的平台和工具价值，通过大数据的关键技术支撑，从海量犯罪数据中通过特定的算法或模型进行对比、统计和分析，找到各类犯罪中被害人所表现出来的高危性的主观和客观特征，为被害预防提供有价值的指引和对策。一是用数据说话，发现易感人群的被害性特征分布，主要围绕被害人的被害诱发性、易感性、过错性和受容性四个方向进行数据统计和分析，找出与各类犯罪活动具有相关关系的被害人特征；二是用情报制导，辅助易感人群的被害预防，在分析出易感人群的被害性特征分布的相关犯罪情报基础上，可以采取课堂教育、公安宣讲、信息发布、社区服务等多种形式教育引导公众自我对照查摆，识别自身的被害性程度，积极自主地加强自身预防；三是用举措落实，加强被害人群的常规保护力度，鉴于被害人的易感性和受容性，一方面积极引入第三方警务资源，激发社区、群众的参与度和责任感，为维护本社区安全环境、保护本区域易感人群共同努力，承担责任；另一方面，合理调配现有警务资源加强对易感人群的聚集区域、活动范围的阵地巡控，强化震慑和安保效果。

四、结　　语

大数据应用是一种新的认识世界的方法论，以寻求相关关系为直接目的，使得认识世界的方法更为便捷、直接和高效。应用于犯罪预防领域，也将为实现主动预防、精准预防提供强大的数据基础、工具凭借和载体支撑。大数据价值的实现以海量数据资源为基础，以数据整合、分析和处理技术为关键，相关技术的发展、革新，以及技术与犯罪预防理论的结合、拓展，技术在犯罪预防实践中的应用和渗透等，将决定大数据之于犯罪预防的价值实现程度。本文谨从理论层面和相关应用层面探讨大数据在犯罪预防中的应用价值和前景，寄希望于随着大数据相关技术的发展，以及大数据与犯罪预防的不断融合，使得实践层面中的犯罪预防战略变革进一步深入和实现。

The reform of crime prevention strategies in the era of The Big Data

Abstract: Crime prevention is a strategic system, with a series of different crime prevention strategies in according to the generating mechanism and the occurrence mechanism of criminal intent. The Big Data brings the opportunity for the reform of crime prevention, and helps to complete the shift of focus in crime prevention. The Big data has special value in crime prevention, and can provide the data support for the accurate and efficient implementation of crime prevention in intelligence leading, supressing criminal intent, the prevention and control of crime space, the protection of victims and so on.

Key words: the Big Data　crime prevention　strategy　tactics/policy

鉴定意见适用中的问题研究

潘其凡*

摘要：鉴定意见的研究和应用是近年来理论界和实务工作中都日益关注的问题。作为一种重要的证据表现形式，鉴定意见要成为诉讼活动中认定案件事实的依据，必须符合一般证据的内在属性，即证据的客观性、关联性和合法性标准。同时，其自身独特的性质决定了它具有区别于其他证据形式的特点，比如鉴定意见适用过程中的取证规则、举证责任、质证规则以及认证规则等方面所体现出的特殊的程序性特点和要求。

关键词：鉴定意见　取证规则　举证责任　质证规则　认证规则

鉴定意见是指鉴定人利用科学技术、专门知识、职业经验和职业技能对诉讼中的专门问题进行鉴别和判断后提出的结论性意见，是鉴定人个人的意见表达，①是法定证据种类的一种。鉴定意见要成为“法庭上的证据”，除了必须具备诉讼证据的内在属性，即证据的客观性、关联性、合法性外，鉴定意见适用中的取证、举证、质证以及认证等环节的程序性保障尤为重要。自2016年5月1日起实施的新《司法鉴定程序通则》(以下简称《通则》)着力优化司法鉴定程序，通过规范鉴定人出庭作证、鉴定机构与当事人关系、鉴定意见复核、鉴定文书规范等问题着手提高鉴定质量，为鉴定意见的有效适用奠定了良好的基础。

一、鉴定意见适用之取证意见

(一) 鉴定意见取证研究之必要性

鉴于鉴定意见需要鉴定人运用其专门知识对待鉴的事物进行综合性的分析和判断，它所蕴含的就不再是案件客观事实的直观反映或重现，而是经过了鉴定人主观上的复杂加工后的意见证据。鉴定意见取证过程中能够影响最终

* 潘其凡，华东政法大学2015级诉讼法学硕士研究生，主要研究方向为侦查学。

① 霍宪丹主编：《司法鉴定学》，中国政法大学出版社2010年版，第4页。

鉴定意见的科学性、真实性、可靠性因素，主要包括鉴定机构、鉴定人、鉴定资料、鉴定的科学基础（包括科学原理和技术基础）、鉴定程序等。

鉴定人的资质审查与认定不应仅限定于鉴定人资质审查及认证等单一问题上，还应包括鉴定人的专门知识和办案经验情况、推理判断过程所依据的理论和事实基础、获取鉴定资料检材的方式、保存和鉴定程序等。鉴定资料对于鉴定意见的客观真实性也具有实质性影响，鉴定所依据的鉴定资料若是虚假或不全面的，则难以得出正确的鉴定意见。审查鉴定意见时，也必须就鉴定资料是否真实、可靠、全面进行审查，而我国立法上并没有专门针对鉴定资料来源的真实性作出明确的规定。鉴定的程序规范涵盖鉴定意见生成及适用的整个过程，是事关鉴定意见正确与否的关键，鉴定实施程序中包括鉴定方案、鉴定实施的步骤、检材的提取和保存情况、鉴定的技术标准和方法等相关内容的公开透明有助于鉴定意见的审查判断，但司法实践中对于鉴定意见生成的实施过程缺乏有效的监督制约，制度上难以取得突破。其他因素如鉴定机构的中立性、所涉业务之范围、所具备的技术与设备条件等也会影响到鉴定意见的客观性，鉴定所依据的科学原理和技术方法也一定程度能决定鉴定意见最终正确与否，在对鉴定意见适用的证据调查过程中，以上诸多要素应被作为判断的标准或依据。

（二）鉴定意见的取证规则

1. 鉴定主体客观中立规则

鉴定意见本质上属于意见证据，鉴定主体的独立、客观、公正是它得以存在的前提。鉴定主体能力或有高低，相对于这种职业上的适格条件而言，鉴定主体的法律品格（即客观性与中立性）是为保证鉴定意见客观公正而对鉴定人提出的法律上的要求。鉴定主体必须遵循实事求是的原则，不得具有任何的倾向性，凡与案件或当事人有利害关系的鉴定人，均应当回避，必须不受干涉地独立完成鉴定任务，不得因个人的情感因素、利益关系影响到最终鉴定意见的真实性。司法实践中，对鉴定人的审查偏重于庭前控制，法庭审查的规定则比较薄弱，针对鉴定人的审查模式应当采取“庭前控制”和“法庭审查”并重，[①]适用鉴定意见时必须审查鉴定人的资格条件，只有适格的鉴定人出具的鉴定意见才具有证据能力，否则将不予采用。

2. 鉴定资料合法真实规则

鉴定所依据的原始材料不真实是直接导致鉴定意见失真的关键因素。首

① 郭金霞：《鉴定结论适用中的问题与对策研究》，中国政法大学出版社 2009 年版，第 254 页。

先，鉴定意见源头的鉴定资料若是虚假不全面的，例如伪造的检验报告、拼接的证据材料、被污染的DNA或血液证据等，必然会导致鉴定意见的失实。其次，鉴定资料的来源必须是合法的，这是考证鉴定意见证据能力的决定性因素。我国《刑事诉讼法》第50条规定："严禁刑讯逼供和以威胁、引诱、欺骗以及其他非法方法收集证据，不得强迫任何人证实自己有罪"。《民事诉讼法》第67条规定："人民法院有权向有关单位和个人调查取证，有关单位和个人不得拒绝。人民法院对有关单位和个人提出的证明文书，应当辨别真伪，审查确定其效力"。修订后的《通则》第15条规定："发现鉴定材料不真实、不完整、不充分或者取得方式不合法的"情形下，司法鉴定机构不得受理鉴定委托。以上法律明文之规定，为合法主体收集、调取鉴定资料提供了法律依据，同时也对鉴定资料的合法性提出了要求。从规范收集程序上讲，主要有笔记、录音、录像、拍照互证规则，人体物质类鉴定资料收集的特殊规范规则，鉴定资料收集者出庭作证规则，当事人、见证人辨认规则等。①

3. 鉴定技术科学可靠规则

科学可靠规则主要囊括两方面内容，分别为专门知识和科技手段稳定可靠以及鉴定人资质能力合格。目前，我国三大诉讼法对于鉴定意见的科学性评判标准均没有相关规定，仅仅是规定了庭审程序中可以通过专家辅助人的帮助来对鉴定意见的科学可靠性进行质证。《通则》第23条规定："司法鉴定人进行鉴定，应当依下列顺序遵守和采用该专业领域的技术标准、技术规范和技术方法，依次是国家标准；行业标准、技术规范；该专业领域多数专家认可的技术方法"。司法实践中，我们可以通过审查其运用的专门知识是否符合现代科学观念和科技水平、专门知识本身的来源是否科学、鉴定人的专业性经验和科学知识是否经得起实践的检验等几方面来评判鉴定过程中运用的科技手段和专门知识是否科学可靠。

4. 鉴定意见公开透明规则

鉴定意见公开透明规则是指鉴定意见应当及时向双方当事人公开。《刑事诉讼法》在起诉和审判之间植入了作为中间程序的庭前会议程序，庭前为控辩双方构建了相互接触、表达意见和对抗合作的平台，《通则》第9条规定："司法鉴定机构和司法鉴定人进行司法鉴定活动应当依法接受监督"，我们可以从明确鉴定意见开示的启动权、扩大鉴定意见开示的内容、（如鉴定主体的相关信息、鉴定依据的科学原理和技术方法、实施鉴定的具体程序等）、规范开示形式、

① 郭金霞：《鉴定资料收集之法律控制研究》，载《证据科学》2008年第3期。

设立制裁措施等方面进行改革完善。强化对鉴定活动的监督也十分重要，刑事鉴定意见多是由侦查机关内部鉴定机构或是侦控机关委托机构作出的，其中立性往往受到质疑，强化人民检察院对勘验检查、搜查、扣押等侦查行为的监督力度，尤其在收集鉴定资料的活动中可以强化检察官的参与度，达到有效监督鉴定意见生成过程中取证活动顺利进行的目的。

二、鉴定意见适用之举证研究

(一) 举证责任概述

所谓举证责任，是指当事人对自己提出的主张负有收集或提供证据的义务，以及在诉讼结束之时，如果案件事实仍处于真伪不明的状态，应当由谁承担不利的事实认定甚至是败诉的诉讼后果的责任。

在我国，举证责任是由三大诉讼法加以规定的重要法律制度。从法律上看，首先，举证责任总是与一定的法律职责和义务相联系，比如，民事诉讼的原告向法院起诉时其必须承担提出证据证明诉讼事项的义务。其次，举证责任总是与一定的法律风险相联系，既包括行为责任即提供证据证明主张成立的义务，也包括结果责任即举证不能时需承担相应法律后果。近年来，有关举证责任制度研究中具有代表性的观点主要有行为责任说、双重含义说、结果责任说三种。

(二) 举证责任的承担

举证责任是三大诉讼法所规定的具有共同性的诉讼制度，反映了现代诉讼制度的基本特性。[①]基于诉讼法调整对象即法律关系的不同、诉讼活动中当事人所处位置不同、控辩双方力量对比差异等因素，作为诉讼证据制度核心的举证责任机制在三大诉讼法中的具体规定又有所区别。

1. 刑事诉讼法中的举证责任承担

我国《刑事诉讼法》第 49 条规定："公诉案件中被告人有罪的举证责任由人民检察院承担，自诉案件中被告人有罪的举证责任由自诉人承担"。《刑事诉讼法》规定，用于证明案件事实的材料只有经过查证属实才能作为定案的依据，这是与无罪推定原则紧密联系的。举例来说，当刑事诉讼中公诉方企图通过鉴定

① 刘红、纪宗宜、姚澜:《司法鉴定证据研究》，法律出版社 2012 年版，第 108 页。

意见来证明被告人有罪时，必须就鉴定意见的合法性与科学性履行举证责任，倘若必要时鉴定人拒绝出庭完成举证或是被获悉鉴定意见属于以非法手段获得又或是不具备应有的科学性，那么此鉴定意见就应当予以排除，不得依据此鉴定意见定罪于被告人。

2. 民事诉讼法中的举证责任承担

举证责任是《民事诉讼法》的脊梁，在整个民事诉讼制度中具有牵一发而动全身的功能。①我国《民事诉讼法》中关于举证责任的法律规定主要有三方面内容：

一是主流原则"谁主张，谁举证"。《民事诉讼法》第64条第1款规定："当事人对自己提出的主张，有责任提供证据"。例如DNA亲子鉴定案件的司法实践中，法院对待蓄意隐瞒真相，妨碍证明，却又不提出证据证明的情况，多直接承认申请鉴定的当事人的主张。

二是例外情形下举证责任倒置。对于特殊的民事侵权纠纷或环境污染纠纷案件，作为原告的被害方通常面临举证困难的处境，举证责任倒置或转换就作为一种调整方法而存在。②即原告方对其提出的事实主张不必提供证据加以证明，而由被告方承担举证责任。

三是人民法院必要时的查证责任。法律规定人民法院在必要情况下履行查证的责任，是为了尽可能客观真实地反映案件真相，最终公正裁判。

3. 行政诉讼法中的举证责任承担

行政诉讼法中的举证责任承担主体区别于其他诉讼法。《行政诉讼法》第34条规定："被告对作出的行政行为负有举证责任"。原告主张，被告举证，是行政诉讼举证责任的基本分配原则。依据此原则，行政机关应当对其行政行为或不作为的合法性负举证责任。

（三）举证责任的程序性保证

当事人履行举证责任实质上就是证据调查的过程，这包含了证据的调查、收集、出示、分析和证明。诉讼程序中举证责任制度的程序性保障应当就当事人对证据的调查、收集、出示和证明活动提供充分的程序资源和程序手段。

1. 调查、收集证据的程序性保障

一般而言，举证责任是以向法庭提交证据的方式履行的，而提交证据活动

① 赵信会：《民事诉讼中的证据调查制度》，载《现代法学》2004年第6期。

② 王亚新：《民事诉讼中的举证责任》，载《证据科学》2014年第1期。

的展开依赖于调查、收集证据的行为。调查、收集证据应当是依照法定程序进行的，我国法律就诉讼调查收集证据的权利、程序和方法都有明确的规定。我国法律规定辩护律师调查、收集证据有自行调查和申请调查两种模式，但律师的自行调查具有民间调查的性质，缺乏明显的制度性保障，相比之下，申请调查就具有了一种司法救济的性质。鉴于两种调查模式的制度性障碍，法院的委托调查模式或成为辩护律师证据调查制度的发展方向。[①]从性质上来说，委托调查属于法院授权于律师的证据调查活动，但辩护律师调查、收集的证据并不当然可以作为定案的依据，仍然需要法庭审查是否具有证据能力和证明力大小。我国刑事诉讼法对鉴定人出庭作证和相应的法律后果都作了明确规定，当辩护律师履行委托调查而提出要求鉴定人出庭的申请时，既增强了法院在传召鉴定人出庭的权威性和强制性，对于保障律师的证据调查权也有保障性的法律效果。

2. 证据证明出示的程序性保障

我国《民事诉讼法》第 65 条明确了当事人应当对自己提出的主张及时提供证据以及逾期提供证据应承担的法律后果的规定，《行政诉讼法》第 34 条规定"被告对作出的行政行为负有举证责任，应当提供作出该行政行为的证据和所依据的规范性文件"，以及《民事诉讼法》中规定人民法院有权要求举证方提供或补充证据，这些都是对证据出示行为的规定。凡是与案件事实有关、具有证据意义的材料，无论是犯罪嫌疑人的供述和辩解、证人证言、被害人的庭前陈述，还是物证、书证、勘验、检查、辨认、侦查实验等笔录、视听资料和电子证据，鉴定意见都应当进行证据声明，以便于调查和判断。必要情况下，人民法院可以依情况批准当事人重新调查、鉴定或勘验的申请，或者法院依职权调查收集证据的前提条件都是证据的声明，同时这也是与当庭举证和证据交换等制度紧密相关的。

3. 运用证据证明的程序性保障

当事人履行举证责任的过程也是运用证据进行证明的过程。证据的证明是双方当事人在法庭上从事证据的论证，从而使法官形成内心确信并据此进行案件事实的判断的活动。证据是诉讼的核心，诉讼活动所涉及的证据的收集、举证、质证、采信、排除等问题，实际上都是围绕证据的运用展开的。为了使双方当事人有效和公正地进行证据的论证活动，诉讼法应当从法庭辩论制度、控辩双方权利对等、直接审理和言词审理制度以及法官自由心证制度等层面加强

① 陈瑞华：《辩护律师调查取证的三种模式》，载《法商研究》2014 年第 1 期。

程序性的保障。

三、鉴定意见适用之质证研究

(一) 鉴定意见质证概述

质证是诉讼活动中的基本程序,鉴定意见质证是对抗双方维护自身正当权益的有力保障。鉴定意见的质证就是对法定证据种类之一的鉴定意见进行的质证活动。司法实践中,当各方对鉴定意见存在较大的意见分歧时,也多会出现重复鉴定、多次鉴定的现象,这一定程度上正好反映了对抗双方对鉴定意见的质证有助于获得澄清事实或者维护自身合法权益的机会,诉讼中对鉴定意见进行质证也是对鉴定人事后监督的重要保障。总的来说,鉴定意见质证对于确保被告人及其辩护人辩护权的有效行使、限制法官认定证据的自由裁量权、促进司法鉴定行业不断规范化有着重要的程序性意义。

(二) 质证规定研究

我国继承了大陆法系国家的传统,将鉴定意见作为独立的法定证据种类,并规定鉴定意见必须经过控辩双方或当事人的质询后查证属实才能作为定案的依据。依据三大诉讼法和司法解释的规定,审前程序阶段对鉴定意见的质证主要体现在侦控机关履行鉴定意见的告知义务,犯罪嫌疑人、被害人提出申请,也可以补充鉴定或者重新鉴定。审判程序阶段,鉴定意见的质证主要有询问和有条件的交叉询问方式。如我国《刑事诉讼法》第189条规定“公诉人、当事人和辩护人、诉讼代理人经审判长许可,可以对证人、鉴定人发问”,有条件地确立了交叉询问规则,进一步完善了质证制度,使得公诉方在诉讼地位上与当事人趋于对峙,刑事诉讼法还逐渐弱化职权主义的法官主动调查模式,改为法官居中裁判认定,控辩双方共同举证平等对抗完成庭审中的质证程序。《民事诉讼法》第68条“证据应当在法庭上出示,并由当事人互相质证”和第139条“当事人经法庭许可,可以向证人、鉴定人、勘验人发问”的规定将交叉询问的权利交由法官据情裁量,体现了质证活动中双方当事人诉讼地位上的平等,保障了当事人质证权的实现。人民法院在鉴定意见质证程序中应当贯彻直接言词原则,一是法庭上必须亲自听取陈述与辩论,亲自检验审查鉴定意见,从而形成对案件事实真实性的内心判断;二是审判过程原则上必须以言词陈述方式进行,当对鉴定意见存在争议之时,鉴定人应当出庭予以作证。

（三）质证制度的程序性保障

1. 鉴定意见庭前开示程序

我国法律没有明确规定鉴定意见开示程序，例如《刑事诉讼法》规定的辩护律师和其他辩护人查阅案卷材料和侦控机关履行告知义务的原则性规定，但这与严格意义上的证据开示制度是不同的。实践中，鉴定意见在开庭时才予以出示，往往会造成多次鉴定、重复鉴定和诉讼效率低下的问题，鉴定意见庭前开示的内容具体可包含如下几方面：

一是侦查和起诉阶段，侦控机关履行告知责任的时候不仅再局限于最终结论，还应包含鉴定人资质、鉴定所依据的理论和事实基础、逻辑分析过程、鉴定资料来源、保存情况和鉴定具体程序等。

二是明确鉴定意见庭前开示的方式。开庭之前，法院组织控辩双方对提交法庭作为证据使用的鉴定意见予以出示。若无异议，鉴定人则可以不出庭作证；若持有异议，需予以补充鉴定或重新鉴定方式解决。对于经过庭前开示的鉴定意见仍有争论的，鉴定人在正式庭审时应出庭作证参与辩论。

三是庭前开示时间问题。刑事诉讼应当在起诉之后，正式庭审之前；民事和行政诉讼应当在答辩期满后，开庭审判之前。

四是设立相应制裁措施。《刑事诉讼法》规定鉴定人拒绝出庭作证的，鉴定意见不得作为定案的依据。未经庭前开示程序审查的鉴定意见，不得作为证据进入正式庭审之中。

2. 鉴定人出庭制度

鉴定人在法庭上就鉴定意见接受当庭质证、交叉询问的过程是对抗式审判制不可缺少的环节，是当事人行使鉴定意见质证权的前提条件，也是使该证据具有证据能力的基础，体现了直接言词原则。鉴定人出庭制度的完善可以从以下几方面着手。

一是明确鉴定人出庭作证的具体规则。鉴定人出庭作证的裁量权属于法官。必要情形下，法官要求鉴定人出庭作证，鉴定人不能仅提供书面的鉴定意见于法庭上进行宣读，而是必须出庭，拒绝出庭作证的，鉴定意见不能作为定案的根据。只有双方当事人达成合意等特殊情形下，法官可允许鉴定人不出庭。

二是科学规定鉴定人不出庭的法律责任。《刑事诉讼法》就鉴定人不出庭作证的问题，明确了对鉴定意见进行排除的规则。又如《关于适用〈中华人民共和国刑事诉讼法〉的解释》第 86 条规定的程序性制裁措施，对鉴定人出庭有着强制性需求，但也有学者提出了在排除鉴定意见之后，不可避免地启动重新鉴定之后鉴定意见仍然面临着是否会因直接言词原则而被排除的可能性，从而形成程序性制裁效果的“程序性回溯”，所以建议应当依靠强制鉴定人出庭作证以便促使鉴定意见被采纳而不是被排除。

三是合理安排鉴定人出庭的经济补偿。鉴定人出庭必然会影响到正常执业和生活。从激励角度讲，出庭的经济补偿能够有效调动鉴定人出庭的积极性。有人提出由要求鉴定人出庭方或败诉方承担出庭费用具有现实的合理性，但由法院统一支付更加符合鉴定人出庭作证制度的设计初衷。

四是充分保障鉴定人及其亲属的安全。只有对鉴定人及其亲属的人身财产安全进行有力的保障，规定严厉的对鉴定人报复的制裁措施，鉴定人出庭作证才具有现实可行性。对此我国三大诉讼法均有明文规定。

五是加强法官证据审查和论证说理能力。鉴定意见不是科学结论的代名词，多数情形下鉴定意见只是多种证据中的一种，法官对于鉴定意见的审查判断可能直接影响到整个案件事实的认定。法官对于科学证据的分析判断可以通过保障当事人的对质权来实现，有效的质证能够帮助法官更好地认识该证据的效果。另外，有利于法官通过分析其他证据，综合整个证据链并合理运用逻辑和经验对鉴定意见进行认定。

3. 专家辅助人制度

我国《刑事诉讼法》在刑事诉讼领域引入了专家辅助人制度，以弥补辩护人专业知识的缺乏。专家辅助人与鉴定人存在许多共性，但在诉讼程序中的作用也有重要区别。专家辅助人制度充分发挥作用有赖于制度本身的不断完善。

一是专家辅助人资格条件规定。我国在专家辅助人资格的审查上应当采用较为宽松的条件，不能专注于学历、经历或职务的限制，只要具备普通人不具有的知识、经验或技能对鉴定意见的审查判断，能够有助于案件事实审理者理解证据或认清案件真相等实质性的帮助作用即可。

二是专家辅助人意见的证据能力。就参与审判的方式来说，鉴定人出庭是接受质证的，而专家辅助人的责任仅是协助质证。专家辅助人与英美法系专家证人制度的本质区别就在于其发表的意见是否具有证据能力。[①]赋予专家辅助人意见以证据能力，促进其更好地参与诉讼程序，能够促进当事人双方质证权的实现。

三是专家辅助人的权利义务。明确专家辅助人的权利义务能为维护其合法权益及为委托人提供可靠的服务提供保障。专家辅助人要参与到诉讼活动

① 胡铭：《鉴定人出庭与专家辅助人角色定位之实证研究》，载《法学研究》2014年第4期。

的质证程序中，法律要明确其发表意见、了解案情、收集相关资料和证据、询问当事人、证人或辅助人等权利；也要规定其出庭作证、保守秘密、如实回答及发表真实可靠意见等义务。

四、鉴定意见适用之认证研究

（一）鉴定意见认证概述

认证是诉讼过程的重要阶段，也是审判活动的中心内容和关键环节。司法证明活动中取证、举证、质证、认证四个基本环节，前三者无疑都是为认证活动服务的，而认证则是取证、举证和质证的目的和归宿。①公开合理的认证制度和规则对于指导事实认定者更好地对专业意见类证据进行分析判断有重要意义。

鉴定意见认证是指审判人员在诉讼过程中对证明主体所提出的和法院自行收集的证据材料，经过双方当事人质证、辩论后，依据法律规定和知识经验对鉴定意见是否具有证据能力、有无证明力及其大小进行审核和确定的分析判断活动。其实质是审查鉴定意见的三性，即客观性、关联性、合法性。鉴定意见客观性的认证过程，就是证实鉴定意见的真实准确性和科学可靠性的过程，司法人员要尽力将鉴定意见所承载的事实尽可能真实而完整地呈现在诉讼之中；诉讼中使用的任何证据都需要具备关联性，对鉴定意见关联性有无或强弱的判断，需要司法人员运用逻辑规律、生活常识、职业经验和直观判断自主裁量；鉴定活动必须遵循科学的技术规范，而作为诉讼程序的组成部分，鉴定程序又必须遵循法律的具体规定，鉴定程序的合法性是程序正义的必然要求，也是鉴定意见合法性的重要参数。

（二）认证规定研究

法官对鉴定意见证据的证据能力审查和证明力强弱的认定应当遵循一定的标准。我国关于鉴定意见的证据规则散见于若干法律条文中，诉讼法和相关司法解释都有所规定，而并未形成完整的体系。2010 年 7 月颁布的《关于办理死刑案件审查判断证据若干问题的规定》（以下简称《规定》）对鉴定意见的审查判断内容提出了更高的标准、更严的要求，并且首次在法律规定中明确了对非法鉴定意见的排除规则。《规定》第 23 条明确规定审查判断鉴定意见时应当着

① 刘红、纪宗宜、姚澜：《司法鉴定证据研究》，法律出版社 2012 年版，第 124 页。

重考察的10项内容，旨在通过对鉴定意见的全面审查判断，明晰其证据能力和证明力。第24条明确了鉴定意见不能作为定案依据的排除情形，具有法律上的强制性。《刑事诉讼法司法解释》第85条对鉴定意见的排除情形作了更为严谨和符合现实要求的规定，对非法鉴定意见排除规则给予了更高地位的法律确认。关于非法证据排除的规范主要还有：《刑事诉讼法》第50条规定"严禁刑讯逼供和以威胁、引诱、欺骗以及其他非法方法收集证据，不得强迫任何人证实自己有罪"、《关于民事诉讼证据的若干规定》第68条规定"以侵害他人合法权益或者违反法律禁止性规定的方法取得的证据，不能作为认定案件事实的依据"等。法官对鉴定意见证据证明力大小的认定实质上就是对鉴定意见证据在审判活动中价值的判断和确认。我国刑事诉讼的证据认定标准为"确实、充分"，法官需要在行使自由裁量权的时候，运用自由心证原则对鉴定意见证据是否"确实、充分"即证明力的大小和强弱进行主观上的判断。相比之下，我国《民事诉讼法》和《行政诉讼法》对于证据的认定则不必达到"确实、充分"的绝对标准，仅要求优势盖然即满足最基本的认证标准。

（三）鉴定意见认证规则

证据能力和证明力是诉讼证据的基本要素，任何被采纳作为定案依据的诉讼证据都应当蕴含两者。鉴定意见作为法定证据种类之一，理应具有"证据能力"和"证明力"两个特征。鉴定意见的证据能力是指鉴定意见成为诉讼证据的法律资格，是法律从外部对鉴定意见施加的要求，是其成为诉讼程序中运用鉴定意见所必须具备的条件，主要体现在合法性和关联性方面。鉴定意见的证明力是指具备证据能力的鉴定意见对于案件事实的证明效果，也是通过借助于专门知识对案件事实真伪和相互之间的联系进行判断的作用力，包括真实性、关联性和科学性。

1. 鉴定意见证据能力的认证

鉴定意见证据能力的认证，可以从以下几方面进行分析判断：

一是鉴定主体的适格性。鉴定机构和鉴定人的法定资格条件是鉴定意见具有证据能力的首要前提。鉴定人的资格条件主要包括应当具备鉴定所需的专门知识技能和鉴定人所从事鉴定事项的范围两方面内容。鉴定机构的资质主要是所具备的用于鉴定的仪器设备等硬件设施。

二是鉴定意见的必要性。司法鉴定作为解决诉讼程序中专门性问题的科学活动，必须严格遵守其职责范围。必须当只有借助于专门知识和技能才能认定某些案件事实问题时，才能启动司法鉴定。否则，极有可能会侵犯了事实裁判者的权利，也侵犯了控辩双方举证说明的权利。

三是鉴定意见的关联性。鉴定意见必须对待证事实具有一定的证明作用，如果没有与案件事实的关联性做基础，即使鉴定再科学可靠，也是不具备证据能力的。

四是鉴定意见的科学可靠性。鉴定意见所依据的科学原理和技术方法直接影响最终鉴定意见的科学可靠性，鉴于鉴定过程中有人为因素和运用不同科学原理的影响，鉴定意见证据能力的认证必然要予以特别重视。

五是鉴定意见的正当性。对于非法手段或是未按照法定程序获得的鉴定意见，法律禁止将其作为证据使用，当然不具有证据能力。这主要可以从鉴定资料的来源的合法性和鉴定方法的正当性来考察对鉴定意见证据能力的影响。

2. 鉴定意见证明力的认证

随着纠问式诉讼制度逐渐退出历史舞台，自由心证制度也将最终取代法定证据制度。法律不对证据的证明力或证明价值问题做任何限制性的规定，而是由法官、陪审员依据经验、理性和良心进行自由评价和判断。[①]对于鉴定意见的证明力的认证，可以用以下规则进行规制：

一是无预定、优先证明力规则。鉴定意见作为证据形式的一种并没有必然的证明力，其证明力的有无及大小仍需要裁判者经过控辩双方质证后，结合其他证据综合判断。对于科学证据的盲从和误解是各国普遍的现象，相比于一般证据，科学证据的发现、收集和保全都具有较高技术含量，但科学证据的作用并不像人们想象的那样神奇，许多冤案发生的症结就在于案件中的科学证据对案件事实的认定起了推波助澜的作用。例如，有研究显示我国对控方提交的DNA证据的采纳率为99.65%之高，当对科学证据不加细致审查即全盘接收的同时，法官的心证即无适用之地了。[②]

二是效力等级禁止规则。一般情形下，等级较高的司法鉴定机构仪器设备条件好，鉴定人员经办案件种类多，经验丰富，得出鉴定意见的准确度理应较高些，但这并不是必然的规律，实践中也存在等级较低的鉴定机构得出更正确的鉴定意见的情况。司法实践中，当针对同一争议事项有多份鉴定意见时，仍有法官容易依据鉴定机构的等级高低或者鉴定人的资质条件进行优先化采用。[③]主张鉴定意见效力等级制的说法是违背科学、违背客观规律的，也是违背法律的。

① 陈瑞华：《以限制证据证明力为核心的新法定证据主义》，载《法商研究》2012年第6期。
② 张中、石美森：《论科学证据的证明力》，载《证据科学》2012年第1期。
③ 马云雪：《鉴定意见认证存在的问题及其对策研究》，载《西部法学评论》2012年第4期。

三是心证公开规则。裁判者依自由心证原则对鉴定意见的取舍和对其证明力大小的判断是法律所赋予的权利,但鉴定意见的科学性特点要求裁判者并不能恣意依个人偏见来作出评判。心证公开原则即要求无论裁判者采纳或者拒绝将鉴定意见作为定案的依据,都必须进行强有力的说理,其推论结果和过程、判断的主要依据都应当公开,具体做法就是应当在判决书中对其运用、判断证据的逻辑做出令人信服的解释说明。

The Study on Application issues of Appraisal Opinions

Abstract: Research and application of the evidences of appraisal opinions are attracting more and more attention of the theoretical and practical field. In order to be the basis that identify the facts of case, Appraisal opinions, as one form of legal evidence, should be in line with the intrinsic properties of the general evidences, that is The objectivity of evidence, The relevance of evidence, The Legitimacy of evidence, its own unique properties decide other characteristics different from the general evidences such as the differences embodied in the The rules of evidence collection, burden of proof, The rules of cross-examination、The rules of identification in the application of the appraisal opinions.

Key words: Appraisal opinions　The rules of evidence collection　burden of proof The rules of cross-examination　The rules of identification

论大数据下反恐行动的情报预警

晋永光*

摘要：反恐行动的制胜源于精准的情报和及时的预警。随着大数据时代的到来，反恐行动更加依赖现有计算机技术的发展，这就要求在突破原有信息壁垒的基础上运用大数据获取涉恐信息、快速处理信息和及时发出预警。抓住这一关键点，也是建立完善的情报预警机制、取得反恐胜利的根本所在，同时也要关注情报预警中的公民隐私权等问题。

关键词：大数据　恐怖活动　情报预警

一、问题的提出

"9·11"事件之后，恐怖主义渐渐进入人们的视线。自2001年以来，全球反恐局势日益严峻，而且出现不减反增的局面，相继发生的有"印度尼西亚巴厘岛系列爆炸事件"、"西班牙首都马德里旅客列车连环爆炸事件"、"印度孟买连环爆炸案"等等，恐怖主义造成的伤亡动辄成百上千。随着恐怖主义的蔓延，国内恐怖主义势力亦有所抬头，近几年出现的有"7·5乌鲁木齐打砸抢烧事件"、"2·28达叶城恐怖袭击事件"、"云南昆明火车站恐怖袭击事件"等也将恐怖主义弥漫到公民日常生活当中。就地域来说，我们不得不面对的一个事实是恐怖主义有从内陆向沿海发展的趋势。但是国内恐怖活动并不像国外那样已经发展成类似"基地组织"的完全形态，也没有国外恐怖活动过于嚣张的气焰，国内恐怖活动一个很明显的特点即是通过秘密的地下组织实行犯罪活动，而且恐怖分子和恐怖组织并不敢在现有的媒体上抛头露面，国内治安防控中突出的借助群众力量有效打击各种犯罪活动的做法，也将恐怖主义限定于只能隐藏在阴暗的角落，加之自新中国成立以来实行的严控枪支弹药管理政策，恐怖主义实行犯罪活动所需要的工具来源也被几近切断。

随着社会经济的发展以及科学技术的突飞猛进，恐怖活动也借助现有资源

---

* 晋永光，华东政法大学2015级诉讼法学硕士研究生，主要研究方向为侦查学。

变得越发难以预防和监管，呈现出一些新时期的特点。“当前，由于国内外恐怖组织之间加强了相互勾连、相互渗透、相互策动等工作，恐怖组织在组织形态、成员构成、资金来源、行动路线等方面都表现出明显的国际化特点”。[①]另外网络的发展为恐怖活动带来更多的信息资源，无论是在扩大恐怖组织自身力量还是实施更为严重的恐怖活动中都扮演了重要角色。在传统的恐怖活动路径无法满足恐怖分子的要求后，恐怖活动人员更加依仗于现有的网络通信，利用网络信息技术传递恐怖活动计划、招募恐怖组织成员以及宣扬恐怖主义，当然也正基于此，我们可以从网络获取更多的关于恐怖活动的信息，这也正是本文采用大数据分析恐怖活动并提出预警的出发点。大数据时代正是随着互联网科技的发展而到来的。“就反恐而言，大数据就是在信息数据化的时代背景下，在数据侦查和数据指挥等理念指导下，利用数据收集、数据分析、数据应用以及数据挖掘等技术实现反恐数据化、智能化，从而提高反恐能力，降低反恐成本”。[②]运用大数据应对恐怖主义的好处在于能够有效的监测和预防恐怖风险和恐怖活动，追踪恐怖组织和涉恐人员。互联网时代下的社会，就是将所有的社会信息融入网络，处于社会中的各行各业不可避免地要受到大数据时代的影响，在我们借助大数据来应对恐怖活动的同时，也就要面临这样的一个境地：在纷繁复杂的数据海洋里寻求有助于反恐的信息。这就要求我们能够对海量的信息进行收集、处理和评估预警。

二、大数据下反恐作战的情报收集

大数据下我们需要获得的即是反恐数据，反恐数据作为反恐作战中的核心数据，一般来说并不会通过互联网的渠道进行建立和共享，而是采用在地区或者特有部门范围内以物理隔绝的方式建立局域网来进行，这在很大程度上是由其机密性决定的。要运用互联网时代下的云数据来强化反恐工作势必要打破原有壁垒，引入信息网络资源，强化情报收集。

（一）情报收集的对象和信息源的确定

1. 情报收集的对象

“反恐情报是指为预防和打击恐怖主义而收集和获得的关于恐怖分子、恐

① 汪勇、梅建明：《当前反恐斗争的特点、挑战及应对策略》，载《中国人民公安大学学报（社会科学版）》2016 年第 1 期。

② 胡裕岭：《反恐情指一体机制建设中的大数据应用》，载《江西警察学院学报》2015 年第 6 期。

怖组织及其行为和事件等内容的情报”。[①]反恐作战下的情报收集是对与恐怖活动有关的信息进行的收集，其对象包括了恐怖活动中的组织和人员。由全国人大常委会第十八次会议通过的《反恐怖主义法》中第3条明确指出：“本法所称恐怖主义，是指通过暴力、破坏、恐吓等手段，制造社会恐慌、危害公共安全、侵犯人身财产，或者胁迫国家机关、国际组织，以实现其政治、意识形态等目的的主张和行为。本法所称恐怖活动组织，是指三人以上为实施恐怖活动而组成的犯罪组织。本法所称恐怖活动人员，是指实施恐怖活动的人和恐怖活动组织的成员”。这就将我们进行情报收集的对象作出了界定。情报收集的对象更多的是需要反恐人员依据相关法律条文结合实际情况作出判断，是收集相关信息综合分析判断的结果。

2. 情报信息源的确定

情报预警的目标是为情报的使用者提供可靠的应用，而决定大数据应用的是数据的支持，这就需要我们确定信息源，获取可靠的相关信息。如本文前述分析，恐怖活动人员更加依仗于现有的网络通信，利用网络信息技术传递恐怖活动计划、招募恐怖组织成员以及宣扬恐怖主义，现代的恐怖活动组织和恐怖活动人员不可避免地要加入到大数据时代，其在利用大数据带来的优势扩展恐怖主义力量的同时，也不可避免地留下犯罪活动的痕迹，这是我们获取信息的基础。但是也要看到，在信息爆炸的时代，我们容易淹没在海量的信息当中。传统的信息源更多是人工情报，通常采用卧底、安排线人或者进行窃听的方式，信息具有较高的可靠性，表现在可利用获取的信息对恐怖组织和涉恐人员进行有效打击。但是在这瞬息万变的信息时代，传统手段不足以应对成几何式增长的恐怖信息带来的弊端。“在现代情报侦测系统中，约80%的情报来源于技术手段，约20%来源于人工情报”。[②]通过技术手段获取的信息情报在今后与恐怖主义的作战中更倾向于大数据，大数据下的信息有经过处理后具有一定结构的信息，也有初步收集的一般信息，但是能够直接反应有关恐怖活动的信息零散的分散在整个网络当中，所以信息是否能够被利用、是否是干扰信息以及信息的可靠性高低就成了确定信息源的依据，在确定信息源时也就要有梯次。

首先，在大数据时代下，来自互联网公司的信息成了结构信息的主要来源，这是因为互联网公司在市场经济的推动下，能够普遍反映普通公民的日常活

① 梅建明：《反恐情报与危机管理》，群众出版社2007年版，第84页。

② 李本先、梅建明、李孟军：《我国反恐情报及预警系统框架设计》，载《中国人民公安大学学报（社会科学版）》2012年第4期。

动。尤其是近年来出现的阿里巴巴、腾讯等互联网巨头，其拥有着众多公民的个人信息，包括经常联系人以及个人日常所需甚至是个人资金往来账户信息，能够反映一个人的日常行为表现，并能对个人实施恐怖活动风险评估作出判断。互联网公司会依据云数据进行相应处理，将相应的信息变成结构性信息，涉恐人员会随着经济发展加入到互联网公司营造的大数据中，也就会不可避免地暴露自己的行踪。除此以外，政府部门和国企内部的局域网信息源，涵盖了刑事、银行、医疗、民政、交通、电信等部门，公民的日常生活离不开政府服务，相关的政府部门通过信息共享、相互整合对公民日常行为作出判断，涉恐人员的日常活动要被纳入到政府管理当中，在享受政府带来的服务的同时，也就将异常的行为展现在政府局域网络统计的信息中。最后是相对于 SurfaceWeb 而出现的 DeepWeb，互联网上能够直接反映恐怖活动信息的资源都是被隐藏的或者说是加密的，并不能通过搜索引擎直接看到，这就需要在互联网之下的深网寻找可靠的信息，但是在这种情况下，需要投入大量的人力物力在海量的信息中寻找并不一定能够被发现的信息，此种信息源虽然有它可靠性的优势，但投入和产出比较大，并不能收到良好的效益。

（二）情报收集的方式

有了稳定的信息源，我们要考虑的是如何来收集这些能够被应用在反恐作战中的信息。根据我国国情，在情报收集的过程中，采用的方法可以从两个方面着手：一是政府部门内部情报的收集；二是政府和企业合作收集。“首先要指出的是：我国公民实行的是身份和户籍的双重管理，每个人都置于单位和社区的监管之中。在这种社会管理之中，公安机关建立了治安和刑事犯罪数据库，银行完善了存贷记录的信用体系，社会保障和商业保险拥有公民的生命医疗和财产的信息，电信公司保存着每个人的通讯上网数据库，还有水电气等企业的消费记录系统等”。[①]这就为国内开展政府部门内部情报收集带来了契机。在2014 年为应对政府部门内部情报收集专门设置了“国家反恐怖情报信息平台联合坐席制”，时任中国国务委员、公安部部长郭声琨也就这一坐席制提出“要在充分发挥传统涉恐情报工作优势基础上，充分运用大数据技术和信息化手段，大力加强涉恐情报信息整合共享和综合研判”的要求，按照这一要求政府内部多种部门要在坐席制下加强信息的共享和资源的互通，破除信息壁垒，真正实现大数据下的情报收集和处理分析。随着互联网和计算机发展到云数据和云

① 万向阳：《反恐行动情报分析系统大数据障碍及其改进》，载《情报杂志》2015 年第 5 期。

终端之后，控制相关服务器的网络运营商也就掌握了数据的最终控制权，而且这种情况下对于收集有关恐怖活动的信息不失为良好的机遇，虽然网络之下信息的安全性受到了诸多挑战，但是也让反恐部门通过互联网获取与恐怖活动有关的犯罪数据信息大为方便，“在促进网络侦查恐怖活动的情况下，也就使得政府部门更为愿意和互联网企业进行合作，如借鉴或与百度、阿里巴巴等知名非外资企业合作应用分布式数据存储、互补式聚簇索引等技术，为反恐情报与指挥大数据存储库的建设提供技术支撑”，[①]共同收集相关的情报信息。

三、涉恐情报的处理

情报的收集是我们运用大数据进行情报预警的第一步，获取的相关情报并没有按照一定序列进行归整，而是一组毫无关联的信息随意堆叠起来的集合。为实现高效及时的分析预警就要对收集起来的信息进行处理，建立情报之间的联系，形成可视化的分析图表。

（一）情报信息的结构化和数据库的建立

1. 情报信息的结构化

通过上述情报信息的收集，我们得到的仍然是海量的有关恐怖活动的信息，这些信息当中充斥着类似发票、合约以及图片等半结构化和非结构化的信息，而且若是将这些信息交予一个情报部门处理将会是杂乱无章的文字和数字的混合体，此时就要我们对这些信息进行结构化以达到直观可利用的目的。云数据的时代是实现信息结构化的时代，即将收集到的每一条信息按照既定的格式目录有序地进行分类排列，得到初步的信息处理。在这个过程中，将各种不同类型和格式的数据进行集成就要将半结构化以及非结构化的信息中的关键标签抽取，而后进行重新分类，关键标签中即包含了与恐怖活动相关联的信息，通过分析包含了恐怖活动文本信息的半结构化和非结构化的数据，就可以实现数据源和其他类型的数据之间集成的可能性，达到结构化信息的目的。随着信息量几何式的增长，要对现有的情报信息结构化也不是一项简单的工程，我们要依托计算机技术进行结构化信息的工作，而现有的对非结构化的信息进行结构化的方法有：模板方式和网页库结构化信息抽取。模板方式是事先对特定的网页进行配置模板，抽取模板中设置好的需要的信息，可以针对有限网站的信

① 胡裕岭：《反恐情指一体机制建设中的大数据应用》，载《江西警察学院学报》2015年第6期。

息进行精确的采集。采用模板方式进行结构化信息的优势在于简单和精确并且其技术难度低、方便快速部署。但是我们不可能要求每一互联网公司耗费巨大的人力物力去维护本就不符合社会发展的模板化的网页，通过这一方式对信息进行结构化的做法很难得到实行。另一种方式是网页库结构化信息抽取，网页库结构化信息抽取是采用页面结构分析与智能节点分析转换的方法，自动抽取结构化的数据。这样可实现对任意的正常网页进行抽取，完全自动化，不用对具体网站事先生成模板，不需要人工干预。但是这一种方法技术难度较高，前期研发成本较高。

2. 建立多维数据库

恐怖活动中涉及的恐怖活动人员、恐怖活动组织以及恐怖活动事件本身，都会在一个独立的恐怖活动中全面展现。就恐怖事件本身来说，可以从涉恐人员、恐怖事件发生的时间和地域以及恐怖活动本身属性分类等方面进行搭建数据库的平台，但是这也剥离了数据的相关性，并不能体现数据库应有的体系上的关联性。而且，“大数据时代，数据的维度已不仅仅局限于一维或二维，而是更广泛地以多维度数据形式显现。基于大数据的涉恐人员、恐怖组织、恐怖行为(事件)的多维特性更加突出”。①所以在建立数据库时，我们更应该建立起以时间、人员、地域、时间属性等关键标签为基础的数据库，以控制变量法为基础集中分析一种关键标签所体现出的恐怖活动的特征，并参照已有的相关数据分析模型，譬如星形模型、事实星座模型和雪花形模型等，以收集到的恐怖活动信息为基础，构建有关的恐怖活动数据库。构建的多维数据库并不是传统的关系数据库，传统的关系数据库是实体及实体之间联系的集合构成一个关系数据库，没有体现出以时间为变量的变化关系，多维数据库增加了一个时间维度，与关系数据库相比，它的优势在于可以提高数据处理速度，加快反应时间，提高获取相关信息的效率。

(二) 恐怖活动可视图的绘制

“反恐情报研判产品的终端用户是反恐实战一线的警察，因此对于大数据分析最基本的要求就是可视化分析，因为可视化分析能够直观的呈现大数据特点，同时能够非常容易被接受”。②从建立多维数据库的出发点上我们可以看出的是，为了寻求纷繁复杂的海量信息中的联系，将以不同关键标签建立起来

① 瞿志凯、张婷：《基于大数据的反恐情报数据仓库体系结构设计》，载《情报杂志》2016 年第 2 期。
② 侯睿：《大数据时代的反恐情报收集与分析》，载《山东警察学院学报》2014 年第 4 期。

的数据库通过合适模型进一步整合在一起，以达到综合分析的目的。而且为了更为形象直观的反映某一地区或某一特定时间节点的恐怖活动的特点，有必要将数据库可视化，就是通过构图或者建立仿真地图的形式，将恐怖活动中涉及的人员、时间、事件属性等信息注入到相关构图当中，并利用计算机虚拟和三维建模的形式将关联数据信息囊括在一种构图之中，“对恐怖组织进行可视化分析，是解释与发现恐怖组织网络结构特点或变动规律的一种技术手段。通过对分析结果的可视化分析，以更加直观的方式向反恐方展开整个网络的变动情况，也让反恐情报人员更易理解和接受”。[①]相关的建模我们可以参照概念图、数据展示、关联显示模型，并结合 3D 模型，绘制恐怖活动的可视图。

四、风险评估预警

情报和情报间的逻辑联系在情报处理加工之后就建立了起来，但是也要看到这一逻辑联系是静态的，是对过往情报处理的结果，有一定的时效性。而我们在进行情报预警时不能局限于过往的信息，要注重根据实时获取的情报进行综合评估预警。

（一）动态的分析评估预警

情报之所以有效不仅是因为情报的可靠性，更多的是因为情报具有的及时性。“例如，在‘9・11’事件发生之前，恐怖分子用手机进行通话联络有一些已被截获，但并没有及时采取措施干预，也没有及时将这些信息移交到需要这些情报的部门去，没有作进一步的分析”。[②]信息爆炸的时代能否在第一时间获取最新的恐怖信息决定着我们是否能赢得反恐作战的胜利。信息在获取的那一刻对于反恐人员就已经是过时的。信息的传递需要时间，在恐怖分子和恐怖组织发出恐怖信息到反恐人员能够获取信息之间，时间上的差异会导致恐怖信息可能会随着涉恐人员决定的改变而不断变化，这是动态的信息变化。也就决定着我们要不断收集、处理并在原有数据基础上加入最新信息，以时间为序列，在信息变化过程中观察情报收集对象发展变化的过程、趋势及规律，分析相应要素指标动态变化来描述恐怖活动发展变化的特征，并在此基础上，测定评估长

① 李本先、张薇等：《大数据在反恐情报工作中的应用研究》，载《情报杂志》2014 年第 12 期。
② 左昊：《“9・11”事件后美国反恐情报体系的重建》，载《江苏警官学院学报》2006 年第 2 期。

期趋势、变动规律，进行统计预测，为预警提供决策依据。“这一过程是不断循环的，原因在于在情报侦测过程中，情报的真实性受到打扰，在评估与预警过程中，信息将会成爆炸式涌现，一些信息的可靠性得到证实，虚假的信息必须消除，才能达到用有效的信息指导反恐预警工作”。①所以要运用情报收集、处理过程中的大数据资源，动态的分析评估风险。时间的紧迫性也对反恐情报部门提出了更多要求，要能在实时变化的信息当中分析和过滤海量信息，消除噪声，运用真正有效的信息进行风险评估、发出预警信号。

(二) 综合分析评估预警

在我们构建的多维数据可视图之上，将有关恐怖活动的时间、空间、人员以及事件属性等特征囊括在了一起，我们要做的是先对各个关键标签的数据进行分析。控制变量法之下的分析方法在于能够集中分析一种因素对恐怖活动的影响，比如地域因素，在同一时间段内，不同地域爆发的恐怖活动不同。就国内恐怖活动来说，会集中在“东突”势力分布的新疆地区，但是也要看到“云南昆明火车站恐怖袭击事件”这种个别情形，例外的出现有时候是异常因素介入导致的，但不能排除恐怖活动在地域上有所扩展，此时就需要获取更多的信息从而动态的分析该异常点，判断是否是异常现象或者是在恐怖活动发展过程中的正常现象，合理的作出预警应对。在分门别类的分析基础上，综合分析是必不可少的，事件的发生往往是综合了诸多因素，有其必然性。“在做出预警时往往需要理论模型进行支撑，在理论模型的指导下，就可以搭建起预警指标体系的基本框架，建立合理、有效的预警指标体系，并据此构建相应的预警管理系统”。②上述分类基础上的分析即是我们在考虑构建理论模型所需要纳入的影响因素，相关的因素有人员（民族宗教）、时间、事件属性、经济、社会治安状况等，综合考虑相关影响因素，量化各个因素所占比例，合理评估风险。当然，在构建预警模型对恐怖活动进行动态分析的过程中，并不是要全盘纳入，而是要结合工作需要以及地域差异，突出重要的影响因素进行集中分析。而且分析的过程中力求简练，情报的及时性要求我们在短时间内运用数据平台获取、处理和分析恐怖活动的信息，节约成本提高工作效率，及时发出预警。

---

① 李本先、梅建明、李孟军：《我国反恐情报及预警系统框架设计》，载《中国人民公安大学学报（社会科学版）》2012 年第 4 期。

② 王存奎：《关于“东突”暴力恐怖活动预警的相关理论思考》，载《中国人民公安大学学报（社会科学版）》2009 年第 2 期。

五、大数据下反恐情报预警中应注意的问题

运用大数据获取相关情报不可避免地要接触公民个人信息，而且考虑到反恐行动的特殊性，在权衡侵犯公民个人隐私权和恐怖活动可能造成的危害后果两者孰轻孰重时，我们要考虑反恐部门可能会出现的选择偏向，除此之外，还要严格区别具有恐怖活动思想的人员和实施恐怖活动的人员之间的差别。

（一）公民隐私权的保护

大数据的滥用将侵犯个人信息、隐私、公共利益、国家安全等诸多权益，而且大数据应用通常方式隐蔽，难以被权利人察觉，维权成本高。[①]相关的反恐部门在收集海量的信息之后，通过对大数据的处理和分析，发现云数据中的异常数据，从而确定观测对象，并进一步有针对性的监测预警。在这个过程中首先将受到大数据影响的众多普通公民纳入了初始观测对象，这就涉及公民个人信息被使用是否事前合法化。并且反恐工作中对于恐怖活动信息的获取要求的是及时性，大多数时机场合都需要赋予信息获取者优先使用特权。此种状态下，信息使用者滥用信息的可能性如何监管，滥用的后果由谁承担，因滥用而遭受损害的信息所有者如何得到救济都是亟须解决的问题。除此之外，大数据都是掌握在网络运营商少数顶层人员以及政府相关服务部门手中，这就隔绝了大多数人的知情权。即使大数据下公民个人信息被滥用，滥用的实情也只为少数人员所知，而且“从一定意义上讲，保密是情报效用的保障条件，因此需要特别注重情报来源的保密性和情报方法的保密性”，[②]考虑到反恐当中信息的保密性，又进一步排除了监管部门获取监管资格和实施有效监管的可能性。在网络信息时代发展的今天，法律的滞后性尤为突出，以大数据引领的信息科技使得恐怖活动手段方法层出不穷，相关反恐部门在严厉打击恐怖活动的倡导下也将自身权力界限模糊化，权力的扩张性和侵犯性较强，对公民个人信息的保护缺失，国内相关法律在信息获取的权力、信息获取程序、数据滥用监管、隐私受到侵犯的公民该如何救济等问题上并没有明确规范。如何平衡打击恐怖主义和保护公民隐私权是我们不得不关注的一个问题。

---

① 刘铭：《大数据反恐应用中的法律问题分析》，载《河北法学》2015年第2期。

② 倪春乐：《论反恐情报的证据转化》，载《中国人民公安大学学报（社会科学版）》2012年第4期。

（二）严格界定预警对象

在运用大数据进行反恐预警时，我们的目的是预防可能发生的恐怖活动。综合运用获取的数据分析特定地域的特定人员，并对其进行实时监测，恰当的时机是在涉恐人员实施恐怖活动预备时将其抓捕，使预警信息得到有效利用。这里需要界定的是恐怖活动作为犯罪行为，对犯罪行为的打击当然不能脱离现有的法律构架，要区别恐怖活动的预防、恐怖活动的打击和带有恐怖活动的“思想犯”之间的区别。恐怖活动的预防是运用类似综合治理的手段，进行反恐防控环境的建设，减少和消除恐怖活动发生的可能性，是一种事前的预防，预防的手段不在于发觉涉恐人员而在于情境设计。恐怖活动的打击源于涉恐人员已经进入犯罪阶段，实施了预备行为，比如密谋、准备武器弹药等，在这个阶段反恐部门要尽量运用大数据获取的可用信息尽早发觉涉恐人员，并在预备阶段将其抓捕，大数据下所提供的预警信息才有意义。带有恐怖活动的“思想犯”只是产生了犯罪的想法，并且这种想法只为自己所知，并没有按照犯罪的欲望准备犯罪工具或者与他人密谋，换言之，“思想犯”不应该受到打击，只能作为预警的对象加以关注和监测。但是，近年来恐怖活动越发频繁，对特定地域的恐怖活动的打击有着权力的先导性，并带有严打色彩，为了防止出现对“思想犯”这一本应作为预警监测和关注的对象进行打击，有必要作出界定，并在预警信息传递于各部门之间时明确区分和重点标记。

The Early Intelligence Warning of Anti-terrorism Action under the Huge Database

Abstract: With the arrival of the big data era, the anti-terrorist action is more dependent on the development of computer technology, which requires the use of large data acquisition based on breaking the original information barriers. Information and early warning, timely grasping this key point, but also to establish a sound mechanism for early warning, to obtain the fundamental anti-terrorism victory, but also concerned about the issue of early warning of citizens' privacy and other issues.

Key words: Huge Database　Terrorist activities　Intelligence early warning

透视冤假错案情况看检警关系改革

夏传勇[*]

摘要：在司法体制改革的大背景下，我国的检警关系改革也拉开了帷幕。很多学者对此都进行了深入的研究，并在理论上提出了多种多样的改革构想。随着近年来呼格案、陈满案等众多冤假错案的出现，造成了很大的舆论影响，对我国的检警关系制度提出了极大的考验。笔者拟从冤假错案的视角，兼与美国、德国冤假错案情况相比较分析，提出我国检警关系改革不应盲目追随外国检警关系制度，要立足于我国特有诉讼制度，并在此基础上进行完善与改进的建议。

关键词：检警关系　冤假错案　检察监督

近年来，随着法治中国建设的全面推进，以及人权司法保障机制的不断完善，很多影响广泛的冤假错案①被频频爆出。2016 年 9 月 12 日，国务院发表《中国司法领域人权保障的新进展》白皮书，其中指出 2012 年到 2015 年，全国各级人民法院依法宣告 3 369 名被告人无罪。张辉、张高平案、念斌案、呼格吉勒图案、徐辉案、陈满案、徐金龙案等一批冤假错案得到依法纠正。冤假错案损害的不仅仅有当事人的合法权益，也是对社会主义公平正义的一种损害，更是对社会主义法治根基的一种侵蚀。因此，如何最大限度地防范冤假错案就成为国家刑事法治的重要任务，也成为衡量国家刑事法治文明程度和司法公正的一个重要考量因素。对此，2016 年 10 月，最高人民法院、最高人民检察院、公安部、国家安全部、司法部联合印发了《关于推进以审判为中心的刑事诉讼制度改革的意见》(以下简称《意见》)。这是自党的十八届四中全会以来，又一项推进依法治国、加快建设社会主义法治国家的重要举措。该《意见》的一大特点就是指出“要牢牢把握改革的正确方向，立足我国国情和司法实际，坚持公检法三机关分

---

* 夏传勇，华东政法大学 2015 级诉讼法学硕士研究生，主要研究方向为侦查学。

① “冤假错案”又称“刑事错案”“冤案”，其并非一个规范的法律术语，对“冤假错案”的定义也相当模糊。本文主旨不是概念的划分，因此不对其进行具体分析。因为《关于推进以审判为中心的刑事诉讼制度改革的意见》等国家出台的文件中均使用“冤假错案”一词，因此本文也引用“冤假错案”这一术语。

工负责、互相配合、互相制约的宪法原则不动摇，在我国社会主义司法制度和刑事诉讼制度自我完善的基本框架内进行制度机制的完善”。其中，检察机关与公安机关在刑事诉讼过程中发生的职权职责关系，也就是所谓的检警关系对于防范冤假错案具有不可或缺的关键作用。因此本文拟从冤假错案的视角对检警关系概况进行分析，并结合国外不同检警关系情况下冤假错案的状况，对我国检警关系的改革提出一些构想。

一、检警关系改革的必要性

为全面推进依法治国的进程，确保刑事司法的现实公正，党的十八届四中全会提出了建设中国特色社会主义法治体系，建设社会主义法治国家的总目标。并进一步明确指出，要推进以审判为中心的诉讼制度改革，确保侦查、审查起诉的案件事实证据经得起法律检验，切实维护司法公正、防止冤假错案。在这种司法体制改革的大背景下，检警关系改革被逐步提上日程。其在防范冤假错案中的必要性主要体现在以下两点：

（一）检警关系在防范冤假错案中的核心性

检警关系实质上是以检察权、警察权为基础的职权职责关系，也可称为权利义务关系。但需要强调的是，检警关系并不是刑事诉讼中检察机关与警察机关指向对方权力的集合，而是以指向对方的权力为基础形成的职权职责关系。①目前世界各国的检察制度各不相同，检察机关的职权也有所差异。大陆法系国家的检察权范围较为广泛，英美法系国家的检察机关职权范围则稍小。在刑事诉讼中，其指向公安机关的职权以公诉权为主。我国检察机关指向公安机关的职权则主要有批准逮捕权、公诉权、侦查监督权等。而不管何种政治体制，公安机关指向检察机关的职权却是相同的，那就是仅限于刑事案件侦查权。上述职权的行使构成了整个审前程序的主导地位，由此可以说检警关系是整个刑事诉讼审前程序的核心。如果将审前程序看作一条河流，检警关系就是这条河流的发源地，如果源头受到污染，整条河流的水质将会变坏。而审前程序恰恰是冤假错案的高发地带。根据美国密歇根大学法学院“全美洗冤登记中心”②公布的

① 种松志：《检警关系论》，中国人民公安大学出版社2007年版，第11页。

② 美国密歇根大学法学院于2012年5月成立了“全美洗冤登记中心”，统计并发布美国范围内平反昭雪的冤假错案。该中心的第一份报告公布了从1989年到2012年2月的873起洗冤案件。而后，该中心每年大约录入200个冤案。截止到2016年1月27日，该中心登记公布的冤案共有1 733起。

《2015年冤案平反摘要》[①](以下简称《摘要》)显示,2015年美国平反冤案的数量总共为149起,其中杀人罪案件58起,毒品类案件47起。在杀人罪案件中,涉及虚假供述和滥用职权(包括基于认罪供述而入罪)的数量创历史新高,基于虚假供述而入罪的有22件,占所有杀人案件的39%,大多数被告供述时年龄未满18岁或是精神疾病或弱智人士;基于政府官员滥用职权而入罪的有44起,占到了所有杀人罪案件的75%。在总共47起被证明无罪的毒品案件中有46起涉嫌认罪供述。通过前述的统计数据可以很明显的看出,大多数冤假错案的发生都是在审前程序中由于警察权、检察权的不正当行使造成的,也就是检警关系不当造成的。这也就从侧面充分体现出审前程序中检警关系对于防范冤家错案的核心性价值。

(二) 检警关系改革的现实紧迫性

我国现行的检警关系是由宪法和刑事诉讼法加以规定的,其中,《宪法》第135条"人民法院、人民检察院和公安机关办理刑事案件,应当分工负责,互相配合,互相制约,以保证准确有效地执行法律"。《刑事诉讼法》第7条对此做了相同的规定。由此可见我国现行的检警关系是分工负责、互相配合、互相制约的一种互动关系。不可否认的是,在我国特定的历史条件和司法背景之下,"分工负责,互相配合,互相制约"的检警关系模式,产生过并仍有可能产生一定的积极作用。但正是由于这种历史文化因素以及国情特点,造成了我国检警关系中公安机关权力过大、检察机关监督不力两大特点,使得我国目前的检警关系面临很严重的挑战。尤其是随着内蒙古呼格吉勒图案、海南陈满案等一大批冤假错案的揭露,并且逐渐成为了舆论的焦点,使得我国司法工作受到了社会的很大质疑,进一步对我国目前的检警关系提出了极大的考验。本文通过选取2013年到2015年最高人民检察院年度工作报告中提起的总共10起冤假错案[②]进行分析,以此来研究冤假错案成因的基本脉络(见下表)。其中"√"代表某一问题情形的存在。

---

① 《EXONERATIONS IN 2015》, at http://www.law.umich.edu/special/exoneration/Documents/Exonerations_in_2015.pdf, October 17, 2016。

② 这10起案件来源于最高人民检察院年度工作报告,案件的具体信息则来自于网络与新闻媒体报道,可能存在信息不全和信息失真问题。并且,可能会因为样本太少而不符合案例研究的基本要求。但是,目前在我国没有全面的冤假错案统计情况,本文截取的这10个案例作为最高检的典型案例比较有代表性,因此具有一定的说服性。在收集案例的过程中,本人对每个案件信息都尽可能地收集详细但是受到自身能力和客观条件的限制还存在很多不足的地方,在此作以说明。

表 1　近三年我国十起典型冤假错案成因统计

案件名称	所判刑期	刑讯逼供	检察机关监督不力	证据鉴定失误	律师问题	不可靠证言（同案犯供述）
陈满杀人放火案	死缓	√	√			
钱仁风投放危险物质案	无期徒刑	√	√			
许金龙等4人抢劫案	死缓	√	√		√	√
杨明故意杀人案	死缓	√	√			√
徐辉强奸杀人案	死缓	√	√	√		
黄家光故意杀人案	无期徒刑	√				√
王本余奸淫幼女、故意杀人案	死缓	√	√	√		√
呼格吉勒图故意杀人、流氓案	死刑	√	√			
张氏叔侄强奸杀人案	死缓	√	√			
于英生杀妻案	无期徒刑	√	√	√		

通过对上述10个典型案件的比较分析可以看出，几乎所有的刑事冤假错案都涉及刑讯逼供，检察机关对此问题的监督不力，也占到了案件的90%。这些统计数据虽然不是特别准确，但也足以说明我国目前冤假错案形成的最主要原因就在于检警双方的不当行为。由此可以看出，在司法体制改革的背景之下，我国检察权、警察权的行使成为制约司法公正的一道沟壑，检警关系的改革问题迫在眉睫。

二、不同检警关系下各国的冤假错案情况比较分析

由于各国政治制度、历史文化、诉讼制度等各种因素的复杂性，世界各国检警关系的形式也呈现出多样性。根据各国检察机关与警察机关的职权职责关系，目前的检警关系模式主要分为三大类型：[①]一是检警一体化模式，又称检察指挥侦查模式，是指检察机关和公安机关行使侦查职能的一体化。这类检警关系模式以法国、德国比较典型；二是检警分离模式，是指检察机关与警察机关相互独立，分别行使各自职权。检警分离模式一般为英美法系国家所采用，以英

① 种松志：《检警关系论》，中国人民公安大学出版社2007年版，第12页。

国、美国比较典型；三是检察监督侦查模式，是指检察机关以国家法律监督机关的角色参与刑事诉讼，在检警关系中检察机关对警察机关拥有监督权，检察权对侦查权起着监督制约的作用。这类检警关系模式以我国为典型代表。下面，本文将对不同检警关系模式下各国的冤假错案情况进行对比研究，以希望对我国的检警关系改革提供一些借鉴。

（一）美国冤假错案情况分析

在美国，检察官与行使侦查权的警察的关系，法律没有明确规定。在司法实践中，除某些微罪(注：对酗酒、流浪者、卖淫、违反交通法规等案件，警察有权决定起诉并在法庭出示证据)和检察官自行侦查处理的案件外，一般检察机关仅享有起诉权，警察机关则享有侦查权，侦查主要由警察实施。①因此无论是在起诉过程中还是在侦查过程中，检察机关与警察机关都是根据各自的职责进行取证与适用法律活动，二者互不干涉。虽然检察官无权对警察的侦查活动进行指挥，但检察官拥有绝对的起诉决定权，可以决定起诉与不起诉，从而在起诉环节实现对侦查权的控制。美国作为世界上法治化水平最高的国家之一，其无论是法律制度还是法治实践都处于领先地位，但这并不意味着美国的检警关系制度已经完美无瑕。美国司法历史中也曾出现过许多轰动全球的著名错案，例如，1931 年斯科茨伯勒男孩案、1989 年中央公园慢跑者案等，②都凸显出美国司法制度在现实运行中的弊端。

美国底特律市维恩州立大学刑事法系的教授马文·扎尔曼通过对其他学者的研究成果的评估以及对执法官员的问卷调查，认为把美国刑事司法系统的错判率设定在 0.5％到 1％之间是合适的。他说，美国每年大约有 100 万人被判有罪，其中被判处监禁刑的大约占 40％。他指出，如果错判率为 1％，那么美国每年被错判的就有 10 000 人，被错误监禁的就有 4 000 人；如果错判率是 0.5％，那么每年被错判的也有 5 000 人，被错误监禁的也有 2 000 人。③还有学者专门对死刑判决进行了深度的研究，研究结果指明美国自 1973 年至 1995 年间，一审法院作出的死刑裁判有 68％在后来的程序中被推翻，也就是说，每 10 件死刑判决中平均约有 7 件会被推翻。④在前面提到的“全美洗冤登记中心”的摘要中，研究者也对美国的错案率进行了分析：“根据可靠的资料显示，在美国涉及死刑的

---

① 樊崇义、吴宏耀、种松志：《域外检察制度研究》，中国人民公安大学出版社 2008 年版，第 103 页。
② 陈伟、沈丽琴：《美国错案透视及其对我国司法防范的启示》，载《西南政法大学学报》2014 年第 6 期。
③ 何家弘：《刑事错判证明标准的名案解析》，载《中国法学》2012 年第 1 期。
④ 陈永生：《死刑与误判——以美国 68％的死刑误判率为出发点》，载《政法论坛》2007 年第 1 期。

冤案占死刑案件总数的4%，但是我们没有可以用于比较的非死刑类冤案的资料。涉及其他刑事罪的冤案比例可能更高或更低。但是哪怕只有1%的比例，每年的冤案总数仍达数千宗，还有上千宗发生在若干年前而目前仍处于狱中的冤案”。“我们的研究报告还显示，更多数量的冤案仍未可知：在2014年和2015年间，布鲁克林区共有16宗涉及1988年到1994年的谋杀冤案被平反；其他类似的案件还在处理过程中。这一集中平反往年谋杀冤案的现象并不是布鲁克林唯一的。我们确信类似数目的案件会在其他国家城市被发现，只要他们投入了与布鲁克林区检察署一样多的资源。在2014年到2015年间，73位在涉毒案中做有罪供述的无辜被告在德州哈里斯郡因毒品化验报告而获平反——还有更多类似的被告会被证明无罪。但是哈里斯郡共有多少作有罪供述的无辜被告没有化验报告可以证明他们无辜呢？而全国其他县郡又有多少这样无辜的被告呢”？其实，在美国已经有越来越多的人意识到冤假错案的普遍，也意识到这一问题的严重性。平冤也成为美国一项意义重大、影响力广泛而又让人悲哀的任务。

（二）德国冤假错案情况分析

德国检察制度是大陆法系国家检察制度的典型代表之一，实行“检警一体化”的模式，其检察机关是国家的刑事侦查机关，警察机关是侦查辅助机关，承担侦查辅助职能。所有刑事侦查的程序和环节均由检察官决定（只是涉及人身自由和强制措施的侦查措施由法院或法官来批准或决定），检察官有权指挥所在辖区范围内的司法官或司法警察的一切活动。检察机关有权指挥、监督侦查，承担着公诉功能，具有“准司法机关”的性质。①然而德国的检警关系有一个十分显著的特点，就是上述情况与实践存在脱节现象：检察机关只是法律书面规定上的侦查机关，而警察机关才是实际上负主要责任的侦查机关。因为德国刑事诉讼法虽然规定了检察官在侦查程序中的主导地位，但同时也赋予了警察在将案件“不延迟地”送交检察官之前有作出“不允许延误”的决定的权力。②而这种决定只有在进行了相应调查活动并根据调查结果作出判断之后才能作出。这就意味着，当获悉发生犯罪行为之后，警察拥有独立发动侦查活动并采取紧急措施的权力。龙宗智教授在文中引用我国台湾地区学者的观点也指出，“德国侦查程序的主宰者为司法警察而非检察官。警察可以独立而不受影响地从

① 樊崇义、吴宏耀、种松志：《域外检察制度研究》，中国人民公安大学出版社2008年版，第172页。
② 肖立波：《检警关系问题研究——以检警权的性质为视角》，中国政法大学2004年硕士论文，第4页。

事犯罪侦查，全部犯罪案件中约有百分之七十是由警察单独侦查。而且警察侦查的结果通常被检察机关照单全收，甚至移送起诉书引用的法律条文也少有改动”。[①]正是由于这种现实情况的存在，德国冤假错案的存在也较为普遍。

2016年7月，号称“德国最大刑事错案”的佩吉(Peggy)案[②]在历经15年之后，终于找到了被害人的尸骨，案件的重启调查，再一次在德国引起广泛关注。2001年5月7日，巴伐利亚的9岁女孩佩吉放学回家时离奇失踪。尽管警方兴师动众，出动警犬和直升机进行了大量密集的搜索，但是没有成功。佩吉案成为德国数十年来最神秘的刑事案件之一。为了尽快破案，有智力障碍的 Ulvi kulac 被认定为犯罪嫌疑人。在巨大的审讯压力下(据再审的文字显示，审讯者使用了暴力——压 Ulvi 的肩膀与拇指)，Ulvi 写下了自白书承认自己是凶手。为了形成完整的证据链来坐实 Ulvi 的罪行，德国检方一方面让鉴定专家做出了明显失当的鉴定结论，另一方面指使一名叫 Hofmann 的人作伪证，声称 Ulvi 曾跟他说过谋杀 Peggy 的事情。另外还对有利于 Ulvi 的证言全部认定为无效。2004年，州法院认定 Ulvi 谋杀罪名成立，判决终身监禁，并关入精神病医院。Ulvi 家人不服，上诉至联邦最高法院。2005年，联邦最高法院驳回被告人的上诉，认为州法院的判决在法律适用、证据、专家鉴定等方面都没有问题，该判决自此生效。由于 Ulvi 被定罪一案过于荒谬，Ulvi 的父母、Peggy 的生父与祖父母以及当地的一些市民都笃信这是一起错案，因此成立了为 Ulvi 伸冤的公民组织“为了 Ulvi 的正义”，并开设了网站 http://www.ulvi-kulac.de。在他们的努力下，该案受到了越来越多的关注。电影、纪录片、影评、报纸、书籍纷纷跟进，于是这一案件在德国引起了广泛的讨论。当地的司法系统承受着巨大的社会舆论压力。2012年，证人 Hofmann 因患病知道自己将不久于人世，于是良心发现地撤回了不利于 Ulvi 的证词，让检察机关开始重新审查此案。2013年4月，Ulvi 的律师提出再审申请；2013年12月，法院接受了再审；2014年4月，法院开庭审理。证人 Hofmann 已经撤销了证言，连鉴定专家也改了口。法院最终认为，没有任何实质证据能够证明 Ulvi 的那封自白书的真实性，而且，整个调查过程都存在着前后矛盾的问题。不仅谋杀无法被证明，就连性侵也未能被证明。2014年5月，法院撤销了10年前的有罪判决。2015年7月，Ulvi 终于被释放。

---

① 龙宗智：《评“检警一体化”兼论我国的检警关系》，载《法学研究》2000年第2期。

② 《德国最大的刑事错案及纠正历程》，“德国刑法小站”http://mp.weixin.qq.com/s?_biz=MzI5MjA1ODU2Nw==&mid=2653908549&idx=1&sn=ca1caa8e44cbcef03eaf2a4007cafaa0&scene=21#wechat_redirect，访问日期2016年10月22日。德语原文网站：http://www.ulvi-kulac.de。

在 Peggy 案之中几乎没有任何可信的证据，没有尸体，没有物证，不利于被告人的证言最终证明是假的，有利于被告人的证言被无一例外地排除。唯一的自白书还是有智力障碍的被告人在疑似刑讯逼供的环境下作出的，而且之后又翻供了。我们看到了警方与检方在破案压力之下对证据的扭曲，看到了鉴定专家明显偏颇的鉴定结果，看到了州法院与联邦最高法院在定罪中的疏失。如此看来，即便是世界上最较真的民族、法治最先进的国家，冤假错案的存在也是避免不了的。根据统计，德国法院每个工作日会作出 3 000 个左右的刑事判决，一年总共会有 80 万个刑事案件被审理。德国联邦最高法院的法官，德国最具资历与权威的法学专家之一哈尔夫·艾舍巴哈(Ralf Eschelbch)，给司法下了一个毁灭性的判决。这位自 1988 年起即担任法官的法学专家认为，每 4 个刑事判决中就有 1 件是误判！①如果他说的是对的，那么在德国，每一个工作日都有 700 个人被误判有罪。由于缺乏准确的数据统计来源，对这一估算结果的准确性我们不得而知。但管中窥豹，可见一斑，我们由此也可以看出德国冤假错案的情况同样是十分严峻的。

三、透视冤假错案对我国检警关系改革的启示

为了解决我国现有检警关系存在的问题，我国法学理论界跟实务界都对这一问题进行了研究并提出了多样化的设想，有的甚至付诸实践。通过前文对我国检警关系的研究以及从比较法的角度进行的分析，我国检警关系改革应从以下几方面开展：

(一) 坚持以监督为主的基本原则不动摇

检警关系改革是一项重大复杂的系统工程，是对我国现有检警关系的发展和完善。我们不应该全盘否定现有制度，要坚持立足于中国国情，立足于实践，遵循检警关系发展的基本规律及原则，在借鉴国外有益经验的前提下，建立起中国特色的新型检警关系。为了构建更加体现公平正义的检警关系制度的一大基本原则就是要坚持我国现有检警关系的基本特征不动摇，即保证检察机关法律监督地位的不变。主要是从以下两个方面的考虑：其一是因为我国特有的政治制度、诉讼制度以及历史文化等综合因素决定了我国的检警关系体制应该

① [德]汤玛斯·达恩史戴特：《法官的被害人——德国冤案事件簿》，郑慧芬译，商务印书馆 2016 年版，第 9 页。

坚持贴合本国实情的机制。检警关系的改革必须与其他法律制度以及我国的社会、经济、政治、文化情况相协调，不能超越检警关系历史发展阶段。借鉴国外的优秀成果来丰富我国的检警关系十分必要，虽然每个国家的司法制度和法律文化不尽相同，但是控制乃至消除错案却是每个国家追求公平正义、司法文明的目标。因此，其他国家检警关系的优良特点值得我们学习和借鉴，但没有必要毫无原则的对西方检警关系制度全盘接受。只有最适合中国国情的检警关系制度才是我们改革的目标，并且国外现存的检警关系制度也不是完美无缺的。前文从比较法的视角出发，对以美、德为代表的不同检警关系模式下的冤假错案情况进行了分析，从中可以看出就是在美国、德国这样法治先进的国家也同样避免不了冤假错案的存在，这也就说明各国的检警关系制度也都存在或多或少的问题，我们完全没有必要奉之为圭臬。其二，虽然我国目前的检警关系制度存在较严重的隐患，但还没有到彻底摒弃的地步。随着司法体制改革的推进，我国的检警关系已经有了重大的改善，对实现社会的司法公正起到了较为明显的积极作用。根据 2015 年《最高人民检察院的工作报告》[①]显示："检察机关全年对侦查机关不应当立案而立案的，督促撤案 10 384 件；监督纠正滥用强制措施、违法取证等侦查活动违法情形 31 874 件次；对不构成犯罪或证据不足的，决定不批捕 131 675 人、不起诉 25 778 人。勇于自我纠错，对检察机关从当事人申诉或办案中发现的'陈满故意杀人放火案''钱仁风投放危险物质案''许金龙等 4 人抢劫案''杨明故意杀人案'等冤错案件，分别提出抗诉或再审检察建议，人民法院已依法再审改判无罪"。从中我们可以看出检察机关近年来在实现司法公平正义方面所取得的进步，这充分证明了我国目前检警关系制度随着法治化的进程正在向好的方向发展。

（二）实现检警双方权力配置体系的均衡化

因为历史传统文化等多种因素的影响，我国长久以来施行的都是"以侦查为中心"的诉讼制度，这就导致我国检警关系目前存在的最大问题就在于警察权过重与检察权疲软之间的权力失衡问题。这也是目前检警关系体制改革要克服的最大障碍。笔者认为要想实现检察权与警察权之间的均衡，应该着重从以下两方面着手：

1. 落实现有制度是基础。我国现有检警关系制度是由宪法以及相关法律

---

① 《最高人民检察院工作报告》，http://www.spp.gov.cn/gzbg/201603/t20160321_114723.shtml 访问日期 2016 年 10 月 20 日。

共同规定的,《宪法》第129条规定:“中华人民共和国人民检察院是国家的法律监督机关”。与此相适应,《刑事诉讼法》第8条也规定:“人民检察院依法对刑事诉讼实行法律监督”。即从刑事司法体制的层面上进一步明确了人民检察院是法律监督机关的特殊法律地位。因此,在整个刑事诉讼活动中,人民检察院有权依法对公安机关与人民法院的诉讼活动进行监督,这是构建我国刑事程序中检警关系的前提和基础。党的十八届四中全会审议通过的《中共中央关于全面推进依法治国若干重大问题的决定》(以下简称《决定》)中,提出了建设中国特色社会主义法治体系,建设社会主义法治国家的总目标。并进一步明确要推进以审判为中心的诉讼制度改革,确保侦查、审查起诉的案件事实证据经得起法律检验。其后,《意见》也提出了完善人民检察院对侦查活动的监督机制,对重大案件监督制度以及补充侦查制度进行了更进一步的明确。这些旨在改革完善刑事诉讼制度,维护司法公正、防止冤假错案的措施,是党从全面推进依法治国,加快建设社会主义法治国家,坚持严格司法,确保刑事司法公正的现实需要和长远考虑所作出的重大改革部署。然而,为什么检察机关还是疲软呢?为什么还有大量的冤假错案没有解决呢?笔者认为,根本原因不在于我们检警关系相关法律制度不够完善,而在于没有将现行的基础性规定落实到位。实际上,我们已有的宪法、刑法、刑事诉讼法及配套相关的各类法律法规和司法解释及司法政策等文件,已经较为完善。这也是笔者为什么不赞同完全照搬外国检警关系制度的另一个原因,我们完全没有必要冒着“水土不服”的危险来进行一次彻底的改革。我们现在最基础、最根本性的工作就是要将现有的法律规定贯彻落实,真正实现“有法必依、执法必严”。

2. 强化监督效能是保障。相较于美国、德国的检察权而言,我国的检察权就体现出权威不足、力量薄弱的特点。这一方面是因为基本制度落实不到位,前文中对此已经讲过,在此不再赘述。另一方面则是因为我国的检察权本身设置就略显薄弱。虽然相关法律已经规定检察机关具有诉讼监督的权力,但实际上我国的检察权对侦查权的控制范围非常窄。而在大陆法系国家,检察权对所有涉及人身、财产权益的侦查行为都享有控制权,在英美法系国家,虽然检察权对侦查权的控制范围比较小,但检察官拥有不受限制的起诉决定权,进而弥补了这一缺陷。[①]在我国,检察权对侦查权的控制仅限于起诉、逮捕等较少环节。而对于比如拘留等侦查措施均由警察机关自行决定,不利于保护当事人的合法

① 樊崇义、吴宏耀、种松志:《域外检察制度研究》,中国人民公安大学出版社2008年版,第73页。

权益。[1]并且我国的检察权对侦查权的监督还存在具体措施少，没有强制力的缺点。检察机关对刑事诉讼活动中警察机关的违法违规行为的监督主要依靠检察建议、纠正违法通知书等形式进行，这些措施和建议没有强制效力，导致公安机关对检察机关的监督不够重视，落实效果差。[2]因此在落实基础监督机制的基础上要进一步扩大检察机关的监督权。其一，要逐步扩大检察权适用范围。《意见》中就提出要“探索建立重大案件侦查终结前讯问合法性核查制度。对公安机关、国家安全机关和人民检察院侦查的重大案件，由人民检察院驻看守所检察人员询问犯罪嫌疑人，核查是否存在刑讯逼供、非法取证情形，并同步录音录像。经核查，确有刑讯逼供、非法取证情形的，侦查机关应当及时排除非法证据，不得作为提请批准逮捕、移送审查起诉的根据”。这实际上是重大案件提前介入制度的探索运用。通过引入提前介入制度有利于提高侦查质量，也能使检察人员提前了解案情，为下一步的审查批捕、审查起诉奠定基础。并且也是提升检察机关监督效能的重要举措，对于实现司法的公正具有重要意义。现在提前介入制度还处于试行探索阶段，我们要借助诉讼制度改革的契机，将其发展成熟，使之切实成为维护司法正义的一道重要举措。并且要以此制度为基础，使检察权向横向跟纵向延伸。纵向上，对重大案件的提前介入要逐步延伸到侦查的全过程，从侦查启动到侦查终结的各个程序和侦查行为均包含在监督范围之列，实现全程动态同步的侦查监督，而不只是事后的合法性审查。横向上，提前介入的案件范围要逐步扩大，在检查资源足够的情况下，要实现对重要案件的全覆盖，尽最大可能防止违法行为的发生。其二，要适当加强检察权制约能力。虽然检察机关具有法律监督的地位，但是由于缺乏强制性手段，致使检察监督流于形式。检察建议、纠正违法意见书等监督手段不能必然引起一定的法律后果，大大降低了法律监督的效力。并且对于妨害法律监督行为，缺乏司法制裁措施。因而，为保障检察监督权利的有效行使，适度的制裁权是必要的。在检察指挥侦查模式下，检察官就有权依法停止侦查人员和调查人员的职务及其诉讼活动，可以将任何刑事案件从一个侦查员处移交给另一个侦查员办理。[3]而为了均衡检警双方的权利配置，我国应该在侦查人员不服从检察机关的指导并造成特定后果时赋予检察机关以制裁权。但检察机关的权利应限制于更换违法侦查人员，对于实体制裁，只应具备程序启动权而不应具有制裁决定权，只

① 种松志：《检警关系论》，中国人民公安大学出版社2007年版，第210页。

② 王军：《我国的检警关系研究——以审查起诉程序为视角》，兰州大学2014年硕士论文，第20页。

③ 樊崇义、吴宏耀、种松志：《域外检察制度研究》，中国人民公安大学出版社2008年版，第195页。

能要求公安机关或者法院作出实体制裁。这样改革既能够增强检察机关的监督强制性，又对制裁权的行使限定了范围，能够有效保障检察机关建议权和控制权行使的同时，也能避免检察权利的过大扩张，真正实现检警双方的权利均衡。

检警关系改革是推进以审判为中心的刑事诉讼制度改革中的重要一环，更是全面建设法治国家道路上必须跨越的重大课题，对于实现依法治国的总目标起到不可或缺的作用。在检警关系改革中必须以社会主义法治理念为指导，立足于中国国情，立足于实践，在遵循中国特有法律制度规律的基础上，借鉴国外优秀经验，建立起具有中国特色的新型检警关系，努力让人民群众在司法过程中感受到真正的公平正义。

Analysis of the Reform of the Relationship between the Prosecution and the Police from the Perspective of Misjudged Cases

Abstract: Under the background of the reform of the judicial system, our country's reform of the relationship between the prosecution and the police also opened the curtain. Many scholars have conducted in-depth research on this, and put forward a variety of reform ideas in theory. And with the recent Huge case, Chen Man case and many other misjudged cases appeared, has caused a great influence, and put forward a great test to the system of prosecution and police relations in our country. Therefore, from the perspective of misjudged cases, and compared with the situation of the United States and Germany, pointed out that the reform of China's prosecution and police relations should not blindly follow the system of foreign, we should perfect our country's system of prosecution and police relations based on our unique litigation system.

Key words: relationship between the prosecution and the police　misjudged case　procuratorial supervision

我国犯罪嫌疑人供述和辩解调查技术刍议

何　润*

摘要：从犯罪嫌疑人供述和辩解的证据特性出发，力图以现状、原因分析的方法推论其在诉讼中起重要作用的同时，也因其直接性的优势而被过度依赖，从而导致非法讯问现象屡禁不止，进一步产生了虚假供述不良后果。我国刑诉法虽规定了非法证据排除制度但还不够完善，为达到减少虚假供述的目的，建议赋予犯罪嫌疑人被讯问时的律师在场权、完善非法证据排除制度、控制讯问时长、改进对脆弱性人群的认定。

关键词：口供　非法讯问　非法证据排除制度　虚假供述　律师在场权

犯罪嫌疑人供述和辩解作为重要的证据自古就有“证据之王”的称号，但常常被过于依赖以致非法讯问现象频发，进而产生了虚假供述的后果。了解犯罪嫌疑人供述和辩解的证据特性、非法讯问成因、虚假供述成因能为合法合理运用口供起到重要作用，进而为减少虚假供述提供努力方向。

一、犯罪嫌疑人供述和辩解概述

（一）犯罪嫌疑人供述和辩解概念的界定

在我国，通说认为犯罪嫌疑人供述和辩解是指犯罪嫌疑人就有关案件情况，向侦查人员、检察人员和审判人员所作的陈述，①包括犯罪嫌疑人承认自己罪行的陈述或对自己的犯罪嫌疑进行辩解、主张自己无罪或罪轻的陈述，即口供。根据我国《刑事诉讼法》第48条规定，犯罪嫌疑人供述和辩解是我国法定的刑事诉讼证据。

从表现形式来看，犯罪嫌疑人供述和辩解具有口头和书面两种形式。书面形式即犯罪嫌疑人亲笔书写的书面供词，我国《刑事诉讼法》第120条规定

---

* 何润，华东政法大学诉讼法学2015级硕士研究生，主要研究方向为侦查学。

① 樊崇义：《证据法学》，中国人民公安大学出版社2008年版，第183页。

“必要的时候，侦查人员也可以要犯罪嫌疑人亲笔书写供词”。此法条为犯罪嫌疑人供述和辩解的书面形式提供了法律依据，虽然在实务中书面供词常常被轻视，但并不影响亲笔供词作为口供表现形式的重要价值，它相比于口头形式在证明力上更具稳定性。另外，收集亲笔供词还能有效地遏制翻供现象产生。

（二）犯罪嫌疑人供述和辩解的特性

犯罪嫌疑人供述和辩解具有以下特性：

1. 直接性

犯罪嫌疑人作为亲身经历案件的当事人，最了解案件情况，其所作的供述和辩解与书证、物证等必须结合其他证据才能证明犯罪的主要事实不同，它具有直接的证明力，能单独证明案件的主要事实，是一种直接证据。

2. 自愿性

除以非法方法讯问外，犯罪嫌疑人供述和辩解一般是在犯罪嫌疑人意志自由的情况下做出的。我国所说的供述自愿性和英美法系以及台湾地区的自白“任意性”含义相似，但自白包括的内容更广，不仅包含了对罪行的承认，也包括对实施部分行为的承认。这里所说的“自愿性”，并不是指社会心理学意义上的“自由自愿”，而是对强迫取证行为的否定。①

由于犯罪嫌疑人供述和辩解是法定证据之一，犯罪嫌疑人需要通过对案件的供述和辩解来维护自身权利，供述的真实性直接影响对案件事实的认定，因此必须保障犯罪嫌疑人供述的自愿性。但有时侦查人员为了尽快侦查破案，会采取刑讯逼供、威胁、引诱、欺骗等非法方法进行讯问，其结果造成犯罪嫌疑人违背意志自由进行认罪。在后续的诉讼阶段中，常有犯罪嫌疑人以讯问方法非法为由推翻以前的供述，一方面导致了诉讼活动效率的降低，另一方面也造成了冤假错案发生。

3. 复杂性

犯罪嫌疑人供述和辩解具有复杂性，主要是由于犯罪嫌疑人供述和辩解同时兼备了真、伪性质。犯罪嫌疑人所作的供述与辩解有的是真实反映案件情况的，包括犯罪嫌疑人作案的动机、目的、工具、方法等，而有的则因为趋利避害或者保护真正的罪犯等动机而与事实不符合，因而需要慎重对待口供的真伪，我国刑事诉讼法明确不能轻信口供、仅凭口供不能定案。

---

① 陈瑞华：《论被告人口供规则》，载《法学杂志》2012年第6期。

（三）犯罪嫌疑人供述和辩解的内容

从内容上来看，犯罪嫌疑人供述和辩解主要包括以下三个方面：

一，承认。承认指犯罪嫌疑人承认有罪，交代包括犯罪具体过程、情节在内的全部事实。二，辩解。辩解即犯罪嫌疑人否认犯罪或者虽然承认实施了犯罪行为，但又申辩自己具有依法不应该追究刑事责任及从轻、减轻、免除处罚等情节。辩解常表现为否认、申辩、反驳、提供反证等。[①]三，攀供。攀供是在共同犯罪案件中，共同被告人“交待与检举本案中其他被告人的犯罪事实”的陈述。[②]

（四）获取犯罪嫌疑人供述和辩解的重要作用

侦查人员依法通过讯问的方式获取犯罪嫌疑人供述和辩解。讯问除了能发现案件真实情况、查明案情，还能甄别罪犯，排除无辜者，保障他们不受陷害。另外所发现的口供具有证据能力，能够判断罪犯的刑事责任，讯问获取口供还具有提供侦查线索的作用，口供直接提供了案件的具体情节，能起到发现犯罪细节、掌握犯罪的动态和扩大侦查成果的作用。

犯罪嫌疑人作为诉讼活动的中心人物，较为直接和全面地了解案件是否发生、犯罪行为是轻或重。尽管法律规定口供的证明力被限制，但美国刑事司法专家弗雷德·英博认为口供在案件审判过程中发挥着极其重要的作用。正如他所说，在一些不存在实物线索的案件中，如果不讯问犯罪嫌疑人，侦查工作根本找不到头绪。例如，一名男子夜间在街头被人偷袭致重伤，在这种情况下，唯一的解决办法是对犯罪嫌疑人进行讯问以及对其他可能掌握重要信息的人进行询问。尽管近年来，学界倡导弱化口供在刑事诉讼中的地位，要赋予被追诉人沉默权，但从实践来看，刑事诉讼中口供的中心地位并未改变。[③]虽然侦查技术不断进步，但我国当前的诉讼模式实质上还未真正转为以审判为中心，通过讯问获取口供在侦破案件过程中的作用依然是极其重要的。

当前我国在获取犯罪嫌疑人供述和辩解中的主要存在的问题仍然是以非法方法讯问，同时，以非法方法讯问也是造成虚假供述的主要原因，下面分别论述以非法方法讯问和虚假供述。

---

① 樊崇义：《证据法学》，中国人民公安大学出版社 2008 年版，第 183 页。

② 杨开湘：《攀供问题新探》，载《现代法学》1993 年第 2 期。

③ 赵桂芬：《供述心理与讯问对策》，中国人民公安大学出版社 2007 年版，第 7 页。

二、以非法方法讯问行为的概述

(一) 以非法方法讯问现象屡禁不止的原因

保障人权和控制犯罪作为刑事诉讼天平上的两个砝码,任何一方被轻拿或重放,天平均会失衡。在侦查讯问中,即使是其中一种价值有一丝的偏倚,都将会对犯罪嫌疑人的权利和案件的侦查带来巨大的影响。没有哪个国家会一味追求其中一个价值,而放弃另一个价值。因此,在对待讯问工作中人权保障和控制犯罪的冲突时,须综合考虑。“侦查讯问本身的制度构建目标就在于查明案件真相,它略侧重于犯罪控制的价值是可以理解的,而且由于侦查本身的需要,可能存在紧急情况或者公共安全等需要,适当偏向犯罪控制也是合理的”,①但这并非是指把保障人权抛在一边,出现这样的情况是由于在这样的案件中,往往是犯罪控制占了主导,正是因为如此,才需要在这个过程中加大对犯罪嫌疑人权利的保障。正如陈光中教授所说,在二者间取舍时,应该把它们妥善地加以协调,有机地结合在一起。

当前我国在保障人权和控制犯罪方面,面临的最大问题仍然是在讯问犯罪嫌疑人时采用不法手段的现象屡禁不止。我国立法虽然明文禁止以非法方法获取犯罪嫌疑人供述,但以非法方法讯问的现象仍然存在,在当前法律更加强调和关注讯问合法的环境下,非法讯问转入地下,隐藏得更深,更难以发现。根据学者调查,自新刑诉法实施以来,非法讯问的现象明显减少,但未能得到根治。究其原因主要有以下两点:

其一,有罪推定观念还未被肃清,部分侦查人员素质低下。有的侦查人员还是会先入为主地作出犯罪嫌疑人等同罪犯的判定,反映出“无罪推定”和“未经审判不得定罪”的观念还未在我国司法领域内深扎。由于有罪推定观念的先入为主,侦查人员便认为犯罪嫌疑人是罪犯,进而认为罪犯没有资格被赋予人权的观念也就成了理所当然,可见侦查人员主观臆断、有罪推定的错误意识还未被肃清。

其二,口供作为“证据之王”在诉讼中具有重要地位,侦查工作对口供依赖程度大。笔者在前文论述提到口供具有直接性,相比于其他证据,它又有不可比拟的优势,因而侦查人员认为一旦在侦查中获取到口供,那么案件的侦查工

① 郑曦:《侦查讯问程序研究》,北京大学出版社 2013 年版,第 25 页。

作将会找到突破口，特别是对于一些实物证据或线索较少，甚至没有的案件中这种优势性表现得更甚。正是口供独一无二的“魅力”吸引着侦查人员不惜代价地获取口供，非法讯问才得到了培植的土壤。

在上述两种原因中，笔者认为过于依赖口供是非法讯问的根本原因。口供在侦查案件中具有较强的证明力，因而审讯人员会在讯问中努力获取犯罪嫌疑人认罪的供述，相反，犯罪嫌疑人一般不会做有罪供述。如果侦查人员企图依赖口供破案，很可能会出现非法讯问的动机，而口供的优势致使他们必将过度依赖口供。非法方法讯问一直是广泛存在的共性问题，而非仅仅在于侦查人员的个体素质，即使是法制观念深入人心、法律制度完善的国家，也同样存在不少的非法讯问现象。

（二）我国的非法证据排除制度

非法证据排除制度首次出现于1998年《最高人民法院关于适用〈中华人民共和国刑事诉讼法〉的解释》（以下简称“《解释》”），该《解释》第61条规定凡经查证确实属于采用刑讯逼供或者威胁、引诱、欺骗等非法的方法取得的证人证言、被害人陈述、被告人供述，不能作为定案的根据；2010年最高人民法院、最高人民检察院、公安部、国家安全部、司法部又联合颁布了《关于办理刑事案件排除非法证据若干问题的规定》，对非法证据排除规则进行了更为具体的规定；2012年修改刑事诉讼法正式将非法证据排除规则写入刑事诉讼法，此次修改极大地推动了我国刑事司法领域贯彻正当程序理念和保障犯罪嫌疑人、被告人基本诉讼权利的进步。

1. 不得强迫任何人证实自己有罪原则

新《刑事诉讼法》第50条规定：“严禁刑讯逼供和以威胁、引诱、欺骗以及其他非法方法收集证据，不得强迫任何人证实自己有罪……”这表明不得强迫任何人自证其罪的原则在我国被法律所确立。

作为现代法治国家的一项刑事法律基本原则和诉讼当事人的一种基本权利，不得强迫任何人自证其罪原则的价值取向能够遏制诉讼过程中公权力为了获取证据对犯罪嫌疑人人格的侵犯，同时，它本身也是“谁主张，谁举证”责任分配原则要求的延伸。面对强大的公权力，犯罪嫌疑人本身的诉讼地位是弱小不利的，如果再不禁止自证其罪，那么将对犯罪嫌疑人极为不利，也就难以确保诉讼的公平与正义。因而赋予犯罪嫌疑人“不得强迫证实自己有罪”的特权能极大地改善犯罪嫌疑人在诉讼中的地位，增加其与公权力地位对等的砝码，以避免双方力量悬殊，确保诉讼平衡。

2. 非法证据排除制度

我国《刑事诉讼法》第 54 条至第 58 条在法律层面规定了非法证据排除制度。

第 54 条第 1 款明确了非法证据排除的两种情况：一是采集口供时采取了非法的手段，另一种是收集物证、书证可能影响公正但又无法补正或作出合理解释；第 2 款说明了非法证据的适用期间贯穿整个诉讼过程，同时也是对侦查、检察、审判机关均有对非法证据进行排除义务的明确。

第 55 条明确了人民检察院对非法收集证据的监督职责，是其法律监督职能的具体化。

第 56 条规定了审判阶段非法证据排除制度的两种启动方式。一是由法院依据自身职权启动，二是当事人一方及其辩护人、诉讼代理人进行申请启动。另外，法条规定当事人一方可只提供相关线索而非证据，如此规定具有合理性，因当事人在诉讼中地位弱小，又处于强制措施的不利境况，要求其自己收集证据不符合现实。

第 57 条对证明不存在非法取证的情况设置了“举证责任倒置”的举证责任，起到了对诉讼公权限制和监督的作用。同时也明显具有平衡诉讼地位、保护犯罪嫌疑人的功能。检察机关为了不承担败诉的后果，必定会对侦查机关移送起诉的证据进行更加严格的审查，从而确保了公诉机关落实非法证据的排查机能。同时，要求侦查人员出庭说明情况也能更好地还原讯问当时的情景，方便法官了解讯问的情况。

第 58 条明确了非法证据排除制度的证明标准，需要说明“不能排除”指的是对于物证和书证进行审查时不能排除非法取供的情况。实质上必须同时满足第 54 条规定的三个条件，刑诉法在此作了严格的限定：一是收集的方法不符合法定程序；二是可能严重影响司法公正，应当予以补正或者作出合理解释；三是不能补正或者作出合理解释。

3. 对我国非法证据排除制度的反思

我国非法证据排除制度实施至今已 3 年有余，但在实践过程中存在一系列需要反思的问题，其中最主要的问题是非法证据排除的范围不够明确。

《刑事诉讼法》第 54 条列举非法方法时并未穷尽具体形式，而是用了“等”字兜底，实践中存在各种各样的情况。适用非法证据排除制度，首先要认定什么样的方法是“非法方法”。2012 年公布的《最高人民法院关于适用〈中华人民共和国刑事诉讼法〉的解释》中第 95 条规定了“使用肉刑或者变相肉刑，或者采用其他使被告人在肉体上或者精神上遭受剧烈疼痛或者痛苦的方法，迫使被告人违背意愿供述的，应当认定为《刑事诉讼法》第 54 条规定的“刑讯逼供等非法方法”;认定《刑事诉讼法》第54条规定的“可能严重影响司法公正”,应当综合考虑收集物证、书证违反法定程序以及所造成后果的严重程度等情况”。最高人民法院认定的其他非法方法必须满足肉体上或精神上遭遇剧烈的痛苦。对此,有学者认为该条解释实际上将“刑讯逼供等方法”解释为“难以忍受的痛苦”而不得不违背真实意愿作出供述,而不仅仅是一般意义上的非法讯问,这就大大限制了排除非法证据的范围。[①]还有学者指出其所做的调研反映出实务人员普遍认为司法解释虽然将排除范围扩大了,但其解释比较抽象,在实践中很难把握。[②]从中不难看出即使最高人民法院对此作出了司法解释,但对该解释的理解存在广泛的争议,还不足以具体地解决实践中对各种非法方法的认定问题,关于非法证据排除范围的规定需要继续完善。

三、虚假供述的原因

笔者认为所谓虚假供述不仅包括犯罪嫌疑人对自己未实施的犯罪行为进行承认,还包括实施了罪行,但其供述与实施行为不同的供述。

为什么被讯问者会承认自己并未实施的犯罪呢?美国学者认为其原因主要有两个:一是操控、强迫供述的讯问技术,二是犯罪嫌疑人在讯问中的脆弱性。影响讯问结果的因素主要有:案件环境因素,例如犯罪的严重性、证据的证明力以及律师在案件中的参与程度;拘禁因素,例如拘禁的性质和时间长短、进行讯问的地点、讯问的性质和持续程度以及讯问室中警察的数量;个体差异以及脆弱性,例如犯罪嫌疑人的年纪、动机、智力、心理健康和适应能力。他们认为理解虚假供述时可以将其分为3种类型:

自愿型虚假供述。犯罪嫌疑人供述的形成没有受到任何外在的压力影响,自愿型虚假供述典型的动机是为了出名或者想保护真正的罪犯,当然也有可能是满足获取关注的内心需要,还有可能是出于自我感觉有罪或者出现幻觉的原因。

被迫顺从型虚假供述。犯罪嫌疑人进行虚假供述主要是因为缓解拘禁和讯问给自己的压力但坚信自己未实施犯罪行为。

强制内化型虚假供述。例如犯罪嫌疑人被说服承认他没有记忆的犯罪行为。影响讯问结果的因素不仅包括拘禁因素,还受非拘禁因素影响,例如来自

---

① 孙长永、王彪:《审判阶段非法证据排除问题实证考察》,载《现代法学》2014年第1期。

② 陈光中、郭志媛:《非法证据排除规则实施若干问题研究——以实证调查为视角》,载《法学杂志》2014年第9期。

同监舍嫌犯、秘密侦查以及配偶、同辈的压力，因为某些时候警方讯问并不能达到强迫供述的法定标准，犯罪嫌疑人也会因为受到警方以外其他人的压力而作出供述。尽管这些供述在随后的讯问中既不会重复，也不会被推翻，但它们还是可能会影响判决。

一旦警方认为犯罪嫌疑人撒谎、有罪，那么无辜的人就可能被错误地视为有罪，而如果被视为有罪，就会招致一系列的"心理强制措施"。这种情况下，警方试图通过胁迫、承诺来击垮犯罪嫌疑人的意志，使得犯罪嫌疑人认为别无他路，只能作出供述。虚假供述，特别是包含被认为是只有真正实施犯罪的人才会知晓的内容的供述，会通过导致确认偏差使得其他证据的可靠性被怀疑，并且随后的证人也可能受此影响。在侦查阶段，案件的关键证据被"污染"，由此造成的危害不会在随后被轻易发现或逆转。

分析虚假供述的原因可以得到以下启示：

警方强制犯罪嫌疑人虚假供述的形式表现为：拘禁和隔离、讯问时间长短、虚假证据展示以及包含宽大、承诺或威胁方法的最低运用程度。绝大部分虚假供述案件中，讯问时间都持续到3个小时以上，有时更是会连续几天时间，不幸的是在此类案件中，讯问只是被部分记录，尤其是最终供述的部分，这将误导法院。因而，强调完整记录全部讯问过程相当重要。

年纪小、不成熟、智力障碍和发育滞后及人格和心理疾病也可能造成虚假供述的风险。近年来的调查研究证明之前有过被恐吓和迫害的人更容易被引导作出虚假供述，因为被恐吓和迫害的经历造成了犯罪嫌疑人更易受影响和更易服从的特性。

犯罪嫌疑人相不相信案件真相最终能被发现、正义能取胜、他的虚假供述会不会被侦查人员、律师、法官甄别，同样也是一类重要的风险因素。这种风险可能会导致犯罪嫌疑人作出虚假供述的可能性更高，因为他将会放弃他的法定权利，放弃相信自己无罪的想法。

四、减少虚假供述的几点建议

（一）赋予犯罪嫌疑人被讯问时的律师在场权

美国最高法院1996年和欧洲人权法院2008年都决定通过在讯问时赋予犯罪嫌疑人律师在场捍卫其保持沉默的权利，二者都倾向于禁止警方通过争议的策略获得供述。在我国，所谓侦查讯问时的律师在场权，是指侦查机关在审讯犯罪嫌疑人时应通知辩护律师到场，其中涉及国家安全、国家机密等律师不宜在场的案件除外，其应该包括以下两项含义：

1. 犯罪嫌疑人享有被告知的权利

即在侦查讯问中，犯罪嫌疑人享有被侦查人员告知其有权获取律师帮助的权利。犯罪嫌疑人的年纪、社会阅历和知识构成各不一样，其自身的复杂性决定犯罪嫌疑人可能并不了解自己在侦查阶段所享有的权利，为了避免犯罪嫌疑人因为不知晓自己所享有的权利而不能行使被讯问时律师在场权利的情况发生，侦查人员必须按照法律规定告知犯罪嫌疑人其所享有的权利。

从我国《最高人民法院关于适用〈中华人民共和国刑事诉讼法〉解释》第82条规定可以看出，公安机关首次讯问犯罪嫌疑人应当告知被讯问人相关权利和法律规定即相关诉讼权利，如果没有告知相关诉讼权利，应当作出补正或者作出合理解释，如果不能补正或者作出合理解释的，犯罪嫌疑人的供述将被排除。但从我国刑诉法在规定告知权时，用的是"第一次讯问时"，并未规定"第一次讯问前"，那么可以推论在第一次讯问即将结束时或者当犯罪嫌疑人在讯问笔录上签完字再告诉犯罪嫌疑人权利也是可以的。因此，在法律规定告知犯罪嫌疑人权利时，必须明确规定告知程序具体该如何进行以及违反程序的法律后果。

2. 讯问时律师在场权

讯问时面对警方强大公权和讯问技巧带来的紧张感、焦虑感，旨在提供专业法律服务的律师无疑将增加犯罪嫌疑人与公权对抗的力量，从犯罪嫌疑人来说，可以缓解其心理压力，并且可以对整个讯问过程进行监督，防止刑讯逼供。对于警察来说，讯问时律师在场也并不一定会妨碍讯问工作，律师参与讯问，可以起到防止犯罪嫌疑人虚假指控侦查机关非法讯问行为发生的作用，从而证明警方获得犯罪嫌疑人供述的有效性；对于律师来说，讯问时在场，也能使他们更了解案情，更能从犯罪嫌疑人的利益出发进行法律帮助。

从理论上讲，律师在场权意味着律师能够在侦查现场为犯罪嫌疑人提供法律帮助，律师有权阅读侦查机关所制作的讯问笔录并签字，并有权对侦查机关讯问过程中出现的违法情形提出异议。同时，辩护律师未在场所取得的言词证据，或者辩护律师未签字的言词证据为非法证据，不得作为定案根据。

侦查讯问时律师在场的意义在于，可以及时为当事人提供法律帮助；及时对讯问时发生的逼供、诱供、骗供行为提出异议，保障犯罪嫌疑人人身权利，遏制非法取证；增加办案过程的透明度，增强执法公信力；解决目前刑事侦查过分依赖口供的问题，促使办案机关转变办案理念，提高办案水平。以防范冤假错案为出发点，建议在我国部分地区试行侦查讯问时律师在场，进一步防止刑讯逼供、诱供、骗供的发生。

（二）对讯问过程进行录音录像

我国《刑事诉讼法》第121条规定侦查人员在讯问犯罪嫌疑人的时候，可以对讯问过程进行录音或者录像；对于可能判处无期徒刑、死刑的案件或者其他重大犯罪案件，应当对讯问过程进行录音或者录像。录音或者录像应当全程进行，保持完整性。公安部2014年开始实施《公安机关讯问犯罪嫌疑人录音录像工作规定》的通知，但只涉及部分案件即重大要案以及犯罪本身或犯罪嫌疑人具有特定特征的案件，未实现刑事案件全部录像。笔者认为现阶段对讯问录音录像的成本较高，而且需要花费大量人力，因而对全部类型的刑事案件讯问录音录像是不现实的。

对讯问过程进行录音录像的积极意义在于，一是对讯问录音录像将提高口供的有效性。由于录音录像可以记录下讯问的全部过程和全部内容，那么检察院和法院在审查口供时，所看到的将会是一个完整的证据载体，从犯罪嫌疑人的语气和神态等都可以做出对其供述最真实的理解，而非是只能审查讯问笔录这一项单独的证据，由于对讯问过程进行了全程录像，那么警方也不可能肆意运用讯问笔录，即使犯罪嫌疑人在笔录上签字，也可以通过录音录像进行审查。

二是能有效遏制翻供现象。对讯问进行录音录像比起书面记录更能以清晰、明确的方式固定证据，即使犯罪嫌疑人或被告人出现翻供的情况，检察院或者法院也可以随时查看录音录像再现讯问的情景。

三是能提高讯问的效率。一方面，录音录像相比于传统的人工记录具有极强的同步性，能克服因为人工记录带来的不方便，另一方面，对翻供的遏制也是讯问效率提高的体现。

实践中对讯问录音录像存在执行不够透明、内容不全面完整、标准不一的问题，结合英美国家的录音录像制度和我国当前存在的具体问题，建议在对讯问内容录音录像时应该做到以下几点：

录音录像程序公开化。录音录像作为口供的载体，本身只有达到公开透明的标准时，才能让犯罪嫌疑人或其律师清楚，才能确保其真实性。

录音录像必须完整。有时录音录像会被侦查人员别有用心地剪辑，常常删掉了供述的重要细节，对于讯问之前的权利告知、讯问的开始、结束、中途休息的细节必须全部记录，不能漏记或者停顿。

统一录音录像的技术规格。有的地方要求讯问的录音录像必须同时反映讯问人员和被讯问的犯罪嫌疑人的情况，即“画中画”；有的地方则没有这么严格的要求，只要有被讯问的犯罪嫌疑人的画面即可；有的地方要求必须显示被讯问的犯罪嫌疑人的正面图像；有的则无此要求等等。为了使讯问录音录像能够发挥应有的作用，应当遵循摄像机设置在讯问室，以确保录像尽可能全面地反映讯问室内讯问情况的原则，同时制定相应的细则，比如规定讯问时录制的图像应当反映犯罪嫌疑人、侦查人员、翻译人员及其他在场人员和询问场景等情况。犯罪嫌疑人应当在图像中全程反映，并显示与讯问同步的时间数码。①

（三）完善非法证据排除规则，控制讯问的时间长度

笔者在前文中提到如何认定以非法方法收集证据是实施这项制度成败的关键，另一方面，讯问时长应被严格控制。长时间的讯问会导致犯罪嫌疑人产生压力、疲劳和无助感，即使具有一般行为能力的犯罪嫌疑人都会感觉长时间的压抑讯问是一种精神折磨。在这种环境下，犯罪嫌疑人只想早点结束讯问，为此，他们选择供述，但他们并未意识以后撤回供述的难度。

很难为讯问设置一个精准的时间限制，讯问者应该考虑犯罪嫌疑人精神和身体的条件，同时也要考虑展示虚假证据等策略造成虚假供述的风险。当被讯问者认为侦查人员将会展示对其极不利证据，他只有作出供述才能获得宽容时，其将倾向于被引导作出虚假供述，况且展示虚假的证据也会干扰被讯问者的真实记忆。

（四）改进对脆弱性人群的认定

犯罪嫌疑人具有不同的个体性，很多冤假错案，往往没有对心理较为脆弱的人群进行认定，这些认定的范围应包括较严重的智力障碍，心理健康问题或心理疾病以及易受暗示和易服从的人格特征等。这就要求改进对精神脆弱性人群的认定，加强对犯罪嫌疑人被拘留讯问时的保护，如扩大讯问精神病专家、律师以及其他适当成年人的在场权利。

Humble Opinion of Interrogation in China to Obtain Confessions

Abstract: Begin with the characteristics of evidence and explanations of

---

① 李玉华：《我国侦查讯问录音录像实施中的十大问题》，载《中国人民公安大学学报（社会科学版）》2014 年第 3 期。

criminal suspects, I try to deduce that confessions are important in the litigation by the analysis of current situation and reason, but also that because of their characteristics, which lead to the phenomenon of illegal interrogation, then they produces false confessions, China's Criminal Procedure Law, although provides the Exclusionary Rule of Illegally Obtained Evidence, it is not perfect enough to achieve the purpose of reducing false confessions, it is recommended of the presence of lawyers when criminal suspects are Interrogated and to improve the Exclusionary Rule of Illegally Obtained Evidence and to improve the vulnerability of people identified.

Key words: Confessions Illegal interrogation the Exclusionary Rule of Illegally Obtained Evidence False Confessions Lawyer's Presence Right

违法性认识不应是犯罪故意的认识要素

贾亚超*

摘要:违法性认识问题,一直是刑法学界争论的焦点,可谓仁者见仁,智者见智。违法性认识是指对行为为法所不容许的认识,表现为一种规范判断;而犯罪故意中的认识要素包括行为以及由行为导致的危害社会的结果,主要涉及事实判断。和犯罪故意一样,违法性认识也会对行为人的责任非难程度有所影响,但不应是犯罪故意的认识要素,而应该作为一种责任要素看待。

关键词:违法性认识　犯罪故意　责任

一、违法性认识的诸学说

违法性认识,是指认识到自己的行为是违法的。违法性认识的可能性,是指行为人在实施符合构成要件的行为时,能够认识到自己的行为是违法的。①关于违法性认识的问题,最早可以追溯到"不得以对法律的无知为抗辩"这一古老的罗马法传统原则。罗马法中将事实错误和法律错误②作了区分,并流传下来"法律的无知有害,而事实的无知无害"这一法谚。随着社会的发展和法律的改进,罗马法中的传统原则逐渐演变成了"不知法律不免责"③的原则并被法院适用,适用的目的主要是为了维护公共利益和维持刑法的有效执行。但进入20世纪后,也出现了一些变化,特别是在美国,出现了承认这一原则有例外判例的情况,其中最重要的是因信赖州最高法院的判决而实施的行为不可罚的 State

---

* 贾亚超,华东政法大学2015级诉讼法学硕士研究生,主要研究方向为侦查学。

① 张明楷:《刑法学》(第四版),法律出版社2011年版,第295页。

② 一般认为,法律错误包含对于法律的无知和对法律的错误认识两种情况。但在刑法领域,不管是对于法律的无知还是对法律的错误认识,其本质上都是行为人对法律认识的欠缺,故可将二者合并使用于法律错误这一概念之中。

③ "不知法律不免责"也被译为不知法律不免罪、不知法律不宽恕、不知法律不赦、法律错误不被允许等,它所要表达的是:在作为主观的犯罪成立要件的犯意中,不要求认识到自己行为的违法性。参见张明楷:《刑法格言的展开》(第三版),北京大学出版社2013年版,第376页。

v. O'nell 案。[①]在大陆法系国家，关于犯罪故意的成立是否以具有违法性认识为前提，以及违法性认识是否阻却责任，存在着不同的学说之争。

（一）违法性认识不要说

顾名思义，此学说认为，要成立故意犯罪，只要求行为人认识犯罪事实诸要件，不需要有违法性认识。据此，违法性认识不是故意的认识要素，违法性的错误不阻却故意，不影响犯罪的成立。该说支持者的根据通常由"不得以对法律的无知为抗辩"、"不知法律不免责"等原则引申出，国民应该知晓一切法律，不知法律仍具有可谴责性，个人应当承担不知法的所有风险，有责任能力者通常具有违法性认识。心理责任论认为，犯罪故意是对构成要件中的事实的认识，除了对某些规范的构成要件要素认识外，不需要有其他的规范认识，法作为他律规范，表达的是客观意义，不需要行为人具有违法性认识。从刑事政策方面考虑，认为如果把违法性认识作为处罚国民所需要的一般条件，就等于国家为轻率者、梦想者、狂信者和愚蠢者提供了违反法律的通行证，就等于国家放弃了自己的生存权，[②]再者，如果将违法性认识作为故意的认识要素，则存在证明上的困难，司法运作将会陷入困境。

批评者认为，违法性认识不要说强行要求所有人在任何情况下都要认识法律，是一种国家的"蛮不讲理"。[③]没有违法性认识可能性，就不能对行为人进行责任非难，如果这种情况下也将行为人作为故意犯处罚，有违规范责任原理。违法性认识不要说过度强调处罚的必要性，有违责任主义原则。

（二）违法性认识必要说

1. 严格故意说

严格故意说认为，要对行为人进行责任非难，除了需要行为人对构成要件事实有认识外，还需要行为人具有违法性认识。故意的成立，仅仅认识到犯罪事实并不够，现实的违法性认识是必要的。有学者指出，行为人仅仅表象了犯罪事实尚不够，只有知道它是法所不允许的而实施了行为时，才能进行彻底意义上的道义非难。[④]行为人具有违法性认识之后，形成有抵制犯罪的反对动机，行为人视反对动机于不顾，执意实施违法犯罪行为，构成故意犯罪。违法性认

---

① 张明楷：《刑法格言的展开》（第三版），北京大学出版社 2013 年版，第 378 页。

② 冯军：《刑事责任论》，法律出版社 1996 年版，第 211 页。

③ 周光权：《违法性认识不是故意的要素》，载《中国法学》2006 年第 1 期。

④ ［日］大塚仁：《刑法概说（总论）》（第三版），冯军译，中国人民大学出版社 2003 年版，第 392—393 页。

识被认为是区分故意和过失的分水岭，在违法性认识错误的场合，因欠缺违法性认识不成立故意犯罪，有处罚过失犯罪的规定时，可以考虑是否成立过失犯罪的问题。责任是对行为人基于意志自由而实施违法行为时的非难可能性，这一点以行为人对行为具有违法性认识为前提。行为人"违反了不该作出违法行为决意的法律上意思决定的规范要求，而决定实施违法行为"，[①]是规范责任论对行为人进行责任非难的本质。从人格责任论出发，为了说明行为人具有故意犯的积极的人格态度从而予以非难，要以行为人对犯罪事实的表象、容认为基础，进而查明行为人行为时是否意识到自己行为的违法性。[②]

对严格故意说的批评者认为，一者，激情犯、确信犯或者常习犯欠缺现实的违法性认识或者其认识比较模糊，如果采用严格故意说，那么对这些犯罪行为的处罚或者加重处罚则变得没有根据；其次，过失行为导致行为人没有违法性认识时，犯罪故意被阻却，如果没有处罚过失犯的规定，本来应该给予责任非难的行为成为不可罚的行为，这明显是不合理的；第三，将大多数缺乏过失犯规定的行政犯归为不可罚的行为，难以维持对行政犯的刑罚力度。

2. 准故意说

准故意说与严格故意说大体相同，都认为犯罪故意的成立需要具备违法性认识。所不同的是，行为人虽然不具有违法性认识，但如果是由于行为人的过失导致违法性认识缺失，那么同样以故意看待。该说实质上是混合了必要说和可能性说的一些理论，将过失因素故意化，其逻辑矛盾显而易见。

3. 自然犯、法定犯区别说

自然犯、法定犯区别说认为，自然犯、刑事犯的成立不需要考虑违法性认识，而法定犯、行政犯的成立则应当考虑违法性认识。该说的基础在于，自然犯的构成要件事实就表明了行为的反社会性，而法定犯本身并不认为是犯罪，将其作为犯罪是基于国家政策的考量，因此，只有对构成要件事实的认识还不足以成立犯罪，只有认识到行为的违法性时，才能认定行为的严重社会危害性。据此，存在违法性认识错误的场合，对自然犯、刑事犯来说不阻却犯罪故意，而对法定犯、行政犯来说则阻却犯罪故意。

对于区别说，有学者认为，自然犯、刑事犯和法定犯、行政犯的区别是相对的、模糊的，并且会随着社会伦理观念的改变而不断变化，以这种不确定性来确定犯罪故意的有无是不合理的。另外，要求在法定犯、行政犯认定中考虑违法

---

① 赵秉志主编:《外国刑法原理(大陆法系)》,中国人民大学出版社2000年版,第145页。

② 赵秉志主编:《外国刑法原理(大陆法系)》,中国人民大学出版社2000年版,第228页。

性认识,会大大缩小故意犯罪的处罚范围。

(三)违法性认识可能性说

1. 限制故意说

限制故意说认为,成立故意犯,不需要现实的违法性认识,只需要行为人具有违法性认识的可能性。行为人虽然缺乏违法性认识,但是根据行为人对构成要件事实的认识,可以推定其具有违法性认识的可能性时,就足以表明行为人的反社会性,应该给予责任非难。根据该说,在违法性认识错误的场合,有违法性认识的可能性时,成立故意犯罪;没有违法性认识的可能性时,阻却犯罪故意,如果存在处罚过失犯罪的规定时,则可以考虑是否成立过失犯罪。

针对限制故意说,木村龟二指出:"原来在以'可能性的认识'为界限的故意的概念中掺进'认识的可能性'这一过失的要素,以故意与过失这一本质上互相排斥的矛盾概念相结合,有理论的矛盾而一般予以否定"。①

2. 责任说

责任说认为,违法性认识可能性是一种规范性要素。如果犯罪故意的认识要素既包括对犯罪事实的认识,也包括违法性认识(可能性),无疑是混淆了故意认识要素的内容,存在逻辑上的矛盾,所以,应将违法性认识或者说违法性认识可能性与故意区别开来并作为责任要素对待。根据该说,违法性认识可能性是责任要素而非故意的认识要素,即便存在违法性认识错误的场合,也不影响犯罪故意的成立,但如果该错误不可能回避时则阻却责任,可能回避时则减轻责任。

责任说内部又有严格责任说和限制责任说之分,二者在违法性认识或者违法性认识可能性是独立的责任要素这一点上不无二致。其区别在于前者认为正当化事由的错误属于违法性错误,后者将正当化事由的错误理解为构成要件事实的错误。如在假想防卫的情况下,前者认为成立故意犯罪,而后者则视为成立过失犯罪或者意外事件。②

对责任说的批判者认为,行为人对构成要件事实的认识和对违法性认识不可分割,责任说却将行为人心理过程的统一性割裂。此外,责任说将违法性认识和违法性认识可能性容纳在一个概念之中,混淆了认识的对象和认识可能性的概念,因为这二者是异质的。

---

① 马克昌:《比较刑法原理—外国刑法学总论》,武汉大学出版社 2002 年版,第 439 页。
② 参见张明楷:《刑法学》(第四版),法律出版社 2011 年版,第 298 页。

二、违法性认识可能性存在的必要

上述关于违法性认识的学说，持不要说立场的学者为数不多，大多数学者认为，违法性认识或者违法性认识可能性的存在是必要的，只是理论界对违法性认识的地位和作用的解读有所不同。

(一) 责任说的合理性

没有违法性认识可能性，就没有非难可能性，也就没有责任，没有责任也就没有犯罪。责任的根据经历了从非验的、强权的神到具有自由意志的人，再到与人的自由意志相分离的社会危险性，最后又回到对规范违反的人的演变历程。在这一历程中，当责任的根据由对神意的违背转为人在自由意志基础上对自己抑制不法行为动机的违背时，体现了当时启蒙思想由神到人的回归和对人的自由意志的充分尊重的人本主义理念，该理念在刑法上的表现即是责任的根据责无旁贷地落到了人及其自由意志之上。①黑格尔在谈到认识与责任的关系时讲到，我只对属于我的表象的东西承认负责。这就是说，人们只能以我所知道的事况归责于我。②意图的法在于，行为的普遍性质不仅是自在地存在，而且是为行为人所知道的，从而自始就包含在他的主观意志中。③违法性认识或者违法性认识可能性的存在，彰显的是责任主义精神，抑制了过度的刑事处罚，并且与罪刑法定原则的晓谕功能相呼应。

在违法性认识的诸学说中，笔者赞同责任说。责任说认为，违法性认识可能性是责任要素而非故意的认识要素。首先，责任说将违法性认识可能性纳入理论之中，折衷了不要说和必要说的理论观点，承认违法性认识或者说违法性认识可能性在认定犯罪和责任时必不可少，符合责任主义的要求，并且以违法性认识和违法性认识可能性来反映对行为人非难可能性的程度，符合心理责任论和规范责任论的要求；其次，为了解决限制故意说存在的过失因素故意化的问题，责任说将违法性认识可能性从故意、过失中剥离，认为违法性认识可能性是故意、过失的共同责任要素，如果不具有违法性认识可能性，不影响故意和过失的成立与否，但是阻却责任；第三，违法性认识和违法性认识可能性在对责任的影响这一方面并不存在本质的差别，违法性认识是行为人现实地认识到了行

---

① 莫晓宇：《知与恶——犯罪故意中的违法性认识》，载《法学评论》2006 年第 4 期。
② [德]黑格尔：《法哲学原理》，范扬、张企泰译，商务印书馆 1961 年版，第 121 页。
③ [德]黑格尔：《法哲学原理》，范扬、张企泰译，商务印书馆 1961 年版，第 123 页。

为对刑法规范的违反，而违法性认识可能性是行为人有可能认识到行为对刑法规范的违反。两者认识的对象都是刑法的禁止规范或评价规范，都是一种规范性认识，所不同的只是现实性的认识和可能性的认识。①关于违法性认识和违法性认识可能性在对责任的影响方面是否存在本质差异，下文会详细阐述。

（二）违法性认识可能性对责任的影响

关于违法性认识或违法性认识可能性对责任的影响，应该在责任说的理论基础之上，建立起违法性认识和违法性认识可能性的统一认识，谋求刑法适用上的妥当性。

那么，违法性认识和违法性认识可能性是否存在本质差别？笔者认为，在讨论二者各自的内涵和外延时是有本质差别的，前者是行为人对行为违法性的认识、判断，后者是行为人能够认识到行为违法性的可能性大小，这种差别是显而易见的。但这里我们要讨论的是，违法性认识或者违法性认识可能性对责任的影响，这样来看，似乎二者的差别不是很大，甚至可以说是一致的。

违法性认识和违法性认识可能性对责任的影响，实际上是行为人对行为的违法性认识程度对责任的影响。但是，违法性认识不是一定有或者一定无的状态，而是存在变化的，这其中就有因过失没有认识的，或者因过失认识错的。可能性是指事物发生的概率，确定或者推定具有违法性认识的情况下，我们说行为人具有违法性认识，也即行为人的违法性认识可能性为100%。确实缺乏违法性认识的情况下，行为人不具有违法性认识，其违法性认识可能性为0，那么，因过失没有认识或者认识错误的情况下，行为人则具有违法性认识可能性，也就是说行为人的违法性认识可能性为0—100%（不包含0和100%）。

如此，在讨论违法性认识或者违法性认识可能性对行为人的责任影响时，我们就可以这样理解，如果行为人实施犯罪行为时完全没有认识到其行为的违法性，那么不得对其进行责任非难，但如果行为人存在过失，在当时的情况下只要稍作努力就能够认识到行为的违法性，对其进行责任非难未尝不可，只是非难的程度可以适当降低。也就是说，违法性认识和违法性认识可能性在对责任的影响这一问题上，只是由于表述上的省略出现了理解偏差，其实质作用并没有差别。对行为人施加规范的非难并非只限于具有违法性认识的场合，只要从刑法规范的立场出发而可能形成回避违法行为的相反动机就足够，所以只要是

① 李程林：《论违法性认识在犯罪故意中的地位——以大陆法系理论为研究视角》，载《武汉理工大学学报（社会科学版）》2015年第4期。

处于违法性认识可能性的状态下，就足以施加规范的非难，只是，存在着违法性认识的场合与仅仅存在违法性认识可能性在规范的非难程度上存在着量上的差异而已。①

行为人具有违法性认识时，其直接、现实的反社会性表现得更明显，对法律的违背意识很强，受到的责任非难也就应该更加严厉；具有违法性认识可能性时，其反社会性特征较弱，对现实的法律规范漠不关心，敌视法律的程度较轻，受到的责任非难自然要轻；不具备违法性认识时，不能期待行为人作出适法行为，自然不能给予责任非难。

三、违法性认识不应是犯罪故意的认识要素

（一）犯罪故意的认识要素和违法性认识的区别

我国《刑法》第 14 条第 1 款规定，明知自己的行为会发生危害社会的结果，并且希望或者放任这种结果发生，因而构成犯罪的，是故意犯罪。根据法律条文和刑法学理论，通常认为，故意的成立，要求行为人对构成要件的事实必须有所认识，并在此基础上希望或者放任危害结果的发生。具体来说，故意的认识内容包括行为的内容、社会意义与危害结果、特定事实、规范的构成要件要素等，这些都是对于事实及其伴随情况的认识。

违法性认识是对刑法的禁止规范或者评价规范违反的认识，换言之，违法性的认识，是对形式的刑事违法性的认识。②也即，行为人实施违法行为时知道法律对其行为的否定评价，行为人所要认识的是刑事法律规范。违法性认识与具体个案中行为人的认识有关，在进行违法性认识有无及可能性判断时，要结合具体案件判断。

由此可见，犯罪故意的认识是事实性认识，而违法性认识的对象是法律规范，二者性质完全不同。③事实上，把犯罪故意和违法性认识联系在一起的，是刑事责任。存在犯罪故意但不具有违法性认识可能性的场合，通常认为是不应该对行为人进行责任非难的，之后就有了“由于缺乏违法性认识而阻却犯罪故意进而导致行为不可罚”的理解，正是有了这种理解，才导致将违法性认识归入犯

---

① ［日］野村稔：《刑法总论》，全理其、何力译，法律出版社 2001 年版，第 305 页。

② 张明楷：《刑法学》（第四版），法律出版社 2011 年版，第 296 页。

③ 虽然犯罪故意中对规范的构成要件要素认识包含有规范性认识内容，但其仅是认识事物的社会意义的一个基础，这与违法性认识中对法律规范的认识差别很大。

罪故意的认识要素之中，混淆了彼此的认识内容。

关于这个问题，有德国学者指出，故意只是针对构成要件而言，或针对属于构成要件的情状(事实上与法律上的情状)；法律上的当为，是不法意识的对象，这种不法意识并非行为人在心理意义上必须具有，而是在规范意义上，或能具有。[①]作为责任要素的事实性故意，是构成要件的要素，是已经在构成要件论中被确定的事实的认识，是从意思形成的角度来把握这种心理事实的。与此不同，违法性认识不能看成是单纯的心理性违法的认识，而应该看成是抵抗犯罪性意思决定的规范性意识，反对动机的形成是在规范性意识的形成过程中来把握的，两者的把握方法不同。因此，把违法性认识解释为作为心理活动形式的故意的要素不妥，应将两者作为不同的东西来把握。[②]从心理责任论和规范责任论来看，二者都认为责任中应有作为心理事实的故意和过失，区别只是在于是否在心理事实的基础上引入规范性评价，并注重规范性评价在责任中的决定意义。[③]这也说明了故意的认识要素区别于违法性认识，并且违法性认识不在故意认识要素之列。由此看来，我国刑法中认为故意不应当包含违法性认识的通说没有问题，只是在故意中排除违法性认识时，没有在现有的理论框架内给违法性认识寻求合适的位置。故意的认识要素中不包含违法性认识，并不等于违法性认识就不需要。

(二) 违法性认识不应是犯罪故意的认识要素

以上，已将犯罪故意的认识要素和违法性认识的区别作了简要论述，从二者的区别来看，将违法性认识作为故意认识要素有诸多理论缺陷，只有将违法性认识作为责任要素看待，才能在理论上更为合适。

1. 犯罪故意、过失和违法性认识的概念混乱

如果将违法性认识归入犯罪故意的认识要素之中，那么过失则不存在违法性认识，既然过失中没有违法性认识，也就没有责任，不能对其进行处罚，然而仍对其按照过失犯罪处罚难免会有违责任主义之嫌。这是把违法性认识绝对化后将行为人具有违法性认识的主观因素强拉进犯罪故意之中的结果。事实上，故意和过失的真正区别在于行为人对于危害结果的态度，也就是意志因素，而非认识因素，违法性认识当然地不应出现在犯罪故意和过失之中。

---

① 周光权:《违法性认识不是故意的要素》，载《中国法学》2006 年第 1 期。

② 冯军:《刑事责任论》，法律出版社 1996 年版，第 218 页。

③ 李程林:《论违法性认识在犯罪故意中的地位——以大陆法系理论为研究视角》，载《武汉理工大学学报(社会科学版)》2015 年第 4 期。

故意犯的成立，要求有违法性认识；过失犯的成立，也必须要有违法性认识。违法性认识可能性是故意犯和过失犯共同的责任要素，这是因为违法性认识可能性实际上就意味着行为人具有"藐视法律的意思"。①故意、过失对于责任的影响主要在于意志因素方面，是行为人出于追求、放任，还是疏忽大意、过于自信。而违法性认识是在规范的层面上就行为人对法律的藐视程度对责任产生影响的，只不过大多数情况下二者呈现一致性，即故意犯往往具有现实的、具体的违法性认识，而过失犯大多只有违法性认识可能性，但这并不是绝对的。坚持违法性认识有存在必要的同时，还要寻求理论上的合理性，不能仅仅因为故意、过失和违法性认识中都有行为人的"认识"就将其混为一谈。

2. 犯罪故意中的认识和违法性认识分属不同认识或评价范畴

犯罪故意中的认识属于事实认识，而违法性认识属于规范认识。心理责任论认为，责任仅指作为心理事实的故意和过失，只含有事实认识而不包括规范性评价。规范责任论认为，责任的本质是从规范的角度对心理事实加以非难的可能性，责任除了故意和过失这种心理事实外，还包括规范性评价的非难可能性(主要指违法性认识可能性判断和期待可能性判断)，②对行为人进行责任非难时必须加以违法性认识的考量，这是一种规范的责任要素，如果行为人缺乏违法性认识可能性，就不能对此加以非难。

但是，有学者认为，违法性认识之所以是对心理事实中的认识因素的规范评价，就在于它赋予一定的认识因素以法律的内容，是对行为人的认识因素的否定法律评价基础。正是通过违法性认识，使心理学意义上的自然故意或者过失转化为刑法学意义上的犯罪故意或者过失。③这点笔者持不同观点，规范责任论是在心理责任论的基础上融入了规范分析，并不意味着要在故意、过失概念中加入规范评价的内容，应该说规范责任论是对心理责任论的一种递进补充，而不是对立。故意和过失是对行为人进行责任非难的基础，而违法性认识是在此基础上所进行的规范评价。心理责任论认为，有责任能力的行为人基于故意或者过失的心理实施违法犯罪行为时具有责任；规范责任论认为，依照心理责任论确定故意、过失的有无这种事实性判断之后，还要加入违法性认识、期待可能性等规范性判断，如不具备则没有责任。这已经很明显地表明，故意、过失中不包含违法性认识，故意中的认识和违法性认识也不是一个层次的内容。

故意中的认识和违法性认识分属不同的认识和评价范畴，并且在对行为人

① 周光权：《违法性认识不是故意的要素》，载《中国法学》2006年第1期。

② 张明楷：《刑法学》(第四版)，法律出版社2011年版，第715页。

③ 陈兴良：《刑法哲学》(第五版)，中国人民大学出版社2015年版，第60页。

进行责任认定时,先要判断故意、过失的有无,而后再判断其是否具有违法性认识,这种对行为人责任的评价方法是分层次进行的。日本学者川端博教授认为,刑事责任系指行为人从事符合构成要件之违法行为,因此而受到社会的非难,而刑事责任的根据在于,刑法规范藉由命令、禁止一定的行为,课加行为人作成符合规范的意思决定之义务,行为人虽然必须作成合法行为之决意,竟违反义务不作成合法行为之决意,却作成违法行为之决意……易言之,就"意思之形成,亦即决意违反法秩序之要求"而言,责任乃是反价值性、反价值判断之意思,基此,在作责任判断时,行为人意思形成之过程被纳入判断对象,违法性的认识在奠定责任之基础问题上具有重大意义。准此,违法性的认识并非故意。其所具之机能完全是在为"责任"奠定基础。①

四、结　　语

国家期待人民遵守法律规范,对于不遵守法律规范的人,应当给予惩罚。但是,也存在例外的情况,在行为人完全不具有违法性认识可能性、不可能形成反对动机的情况下,即使其对犯罪构成要件诸事实有认识,也不能对其违法行为进行责任非难,使被推定的责任受阻却。关于违法性认识的问题一度成为刑法学界讨论的热点,违法性认识的必要性也已经被越来越多的国家、学者认可,在众多学说理论中,责任说更具合理性,违法性认识可能性不是故意的内容,故意的认识要素中不包含违法性认识,违法性认识可能性只是影响、阻却责任的要素,而非阻却故意的要素。责任说有合理之处,但摆在面前的实际问题是,责任说如何与我国犯罪构成理论体系进行衔接,违法性认识在理论框架中如何安放,解决这一问题则需要专家学者和实践部门的进一步探讨、完善。

Illegality Cognition should not be a Factor of Cognition Factor in the Criminal Intent

Abstract: Illegality cognition has always been one of the points at issue in the academic field of criminal law, just as the saying goes: "so many people, so many minds." As a normative judgment, illegality cognition is the consciousness of one's misconduct; however, the cognition factor in the criminal intent includes

① [日]川端博:《刑法总论二十五讲》,余振华译,台湾元照出版公司1999年版,第206页。

one's behavior and the result of the harm to society caused by the behavior, mainly related to the fact judgment. Like the criminal intent, illegality cognition also has effect on the degree of one's blaming responsibility, but it should not be a factor of cognition factor in the criminal intent, instead, it should be used as a factor of responsibility.

Key words: Illegality cognition　Criminal intent　Responsibility

论人性与犯罪

马　健*

摘要:准确界定人性的概念,是研究人性与犯罪关系的基础。人性是善是恶有多种观点,如性善论、性恶论、性又善又恶论、性不善不恶论等。每种说法都是一种假说,都没有足够的证据予以证明。重点是研究人性与犯罪的关系,对于相应犯罪建立预防机制以及惩罚措施。所以不必纠结于人性到底是善还是恶,善和恶都是研究的对象。分别假设人性为善和恶,分别在善和恶的条件下研究人性与犯罪的关系。

关键词:人性　犯罪　性善论　性恶论

一、人性善恶的定位

人性属于由人的行为反映出来的、表现人的内在品质的道德范畴,是道德的标签。善是道德的正面标签,恶是道德的负面标签,他们是衡量人行为的社会尺度,是人类区分善与恶、美与丑、好与坏、是与非、正义与非正义的判断标准。①有观点认为:人性的善恶区分是后续研究犯罪原因和预防及惩罚措施的必要前提,是不可逾越的步骤。本文对此观点有不同的想法,人性善恶的问题各家所言均有道理,或者说均无道理,但纵观古今,并没有一个为所有人认可的说法。但是这不应该阻碍我们对有关人性对于犯罪的影响和对策的研究。当今社会发展迅速,社会中的人也是形形色色,犯罪的原因更是让人眼花缭乱。而我们研究的初衷是为了预防犯罪,只有在事前预防失败的情况下才会动用刑事惩罚措施,但从实质上来说,刑事惩罚措施也是一种预防措施,更准确的说是"事后预防"。从预防的角度,对于每一种较为突出的原因我们都应该采取措施加以预防,只有这样才能达到较好的预防犯罪效果。不管人性是善是恶,其都是当今社会犯罪的重要原因之一。所以我们没必要在人性善恶的问题上划出

* 马健,华东政法大学2015级公安法学硕士研究生,主要研究方向为侦查学。

① 李锡海:《人性与犯罪论纲》,载《青岛科技大学学报(社会科学版)》2011年第4期。

界线，在研究具体问题时，我们只要做个假设就好了。例如，先假设人性为善，然后再研究人性善对于犯罪的各方面影响以及相应对策；或者先假设人性为恶，然后再研究人性恶对于犯罪的各方面影响以及相应对策，以此类推，不断假设，然后再研究相应具体问题，当然，作为假设的前提要是社会中较为突出的观点之一。以传统上固有的先有前提进行具体研究的模式是非常合理的，但是当遇到人性是善是恶这种类似于"鸡生蛋还是蛋生鸡"的问题时，前提无法确定，此模式便很难发挥作用。既然如此，我们不妨在相应范围内做个假设，通过假设来确定前提，然后再进行具体的研究。对于对社会有用而又无法具体确定的，我们可以通过假设来完成，这样会更有利于社会的发展和稳定。①所以，本文将通过对人性的假设来对相应的犯罪原因和惩治措施进行研究。

不管是采用人性善还是人性恶，以及人性不恶不善等观点中的任何观点，都应该明确：即使人性是犯罪的原因，也只是犯罪的原因之一，人性是犯罪单一原因的论断是不恰当的，社会环境和自然环境是犯罪的重要原因，这是任何学派以及学者所公认的。比如贫穷和盗窃罪的关系，当一个人十分贫穷，而且家中上有老下有小，都等着吃饭的时候，此人犯盗窃罪的几率就非常大。如果此人十分富裕，吃喝不愁，腰缠万贯，那么此人犯盗窃罪的几率相比较而言就会低很多。当然处在不同阶层的人所惯常触犯的罪有所不同，富人或者技术阶层多触犯高技术犯罪，在此就不做进一步论述了。所以，犯罪原因是多元的，就算一个人的人性是恶的，也不可能肯定其一定会从事犯罪行为，有可能通过后天的教育和引导而一生为善。或者，即使没有后天的教育引导，也没有足够的证据证明其必然会犯罪。所以，认为人性是犯罪的单一原因的论断是错误的。

二、"人性善"与犯罪的关系

假设人性善，那么在人性善的条件下，人性是否是犯罪的原因呢？有人回答是肯定的，有人回答是否定的，他们持不同观点的原因何在呢？持肯定回答的人认为：首先，作为研究者，要想正确研究人性对于犯罪是否有影响，应该正确界定犯罪的概念。应该承认当前对于犯罪的概念论述是多元的，有犯罪学上的、刑法上的、宗教的等等。②加罗法洛说过：犯罪不完全是一种法律概念，不同学科、不同领域所说的"犯罪"的内容以及所指称的对象是不同的。在法律之

① 刘星：《西窗法雨》，法律出版社 2004 年版，第 8 页。

② 张远煌：《论犯罪学犯罪概念与刑法犯罪概念的区别》，载《河南公安高等专科学校学报》2008 年第 6 期。

外，许多领域都存在着自己的犯罪概念。刑法上的“犯罪”是规范上的罪，而犯罪学上的“犯罪”是危害社会的犯罪事实，刑法上的“犯罪”仅仅是统治阶级为了维护政治统治以及社会的稳定而从危害社会的犯罪事实中筛选出来的需要惩罚的行为，因此，刑法上规定的犯罪只是危害社会犯罪事实行为中的一部分，还有许多“待犯罪化”的行为或者“准犯罪”行为并未在刑法意义上采取预防以及惩罚措施。但是从这些行为的社会危害性来看，是同样需要预防和采取一定措施的行为，也同时是我们犯罪学应该加以研究的行为。综上所述，对于犯罪的概念界定应该采取犯罪学上的观点。一个人性善的人处于其人性善的原因所进行的行为完全有可能是犯罪行为。比如说一个人性善的“义士”，将一位长期虐待老父母的不孝子杀了，又比如说，一位深爱着自己妻子的丈夫，其妻子身患恶疾、痛苦缠身、生不如死，在其妻子苦苦哀求下，将其妻子用被子闷死。以上行为人都是人性善良的人，都是出于“善”而采取的行为，但是他们的行为都是构成犯罪的。而他们的行为都是由于他们的“人性善”而直接导致的。从这类犯罪来说，人性善是犯罪的原因。

其次，从“性善论”的影响来说，性善论认为人性本善，以孟子为主要代表。认为人人都有与生俱来的“四端”：恻隐之心，仁之端也；羞恶之心，义之端也；辞让之心，礼之端也；是非之心，智之端也。“四端”即仁义礼智四种“善”的萌芽状态，是人天生具有的道德本能。能保持“四端”便是有德，甚至“人人可以为尧舜”。[①]孟子的性善论经历代代统治者的提倡成为中国思想界主流性观点，得到社会的广泛认同。因此对于社会的影响十分深刻，每个人都认为自己天生就是善的，也要一心向善、从善事，所以每个人对于他人的行为都具有较大的包容度。对于统治者，他们认为“性本善”，而不需要对统治者进行监督，相信他们会自律和自我纠正错误，但恰恰相反，人的自律性是很难经得住考验的，那些经不住考验的官员便走上利用职权从事违法行为的犯罪道路。正是这种盲目相信人性善的行为，对官员不进行相应的监督，导致了此类职权性犯罪。

另一方面，受性善论的影响，大部分人习惯了采取所谓的善良的方式处理问题。比如，对于部分轻微违法犯罪行为采取忍让的方式处理。这种方式对于犯罪分子来说就是一种纵容，会让他们变本加厉而导致其一步步走上更为严重的犯罪行为的道路。例如，家庭暴力行为，刚开始受害方一般都考虑夫妻感情或者为了孩子能有个完整的家而采取忍让的方式处理。而加害方一般都会越来越肆无忌惮，最后可能导致出人命的悲剧。如果刚开始能够勇敢的采用法律

① 王广聪：《人性与犯罪：我国古代的解读》，载《福建警察学院学报》2009年第4期。

武器与之斗争，那么此类犯罪很可能被扼杀在萌芽之中。人性善在此类犯罪的过程中，企图通过影响普通人的思想以及做法，但却容易诱发犯罪。所以，人性善是此类犯罪的间接原因。

那么，否认人性善是犯罪原因的人持什么观点呢？他们认为：首先，人性虽善，但是有弱点，而这些弱点恰恰可以被利用，而导致犯罪。但是善良的人性是不会导致犯罪的，所以可以总结说是人性的弱点那部分导致的犯罪，而不是人性善良的那部分导致的犯罪。例如，人性的弱点之一就是禁不住利益的诱惑。马克思在《资本论》中写道：有50%的利润，他就积极大胆了；利润达到100%，人间所定的一切法律，都将被他踢开了；利润达到300%他就会不顾任何的犯罪，资本所有者甚至不惜冒着绞首的危险。[①]据此，人性的弱点如果没有被利用，那么一个人是不会犯罪的。只有当诱惑的利润越来越大时，人性的弱点暴露的就愈明显，同时也更容易导致犯罪。而人性善的那部分是始终不会导致犯罪发生的，从另一方面来说，它对犯罪的发生具有一定的抑制作用。从马克思的数据来看，达到50%的利润时才会让一个人大胆，那么在低于50%时，未来的行为人是胆小的，那么为什么胆小？是因为其人性中善良的那部分在约束着未来行为人的想法以及行为，是人性中善良的那部分告诉未来行为人要一心向善，要从善事，所以未来行为人才会胆小，才没有从事犯罪行为。当诱惑的利润逐渐增大时，人性中善良的那部分对于未来行为人的抑制作用就越来越弱，以致最后抑制不住，行为人进行了犯罪行为。行为人之所以犯罪，是因为外界环境利用了行为人的人性弱点，而导致其人性的善良的那部分无法控制行为人的思想和行为，最后导致犯罪，所以，人性善不会导致犯罪。

其次，他们还认为：人性并不是一成不变的，是可以通过后天环境或者其他因素影响而改变的。善良的人性不会使一个人产生犯罪的想法，更不用说去从事犯罪行为了。那么一个人性善良的人为什么还会去从事犯罪行为呢？原因就是本来善良的人性受到外界自然环境或者社会环境的影响而发生了变化，变成了恶的人性。在恶的人性的影响下，才使行为人产生了犯罪的想法并从事了犯罪行为，而并不是善良的人性导致了犯罪。比如一个人性善良的人，生活处于社会中等水平，其周围人也和他处于同样的生活水平，那么他会生活的十分快乐。而如果有一天他周围人的生活水平都提高到了社会上游水平时，只有他自己还处于社会中等水平，慢慢地，他的思想会发生改变，在他的内心深处会产生想要更好的生活水平的想法，会产生各种物质欲望。此时，他的人性已然发

① [德]马克思：《资本论》，郭大力译，上海三联书店2009年版，第565页。

生改变,已经变为恶的人性,而当他的欲望无法得到满足时,他就极有可能走上犯罪的道路,即使走上了犯罪道路,也不能因为此人最初是善良的人性而下结论说人性善会导致犯罪。因为行为人犯罪时其人性已不再是善良的人性,而是在犯罪之前就变成了恶的人性。是这种恶的人性导致了犯罪的发生而非善良的人性导致的。所以,人性善不会导致犯罪。

三、"人性恶"与犯罪的关系

假设人性恶,对于犯罪来说,同样有不同的看法。有人会认为人性恶会导致犯罪,有人会认为人性恶不会导致犯罪。先分析人性恶导致犯罪的原因,持此观点的人认为:《圣经》里记载:上帝创造了世界上第一个男人叫亚当,由于亚当觉得太寂寞了,总想让人陪伴,上帝便在亚当身上取下一根肋骨,做成了世界上第一个女人,取名夏娃。亚当和夏娃没什么事可做,上帝便派他们去看管伊甸园,再三叮嘱他们千万不得偷吃善恶树上的"禁果"。夏娃在蛇的诱惑下偷吃了"禁果",岂料后果十分严重:夏娃性觉醒了,在无法控制的情况下,诱惑了亚当,让亚当也吃了善恶树上的"禁果"。上帝知道之后颇为震怒,将他们逐出了伊甸园,上帝还告诉他们,由于他们两个人的行为是一种罪恶,所以他们的后代是由于这种罪恶而出现的,所以人类每个人生下来都是有罪的。①所以人性是恶的,恶的人性包括趋利避害、趋乐避苦、私欲等内容。②

从趋乐避苦来讲,是人的需要也是人的本性,英国法学家边沁认为人的动机是犯罪的原动力。许多快乐和痛苦都有相应的动机,例如,因为性感而感到快乐兴奋的动机是对应的性欲、因为具有权力而感到兴奋的动机是对于权力的热衷。边沁认为:自然使人降生在一个快乐和痛苦的帝国中,我们的全部观念莫不来源于快乐和痛苦;我们的所有判断,人生的所有决定,莫不与快乐和痛苦有关。他们的唯一目标就是追求快乐和逃避痛苦,即使在他拒绝最大快乐或拥抱最尖锐痛苦的时刻,他仍然是在追求快乐和逃避痛苦。犯罪人之所以犯罪,其原动力就是追求快乐和逃避痛苦。有些犯罪表现得很明显是在追求快乐。③比如,强奸犯在实施强奸的过程中就是在直接追求其性方面的快乐,而有些犯罪却很难看出来是在追求快乐,比如将自己作为"人肉炸弹"跑到人群中引爆自己身上的炸弹,明白人都知道行为人是在找死,同时还不让别人活。有人会说

① 刘星:《西窗法雨》,法律出版社2004年版,第7页。
② 宋浩波:《论人性与犯罪》,载《中国人民公安大学学报(社会科学版)》2007年第4期。
③ 李锡海:《人性与犯罪研究》,中国人民公安大学出版社2013年版,第130页。

这种找死行为不是追求快乐，行为人都付出了自己的生命，何谈快乐？进一步了解，这类犯罪的行为人一般都是心存对社会的不满等一些畸形的想法。这些想法让他们感到压抑，如果不发泄出来会让他们痛苦到生不如死，而最好的发泄方式就是报复社会，报复社会的力度越大会让他们发泄的越彻底。所以他们采用“人肉炸弹”的方式来进行报复社会的同时发泄他们内心的不满或者其他畸形想法。虽然他们以生命为代价，但他们发泄了自己内心的不满，缓解甚至完全表达了自己压抑的情绪，会让他们在内心感到轻松快乐。从其行为的根源来看，其行为的目标同样是从痛苦情绪中解脱出来而追求快乐，趋乐避苦有两种方式表达，一种是直接通过行为趋乐避苦，一种是间接地实施趋乐避苦的行为。从人性恶中的私欲来看，私欲每个人以及动物都有，其包括动物性和社会性。动物性系指为了达到本能需求而不顾一切地追求其所需，如动物为了获得交配权，就不顾一切地进行斗争；亦如动物为了满足解决饥饿的需求而不顾一切地猎杀，甚至其同类或者父母兄弟姐妹都不放过。这种动物性也可称之为“兽欲”。现实生活中经常对那些缺乏道德的人评价为禽兽不如，也是出于这个原因。而人之所以区别于动物，其原因在于其私欲中具有社会性。社会性或者可以称之为文明性，因为社会性是人处于社会中接受教育或者环境各方面的影响而具有的一种文明性、理性，其中还包括社会道德。一个人人性中的私欲在动物性存在的同时，又或多或少的具有社会性或者文明性，这就是不同的人处于相同的环境条件，有些人实施了犯罪而有些人没有实施犯罪的原因。私欲具有社会价值，在其有利于社会以及个人发展进步时，这种私欲又叫理想，这是一种为社会认可并鼓励的私欲，这种私欲不会引起犯罪行为的发生。私欲运用不好就是“兽欲”，这种私欲不利于社会发展，甚至损人不利己。有这种私欲的人认为：只有实现了他们的私欲才会实现他们的价值。

马斯洛把这种欲望描述为一种想要变得越来越像人的样子，所以他们会不顾一切地实现这种私欲。正如圣经所云：“私欲既怀了胎，就生出罪来。”这种私欲会导致犯罪，从人性恶的角度来看，人性是恶的，那么它所包含的私欲也是恶的，就是社会性特别弱的私欲。而一旦他们的私欲无法得到满足，就很容易走上犯罪的道路，比如，一个人性恶的人，追求物质欲望十分强烈，而自身却达不到满足其需求的条件。在此情况下，由于其人性是恶的，人性中的动物性更加强大，在其控制下，便会为了满足其物质欲望需求而从事相关的犯罪，比如贩毒、盗窃等。在此情况下，恶的人性是犯罪的直接原因，所以人性恶是犯罪的原因。

一部分人认为人性恶不会导致犯罪，他们认为：犯罪原因是多元的。犯罪的原因在于社会环境或者自然环境以及其他原因，而不是人性恶，自然环境会引起行为人犯罪的想法，社会环境给行为人提供犯罪的条件，并暗示行为人去从事犯罪行为。其他原因也可以导致犯罪，比如法律规定，而人性恶是被环境以及其他因素利用而导致的犯罪。当社会环境处于犯罪猖獗，一片混乱的状态下时，这种社会环境就会不停地提醒着行为人去从事社会上大家都在从事的犯罪行为，而此时恶的人性便会被此社会环境所利用，产生了从事犯罪行为的冲动和想法。在此犯罪产生的过程中，恶的人性是处于被利用的地位，并未产生任何积极主动的作用，能不能说恶的人性因为被利用而定义为“导致犯罪”呢？答案是否定的。因为在此过程中，恶的人性属于环境导致犯罪产生的间接过程中而被利用的介质，这种介质是不能被认为是导致犯罪的原因的。好比间接故意犯罪，当行为人利用一个毫不知情的人的行为从事犯罪活动时，在犯罪事实的归罪上是不可能将犯罪事实归罪于被利用的那个人的行为上的。相反，人性恶会对抑制犯罪以及建设法治社会起到一定的作用。人们都认为人性恶的时候，就会对每个人产生不信任，比如对政府机关及其领导人，不相信他们能够自我纠错，便会对他们进行监督，如果他们从事一些犯罪就会很容易被发现，并被举报。在此情况下，腐败犯罪就失去了温床，也提高了犯罪的危险和成本，会让很多本来打算犯罪的人因此而打消了犯罪的想法。

另一方面，对于已经发生的此类犯罪，在人们的监督下很容易被发现并采取惩罚措施。对于犯罪的预防，一方面来自于精神方面的引导和教育，另一方面来自于肉体的惩罚。当人们采取人性恶的观点，并且相信人性是可以通过后天的教育和环境影响而改变时，就会在后天的教育引导上着重强调。因为惩罚犯罪的目的是为了改造行为人以及教育警示他人，归根结底，惩罚犯罪的目的不是为了惩罚而惩罚，而是为了预防而惩罚，同时也是在犯罪行为已经发生而不得已采取的措施，也属预防的一种方式，属“特殊预防”。[①]当采取人性可变论时，都想通过教育和引导而改变人们的人性从而避免犯罪行为的发生。此种想法是错误的，同时也弱化了法律的调节作用进而影响法治社会的建设，此种错误想法应该被摒弃，首先，犯罪的原因是多元的，不可能通过改变某一种因素而避免犯罪。[②]就算人性是犯罪的原因，也不应该单单只考虑通过改变人性而避免犯罪。犯罪原因还包括自然环境、社会环境等等，降低犯罪发生的数量，应该全面地考虑每一个因素并采取相应的措施。其次，我们应该正视犯罪存在的问

① 张远煌：《犯罪学》，中国人民大学出版社2011年版，第253页。

② 张远煌：《犯罪学》，中国人民大学出版社2011年版，第147页。

题。犯罪是社会发展到一定阶段的必然产物，是不可能被完全避免的，只能通过一定措施降低犯罪的发生数量以及降低所导致的损失。面对人性可变论，应该采取的方法是后天的教育引导和惩罚措施同时进行。惩罚措施的采用就是法律的事后调节、事后预防。①在人性不可变论的条件下，会更加强调事后法律的惩罚措施，更加强调法律的调节作用，更加趋向于法治社会的建设，虽然人性不可变论有待商榷，但是此种方式有利于法治社会的建设。看来，在人性恶的影响下，不仅不会导致犯罪的发生，对于犯罪的预防以及法治社会的建设都有一定的积极作用。

假设人性又善又恶，对于人性与犯罪的关系仍然有两种观点，一种是人性会导致犯罪的产生，另一种是人性不会导致犯罪行为的发生。在人性又善又恶的情况下分析其与犯罪的关系时应该采用从"有善"和"有恶"方面逐一分析。持肯定观点的人的理由就是在人性善的情况下认为人性会导致犯罪行为发生和在人性恶的条件下认为人性会导致犯罪发生的理由的综合。持否定观点的人的理由就是在人性善条件下认为人性不会导致犯罪和在人性恶条件下认为人性不会导致犯罪的理由的综合。以此类推，在人性不善不恶的条件下的理由采用上面的方式，分别从不善和不恶的条件进行理由的综合。

四、犯罪对于人性的反作用

人性和犯罪的关系还涉及犯罪对人性是否有影响。人性不可变论认为，人性不管是善是恶，都是与生俱来而不可变的。所以，人性不会受犯罪的影响而发生改变。人性可变论认为，人性是可以通过后天的教育和引导或者受其他因素的影响而改变的，具体表现为，犯罪对于犯罪者本人人性的影响。不管犯罪者本人的人性是善是恶，犯罪都会使其人性变恶，或者变得更恶。犯罪行为一般都会使犯罪者本人从中获得物质利益或者相应好处，即使是出于无奈的犯罪，行为人在获得物质利益的同时便会使其人性被腐蚀。长此以往，行为人会习惯甚至喜欢上这种获得利益的方式。因为这种方式成本低，效率高，慢慢地就会将行为人的人性侵蚀的体无完肤，而更加坚定地走在犯罪的道路上。即使犯罪没有使行为人获得相应利益，行为人在犯罪的过程中会体验到刺激、快感。这种刺激和快感是平常行为所无法体会到的，行为人会慢慢喜欢上这种刺激和快感，以至于其内心被慢慢地改变，从而腐蚀其人性。所以，犯罪对行为人的人

① 张远煌：《犯罪学》，中国人民大学出版社2011年版，第253页。

性具有腐蚀作用。其次,犯罪对行为人以外的人的人性是否有影响?答案是肯定的。当然,这种观点的基础仍然是人性可变论。首先,对于受害人来讲,其受到的伤害或者损失,不管是物质的还是精神的,最后都会归到精神层面上。当其精神上受到一定的伤害,就会让其产生报复心理来寻求内心平衡,这种报复心理一定程度上影响了其人性,而报复行为多为犯罪行为。当其有从事这些行为的想法时,其人性就发生了改变,对于案外人来讲,当其了解具体案情时,行为人的作案方法便会潜移默化地影响到案外人的思想。当在相同场景或者条件下,受过影响的案外人很容易去按照之前案件中行为人的方式来处理。归根结底,就是犯罪使相应的犯罪方法在案外人的人性上扎根,起到了改变的作用。

五、结　语

人性与犯罪,首先要弄清"人性"和"犯罪"的概念,进而研究其对犯罪是否有影响。同时,作用是相互的,犯罪对于人性同样具有一定的影响,本文采取此思路。

On human nature and crime

Abstract: Accurately defining the concept of human nature is the basis of the study of the relationship between human nature and crime. Human nature is good or evil in a variety of views, such as the theory of good and evil, and good and evil and so on not bad bad theory. There is some truth in every point of view, but each of them is a hypothesis, and there is not enough evidence to prove it. The focus is on the study of the relationship between human nature and crime, so as to establish the corresponding crime prevention mechanism and punishment measures. So do not have to tangle in the human nature is good or evil, good and evil is the object of study. The assumption of human nature good and evil of humanity and crime, respectively in the condition of good and evil.

Key words: human nature　crime　theory of virtue　theory of evil

传媒与犯罪文献综述

张　熙*

摘要:犯罪不是与生俱来的,造成犯罪的原因多种多样,既包括犯罪人自身的原因,也包括其所处的环境和其他众多因素。当今社会,传媒业已成为我们生活不可缺少的部分,其发展已大大超出了我们的想象,是社会环境的重要组成部分。传媒日渐成为人们了解世界、认识世界的工具,其已经对我们社会生活的方方面面产生了巨大的影响。因传媒所传播的信息内容不同、表达的社会意义不同,因此对人们的心理就会有积极和消极等多种影响,而其消极影响和不良传媒是产生犯罪的一个关键因素。本文使用文献检索的方法对中国知网的相关论文和主要著作进行研究,归纳并评述传媒与犯罪研究的学术关注视角和研究内容等现状,总结不足,并对传媒与犯罪研究未来的学术发展前景进行展望。

关键词:传媒　犯罪　研究现状

传媒对大众的影响不可忽视,回顾2013年4月发生的"灰太狼烤羊"案件,无疑在社会上引起了巨大反响。此案件发生在江苏省东海县石榴街道麻汪村,该村的兄弟俩冉冉(8岁)、浩浩(5岁)和小伙伴顺顺(9岁)在一起玩耍时,仿照动画片《喜羊羊与灰太狼》中灰太狼烤羊的剧情,玩起了"绑架烤羊"的游戏。顺顺将冉冉和浩浩绑在树上后,点燃了树下的树叶,由于当时风大,火点燃后便四处扩散,顺顺没法控制便逃跑了,等冉冉和浩浩得救时,已经被严重烧伤。①再如全国各地发生的一系列伪造矿难索要赔偿的现实版"盲井"案件,其作案手段令人惊讶不已,这些都不得不令人反思传媒对犯罪的影响。现根据已有的研究,将有关传媒与犯罪相关的问题进行综述,并指出其中的不足与缺陷,以进一步推动有关传媒与犯罪相关问题的研究。

* 张熙,华东政法大学2015级公安法学硕士研究生,主要研究方向为犯罪学。

① 案例来源宝宝树网,http://www.babytree.com/user/group/topic.php?id=98 访问日期:2016年9月22日。

一、传媒与犯罪的研究现状

通过图书馆和中国知网查阅的相关资料，国内关于传媒与犯罪的研究并不多，相关论文有100篇左右，而真正切合主题的只有几十篇，大部分是对犯罪新闻报道的研究以及传媒对青少年犯罪和暴力犯罪影响的研究，还有对传媒的效应及控制犯罪方面的研究等。这些论文具体分析某个犯罪案件或某篇犯罪新闻报道中存在的问题，并提出相应的解决方法，即多采用“问题对策”的研究模式。在专著方面，杜雄伯教授所著的《传媒与犯罪》一书，为我们认识和评价传媒提供了一个全新的视角。该书把传媒及其所传播的负面信息视为引发犯罪的社会原因中的一个重要因素，深刻分析了传媒与犯罪之间的关系，从传媒所传递的内容和对犯罪发生作用的方式两个维度，探讨传媒对犯罪产生影响的微观机制，提出了有别于同类研究的规范传媒运作的对策性措施，开拓了一个有关传媒与犯罪问题研究的新领域，其成果具有原创性。

相对于国内，国外有着较为成熟的研究和理论成果。在西方，传媒与犯罪的研究比较早，其发展历史至今已有一百多年，并出现了丰富的研究成果。其中，最著名的是伊冯·朱克斯所著的《传媒与犯罪》，该书对犯罪和传媒进行了交叉研究，在探讨传媒与犯罪关系方面，学术性很强，其认为传媒在进行犯罪报道时将儿童塑造为“邪恶怪物”和“悲惨的受害者”，并且将妇女妖魔化。伊冯·朱克斯的见解独特，对于许多我们常见的新闻现象提出质疑。除了这些专著对传媒与犯罪关系进行专门研究外，在一些书籍的部分章节中也有所涉及，如利昂奈尔逊·弗林特1925年所著的《报纸的良知》中用了一章内容对传媒与犯罪进行研究，他提到“对犯罪手法的详细披露，无异于在学校教人犯罪”。同时，凯文·威廉姆斯所著的《一天给我一桩谋杀案——英国大众传播史》中也有关于传媒与犯罪关系研究的章节，其对英国大量的犯罪新闻报道进行了研究，最终发现新闻商品化导致犯罪新闻日渐泛滥，而且他还从新闻产业的发展角度对传媒与犯罪的关系进行了阐释。国外还有众多的书籍都对传媒与犯罪有所研究。

二、传媒与犯罪关系的研究

传媒与犯罪关系的纷争由来已久，传媒既然对整个社会生活的方方面面都构成了冲击，那么它就不可能不对犯罪形成影响。基于对相关文献的查阅，有些期刊、论文是仅从积极影响或者消极影响单方面研究两者的关系，有些是从正反两方面来研究两者的关系。笔者将从积极影响和消极影响两方面进行综述。

(一) 传媒对犯罪积极功能的分析

在杜雄伯教授所著的《传媒与犯罪》一书中,将传媒对犯罪的积极影响归结为四个方面,即宣传激励功能、警戒抑制功能、平衡抚慰功能和教育预防功能。在许多期刊论文中也都有涉及,如侯文琴《论大众传媒与犯罪》一文中,认为大众传媒作为传播文化的媒介、指引着我们的思想价值观念,在预防和控制犯罪方面有着不可或缺的责任。主要表现为四个方面,即宣传法律知识,指导大众行为;报道犯罪案件,谴责犯罪行为;宣传犯罪伎俩,预防再次被害;价值指引、教化犯罪人。再如傅小顺等《网络传媒对犯罪的效应分析》一文中提到了网络传媒对犯罪的正效应,认为网民成为了同犯罪作斗争的新兴力量,盛行的人肉搜索成为同犯罪抗争的有利举措,缓解了极端犯罪的爆发,弱势群体有了发泄不公和委屈的途径,在一定程度上使整个社会的紧张情绪得到减缓,从而使一些因紧张情绪所致的极端残暴的个体反社会型犯罪的发生获得了有效的控制。

这些著作、文章对传媒与犯罪积极功能的分析都比较接近,主要就是宣传教育、警示安抚的功能,的确,传媒报道还是让我们受益匪浅。如现在经常发生的电信诈骗案件,尽管诈骗手段越来越隐蔽,但还是具有很大的共性,媒体对各种电信诈骗进行报道,使人们提高警惕性,也让犯罪分子无法实施犯罪手段。再如媒体报道的一连串“失联”女大学生案,让人们惊骇不已,也对犯罪人愤愤不平。这些“失联”案件中都有比较大的共性,如被害人自身因素方面:安全意识不强、警惕性不高、穿着暴露、遇事不冷静、与犯罪嫌疑人发生矛盾不能恰当处理等。当媒体对这些案件进行报道时,可以让大众及时了解犯罪人常用的犯罪手段、技巧,从而采取有效的预防措施,起到预防控制犯罪的作用。

(二) 传媒对犯罪消极功能的分析

传媒对犯罪的消极功能是研究的侧重点,研究者大多将违法与犯罪归咎于媒介影响,基于报道的榜样示范及信息提示,不良传媒对犯罪行为的传播确有推波助澜的作用。在杜雄伯教授所著的《传媒与犯罪》一书中,将传媒对犯罪的消极功能归结为四个方面,即破坏腐蚀功能、刺激煽动功能、启示诱导功能和选择仿效功能。在期刊和论文中,王亚琼《传媒对犯罪的消极影响》一文中通过对诸多案例的分析,如灭门案、同《开封“9・18”盗窃珍贵文物案侦破纪实》的纪录片作案手法类似的盗窃珍贵文物案,[①]总结出传媒对犯罪的消极影响。传媒中往往含有许多低俗内容,这直接影响人对事物的认知,刺激犯罪人的思想意识,从而产生犯罪欲望;传媒所传播的负面信息,对犯罪人起到一定的暗示作用;传媒对犯罪的报道,潜移默化中呈现出的犯罪行为可能成为犯罪人模仿的“榜样”,从而导致犯罪行为的发生。杨广业、张世学《大众传媒对社会犯罪的消极影响》一文通过班杜拉的社会学习等理论,从宏观和微观两方面进行论述,宏观角度认为大众媒体对犯罪行为形成的作用,影响了社会群体的价值观,使社会大众产生了“相对剥夺感”,制造了一些“潜在犯罪人”;而微观角度认为,大众媒体上过多呈现的暴力和色情信息为这些“潜在犯罪人”转化为犯罪人提供了可以借鉴的“榜样”。类似的文章还有牛晓鹏、熊春泉《论现代传媒对犯罪的负面影响》等。

有关传媒与犯罪的相关文献中,对负面影响的分析最广泛,而负面影响最主要表现为模仿暗示作用,对青少年的影响尤为明显。美国的犯罪学家艾伯特・班都拉和丹尼尔・格拉泽都有相关论述。班杜拉的社会学习理论认为犯罪行为,尤其是暴力行为的获得途径主要是通过学习,而大众传媒是学习的主要方式之一,如电视、电影、广播、报刊杂志、书籍等。格拉泽认为犯罪学习不仅在直接的亲密交往、关系比较密切的群体中存在,在素不相识的、没有直接亲密交往过的犯罪人的行为中也存在,对犯罪榜样产生了一种间接的认同。如媒介中宣传报道的犯罪人的行为,也会造成别人将其当作犯罪学习的榜样,这两种观点都认为犯罪可以通过媒体进行模仿学习。如“灰太狼烤羊”案件,动画片中所传递的信息,如暴力信息,使儿童受到的影响越来越大。在现在社会,人们主要通过媒体获取信息,对媒体有依赖感,他们普遍认为媒体所传播的信息就是现实生活的真实反映,大多数人希望从中寻找精神价值和人生意义,而未成年人鉴于自身的特点,心智不成熟,更容易借助榜样找到自己的定位,尝试扮演各种角色,以实现对未来的幻想,因此很可能会因好奇模仿而招致伤害。

三、传媒影响犯罪行为的路径研究

在传媒与犯罪的研究中,不能仅仅停留在说明二者的关系上,还要深刻揭

---

① 《开封“9・18”盗窃珍贵文物案侦破纪实》的纪录片播放没多久,某地便发生了一起盗窃珍贵文物案,现场勘查发现行为人作案手法竟同开封“9・18”珍贵文物失窃案惊人相似,公安机关历尽千辛万苦抓到犯罪嫌疑人,在讯问中获得的情况令办案人员非常吃惊:犯罪嫌疑人在犯罪中所运用的方法竟都是从该纪录片中“搬来的”。

示二者发生关联的具体方式和路径，只有这样，才能使我们的研究真正取得富有实际价值的成效。通过掌握传媒对犯罪发生作用的各种具体形态，掌握这些形态的变化规律，才能为制定出抑制传媒对犯罪产生消极影响的对策措施提供科学依据。这方面的文献比较少，主要为杜雄伯教授所著的《传媒与犯罪》，张柯妮《传媒与犯罪——以新媒体为视角的解读》等文章。

(一) 受传媒影响的群体类型

1. 潜在犯罪群体

这类群体主要包括危险分子，即具有犯罪危险的人；不稳定分子，即具有某种犯罪倾向的人；以及具有私人复仇倾向的被害人及其家属。因为这些人具有犯罪的思想基础，易于产生犯罪意识，一旦遇到适当的时机，就可能将犯罪意识外化为犯罪行为。传媒作为外界作用力，在其影响下，这些群体容易形成犯罪意识且有犯罪倾向，他们往往会在特定的情境和环境下实施犯罪。同时，受众者会对媒体所传递的信息进行选择，而犯罪人往往首选传媒所传播信息中的暴力信息或违法信息，并加以模仿和选择，从而实施犯罪。现实中发生的很多案例，如杀人、抢劫、诈骗等都与媒体的案例传播有关，反映出媒体的传播会对潜在犯罪群体产生潜移默化的影响，为其实施犯罪提供指导。

2. 易受污染群体

这类群体主要包括青少年群体和新生代农民工群体。关于传媒与青少年犯罪有关的论文相当广泛，雷代利的《媒体对青少年犯罪的影响研究综述》从青少年思想道德与价值观方面、犯罪心理方面、犯罪行为方面以及媒体亚文化方面比较全面地论述了传媒对青少年犯罪产生的影响。当今社会，青少年群体是接触媒体最为频繁的群体，而且辨别是非能力比较低，极易受到污染，很容易接受传媒所报道的负面信息。新生代农民工群体也是极易受污染的群体，因为受客观条件和自身水平限制，他们获取的传播信息比较单一。张柯妮《传媒与犯罪——以新媒体为视角的解读》中针对新生代农民工有一项研究统计，结果表明：新生代农民中网民比例75.4%，拥有手机的比例高达96%，在对新媒体的评价中选择项最多的为“排除孤独，消解寂寞”，最为容易被不法分子引诱和利用，从而导致新生代农民工犯罪现象的出现。

(二) 传媒对犯罪发生作用的具体方式

1. 传媒所传播的负面信息影响人对环境的正确认知

人的决策行为的形成是基于人对环境的认知，而且人对环境所形成的认知不同，必然影响到人的行为决策的性质和效果。在人与环境的关系上，环境对人的影响，尤其是对人的认知所形成的影响是不可低估的，这是因为环境因素作为一种信息源不仅制约着人类认知的内容、方式和过程，而且制约着人类认知的结果。传媒及其所传播的消极有害的信息，作为一种外在于人的环境因素对人的认知所形成的消极影响也主要体现在这些内容上。首先，传媒及其传播的消极有害信息能刺激人的犯罪欲望。尽管龙勃罗梭主张“天生犯罪人”，但是笔者还是不赞同天生犯罪人理论，人的某些生理缺陷的确会对犯罪行为产生一定的影响，但绝大部分犯罪人的犯罪行为都不是与生俱来的，而是后天受各种因素影响所造成的。一个人实施某种犯罪首先要有犯罪欲望，而犯罪欲望不同于一般本能欲望，可以说每个人为了生存发展都有本能欲望，如食欲、物欲、情欲、贪欲等，这些本能欲望就其性质来说没有好坏优劣之分。而本能欲望与犯罪欲望可以相互转化。这种转化需要借助外界某种因素的刺激和作用。大众传媒使人际交往便捷及传播消极有害信息的特点，经大量事实表明，能够引起人的犯罪欲望。在我国学者杨焕宁博士的《犯罪发生机理研究》一书中提到“造成美国社会严重的犯罪问题的一个重要因素就是相当多的文化载体和新闻媒体宣传无节制的个人自由、无休止地追求金钱，暴力、色情、恐怖充斥其中，勾起人的极度贪婪和野性”。①其次，传媒所传递的消极有害信息能直接影响人对事物的认知。在现代条件下，人们需要认识的事物太多，而认识能力有限，只能通过间接的方式去达到对事物的了解和认识，即人们更多地依赖于传媒所呈现的信息对事物进行认知和评价。这种信息，包括很多暴力色情等负面信息，成为形成人的道德观念和对社会进行价值判断的主要资源。

2. 传媒所传播的负面信息能激发人的犯罪情感

俗话说，世上没有无缘无故的爱，也没有无缘无故的恨，人的情感不是先天的，而是后天形成的，而且其产生是有缘故的，这个缘故就是客观事实，而传媒所传播的负面信息作为客观事实刺激了人的犯罪情感。首先，传媒为犯罪情感的宣泄提供了便利条件。在传统社会人与人的情感交流往往主要通过直接的交往来实现，但网络时代，人与人的情感交流却完全可以通过网络来实现，双方可能素不相识，仅仅凭借语言或其他符号，双方可能产生相互交流的强烈需要，而在现实空间中却变得越来越孤立。其次，传媒所传播的负面消息能培养人的犯罪情感。犯罪情感作为情感的一种，由人的需要所引发，并随着各种外界刺激因素的影响和刺激而不断地变化。

① 杨焕宁：《犯罪发生机理研究》，法律出版社2001年版，第69页。

3. 传媒所传播的负面信息可直接导致犯罪行为的发生

由于对社会造成实质性侵害的不可能是人的认知和情感，而只能是具体的现实的犯罪行为，因而就传媒对犯罪的消极影响而言，对人的行为所形成的影响不仅在表现形式上更为直接，其作用效果也更为明显。而且这种影响的方式和程度具体来说也是千差万别各不相同的，因为传媒所传递的信息以及接受信息的人的心理状态是有差别的。根据已有的研究与大量事实分析，传媒对犯罪行为的影响主要体现在两方面，首先是传媒为犯罪人实施犯罪行为提供了可能，成为犯罪人实施犯罪行为的工具。当然，并非所有的传媒都能成为犯罪人进行犯罪的工具，主要是指计算机及由其所形成的互联网。其次是传媒所传播的负面信息为犯罪人实施某一犯罪行为提供了技巧或方法上的指导。如在英国，人们有关监狱生活的许多观念，以及犯人行为和活动的情况，都来自电视连续剧《服刑》。

(三) 传媒对犯罪发生作用的三种效应

1. 受众的模仿效应

萨瑟兰的社会学理论认为，模仿作为一种能力，它并不是先天所具备的，而是在后天的社会化过程中逐渐习得而形成的。美国学者班杜拉在论及大众传媒对攻击性行为的方法和技巧所产生的"榜样示范"作用时说："电视的普及事实上增加了攻击性行为榜样的数量，正在成长中的儿童和少年们会向这些榜样学习，学习他们的攻击行为。一般来说还未到上幼儿园的年龄时，已经向他们提供了充分的机会来观看惨无人道的暴力行为的各种破坏形式，例如枪战、抢劫、凶杀。不管他们所处的社会环境如何，今天的儿童和少年与成人一样，有无限的机会在自己的起居室里就能学习到应有尽有的犯罪行为方式"。①受众从各种传媒所传播的诸多信息中接触到犯罪者并从中学习到他们在实施犯罪过程中所使用的方法技巧及行为模式。

2. 暗示传染效应

美国传播学家威尔伯·施拉姆在谈到大众传媒对人的社会化所产生的潜在影响时，以电视为例所指出的"所有的电视都是教育的电视，唯一的差别是它在教什么"。传媒所传播的信息对大众具有暗示作用，但并非都与犯罪行为有关联，只有传播的负面信息并在客观上为实施犯罪提供启示或发生不良暗示才会与犯罪有关。同时长期受到暴力合理性的暗示，某些个体可能会形成心理上

① 田园、丁详雄：《暗示、选择、模仿——论大众传媒与犯罪》，载《青少年犯罪研究》2002年第4期。

的认同，在遇到时机时有意识地进行暴力行为或犯罪行为①。对潜在性的犯罪人而言，心理上更容易受到暴力信息和违法信息的传染，受到刺激，从而实施犯罪行为。

3. 选择效应

传媒所传播的信息能否产生社会暗示作用，不但受制于传媒所传播信息的内容和方式，同时受制于受众者个人的某些因素。受众者对传媒所传播的信息内容根据自己的利益、价值观念等作出理解，进而对这些信息内容进行评价，对能够刺激自己大脑或对自己有利又感兴趣的信息内容加以记忆。犯罪的社会过程理论强调学习、社会化、人类互动以及其他社会过程，诠释了为何即使生活在相同的环境中，一些个体比其他人更容易实施犯罪。由于受众者自身的社会化是否存在缺陷不同，因此在选择传媒的社会暗示时也会呈现出个体差异。如果个体的社会化存在缺陷，那么他就不可能具有与不良社会暗示相对立、相冲突的良好信念、价值观和认知结构。

四、犯罪新闻报道问题的研究

传媒对犯罪的影响很大程度上体现在新闻媒体对犯罪的报道，众多的人都是依赖媒体获得犯罪信息的。根据查阅的文献资料，国内第一本关于犯罪新闻的专著是2008年出版的《守望正义：法治视野下的犯罪新闻报道》，该书对犯罪新闻报道做了全面系统的研究，不仅提出了犯罪新闻报道的定义及特点，还研究了犯罪新闻报道与司法权之间的关系，分析了犯罪新闻报道对司法权冲突的表现及其原因，在此基础上提出了防止犯罪新闻报道对司法公正造成侵害的几点原则和事先的预防对策。同时各类期刊杂志和博士、硕士论文有很多都是研究此类话题的，主要是从新闻业务、新闻理论以及新闻法规、伦理等角度来对犯罪新闻进行解读。如《〈北京晚报〉犯罪新闻报道的框架研究》，《当前我国犯罪新闻报道中的伦理问题研究》等等。还有专门研究犯罪新闻报道中的新闻侵权问题，如马开轩的《新闻报道与新闻侵权的法律边界》；还有具体研究某个媒体的犯罪新闻报道，如西北大学丁佳佳的硕士论文《华商报犯罪新闻研究》；还有对犯罪新闻报道造成的伤害和对青少年的影响做了研究的，如广西大学罗丽琼

---

① 德国著名女社会学家伊丽莎白·诺尔·诺依曼说过："大众传播一手承揽着向人们提供外部世界的活动，并且通过复数的渠道每日每时地、累积地报道几乎相同的内容，这种状况不可能不对人们的意见乃至舆论产生重大的影响"。

的硕士论文《案件报道中二次伤害的传媒伦理研究》。但是目前我国关于这方面的研究正处于初级阶段，尽管学术论文对此都有关注，但角度不广，且零落，漂浮，没有形成一套完整的理论体系。经梳理，犯罪新闻报道存在的问题主要有以下几点：

（一）新闻报道对犯罪行为过度渲染

媒体过度渲染的途径之一就是所谓的犯罪潮，即某个城市的新闻媒体突然间对为数不多的罪案加大力度报道，就会给人造成犯罪猖獗的错觉。斯蒂芬·E.巴坎在《犯罪学：社会学的理解》一书中运用大量事实来论证该观点，认为即便犯罪率在下降，媒体也将保持大力度的犯罪报道，而且媒体倾向于关注稀奇古怪甚或子虚乌有的罪案。媒体过度渲染的另一途径是对（暴力）犯罪的过量报道，媒体过度报道往往聚焦于暴力犯罪，尤其是杀人案，即便大多数罪案都是非暴力的，媒体的焦点依然在暴力上，因为这更能吸引大众的眼球。其结果就是，媒体对最少发生的犯罪类型给予了最多的关注，造成了这类犯罪无处不在的错误印象。犯罪学家马克·沃尔曾说过一句有趣的话："如果我是一个外星人，当我来到地球，打开电视，我会以为这里的大多数犯罪都是暴力型犯罪，而事实上暴力犯罪却是我们社会中最少发生的犯罪类型"。

（二）新闻报道造成公众无知和道德恐慌

正是因为媒体报道描绘的误导性画面造成了公众的错误观念，如犯罪无处不在、犯罪非常暴力等，其中最严重的就是大多数公众对犯罪及其控制手段的许多方面非常无知，这些方面包括犯罪数量、犯罪率的变化趋势，还有因犯罪被捕和监禁的可能性等。斯蒂芬·E.巴坎引用了一项研究对此进行论证，研究中数百名学习"刑事司法导论"的大学生被问及美国每年约发生多少起杀人案时，几乎半数的学生估计每年至少有 25 万起，然而当年美国实际仅发生了23 305起谋杀案。同时媒体的过度报道造成了公众对犯罪的过度担忧，人们越多的收看地方新闻和电视剧，他们对犯罪的恐惧就越强烈。伊冯·朱克斯在《传媒与犯罪》一书中提到，传媒按照它们的"新闻标准"来构建道德恐慌，夸大和扭曲也就成了迎合新闻标准，以将一个有潜在新闻价值的事件报道成一个真实新闻的关键要素，从已发生事件将不可避免地再次发生的传媒预测意义上来说，道德恐慌也因此常常包含着可预测性这个新闻标准，即使没有那样发生，传媒也会通过对这种虚无的事件的报道，来确证它们的预测从而构建出那种事件实际发生的效果。道德恐慌意味着从冰冷的新闻向以耸人听闻的手法处理的报告和公共娱乐的安全疆域的转向。

（三）新闻报道塑造了品德高尚的受害者

犯罪受害者中也许大部分都是正直善良的人，只是在错误的时间出现在了错误的地方，但是也有一些人并非善类，甚至有些受害人之所以受害是因为其咎由自取。然而新闻媒体在报道时却将受害者全部塑造为纯属无辜，甚至品德高尚，他们认为这样有助于引起公众对犯罪的更大关注。熊丽的硕士论文《大学生犯罪新闻报道研究（2004—2011）》结合马加爵、药家鑫等大学生犯罪案件，论述了大众传媒在对案件的报道中，均把受害者塑造成无辜、高尚、值得同情和怜悯的，从而引起大众对犯罪的关注，也激起了大众对犯罪主体的愤恨。曾经一位媒体批评家也提到："记者和吸血鬼一样都是嗜血动物。惨祸与伤亡充斥报纸的头版标题和耸人听闻的电视报道。真相往往因其无趣而不能吸引受众，因而也就不能吸引记者。如果犯罪受害者足够富有、高尚或美貌，他们就有可能在史诗般的善恶斗争中被塑造成殉道圣人"。正是由于新闻报道给犯罪人贴上罪大恶极的标签，给受害人贴上高尚的标签，因此加深了大众对犯罪主体的不良印象，也符合了大众心理预期，满足了大众表达愤怒、不满情感的需要。

五、结　　论

本文通过参考国外有关传媒与犯罪的研究，对国内的同类研究进行梳理。在既有的国内研究中，对传媒与暴力犯罪、传媒与青少年犯罪、犯罪新闻报道方面的研究比较多，但对于传媒与犯罪的具体关系、传媒影响犯罪的微观机制等的探讨相对来说比较少。笔者认为，只有认真理清传媒与犯罪之间的具体关系以及发生作用的具体过程，即传媒究竟对人的哪些方面产生影响以及它如何对人产生影响，使人犯罪的，又是怎样影响人的认知的形成、情感的产生和行为的变化的，才能从根本上减轻传媒的负面效应，切断传媒引起犯罪的途径，更好的发挥传媒的正面效应，有效的预防犯罪和控制犯罪。同时，在传媒与犯罪的研究文献中，以新闻学院的教授、博士和硕士以及新闻工作者为主导，他们对犯罪新闻的解读主要是从新闻业务、新闻理论以及新闻法规、伦理等角度来进行的，犯罪学者以及从犯罪学角度进行研究的文献比较少。对传媒与犯罪的研究不应该局限于某个专业领域，而需要进行跨学科交流，既要具有新闻学的知识背景也要具有犯罪学等其他学科背景，从多领域进行研究，如此，传媒与犯罪的研究才会更加深入、完整。

Literature review of media and crime

Abstract: Crime is not innate, the cause of crime is varied, including offender's own reason、the environment and other factors. Nowadays, the media has become an indispensable part of our life, its development has greatly exceeded our imagination, and become an important part of the social environment. The media has increasingly become a tool for people to understand the world, which has had a tremendous impact on all aspects of our social life. Because of the different contents of the information and the different social meanings of the media, there are many positive and negative effects on the people's psychology. The negative influence and negative media are a key factor for the crime. In this paper, I use the method of literature retrieval to study the relevant papers and major works of CNKI. Summarized and reviewed the academic attention and research content of media and crime, summarized the problems and looking forward to the future academic development of media and crime research.

Key words: media　crime　the research status

“报复社会”事件中的犯罪人犯罪心理分析

陈　帆[*]

摘要：“报复社会”事件的发生不仅有深刻的社会原因，背后更有复杂的个人心理原因。这些犯罪心理原因不仅包括犯罪人个人人格上的缺陷、特定年龄阶段的心理特征，还包括家庭环境对个体人格发展的影响。分析这些犯罪心理原因有助于我们制定一个切实可行的犯罪预防策略，为我们提供一个新的犯罪预防思路。

关键词：报复社会　人格缺陷　中年危机　家庭环境

近年来，我国各地发生多起个人攻击不特定无辜民众的犯罪行为，如 2008 年的“骆效记案”、2009 年的“熊振林案”、2010 年的“郑民生案”等。媒体和学者将这类事件称之为“报复社会型犯罪”，也有人称之为“个体反社会型犯罪”、“个人恐怖犯罪”等等。目前比较有代表性的报复社会型犯罪概念，是指“个人为发泄不满情绪，而对不特定对象实施的凶杀、爆炸、纵火、投毒等严重危害公共安全的行为。这些报复性行为指向不特定群体或某一特定群体的不特定对象，被害人与行为人多是素昧平生，多是没有任何纠葛的陌生人，手段凶残，不仅会给事故受害者带来人身和财产损失，也使得每一个民众都有可能成为这种伤害行为的受害者，严重威胁着民众的安全感”。[①]虽然在这些惨案发生之后，治安管理部门以及社会各界纷纷采取措施，加强治安警力并增加相应的安全开支，但是这类犯罪依然像一颗“不定时炸弹”一样埋伏在每个人身边。根据犯罪预防理论，这些事后的措施仅仅只是起到一定的“目标加固”作用，短时间内这些措施可能起到震慑和防范的作用，在某种程度上增加社会公众的安全感，但是如果要从根本上预防此类“报复社会”事件的发生，就应当对这些事件进行理性分析，从不同角度分析事件发生的深层原因，并结合犯罪预防的相关理论，探索具有针对性的预防策略。因此，本文将从犯罪心理学的角度剖析这些犯罪人的犯

---

* 陈帆，华东政法大学 2015 级公安法学硕士研究生，主要研究方向为犯罪学。

① 王瑞山：《“报复社会”型危害公共安全行为研究——以 2005 年以来的 22 个案例为考察对象》，载《法学杂志》2011 年第 1 期。

罪心理，进而提出相应的预防措施。

一、“报复社会”事件犯罪人的心理分析

意大利犯罪学家巴伦·拉斐尔·加罗法洛(Baron Raffaele Garofalo)认为，“一些极端残暴的自然犯，即明显违背人伦道德的传统型犯罪的犯罪人，是存在心理异常和道德异常的”。从他的观点我们可以得知，这一类犯罪人除了拥有不同于大部分人的人格特性之外，自身的道德和信仰也比社会中的大部分人相对欠缺。这个观点在我国的几起“报复社会”事件中都得到了很好的印证。这些“报复社会”事件的实施者所选择的犯罪对象并非是与自己有直接利害关系的人，而是针对不特定的、与自己并无关联的无辜社会公众；从他们实施犯罪行为之后的表现来看，这类犯罪人对于自己的残暴行为大多没有表现出后悔、忏悔。从这些犯罪人的行为我们可以看出，这一类犯罪人的确印证了加罗法洛的观点，他们的人格或者道德观念确实存在着异常，与普通人相比存在明显的欠缺。虽然在这些事件中这类犯罪人实施了极端残忍的犯罪行为，但是他们似乎并没有体会到他们的行为给无辜公众带来的痛苦。

(一) 人格缺陷与犯罪原因

1. 人格缺陷的含义和特征

人格，在心理学上亦称为“个性”，是指“在一定的社会历史条件下的具体个人所具有的意识倾向性，以及经常出现的、较稳定的心理特征的总和”。人作为“社会关系的总和”，其人格是在社会交往过程中逐渐形成的。而所谓的交往就是由人与人之间的相互联系达到心理上的接触，产生信息交流。[①]因此，人格不是客观条件的消极产物，而是客观现实与人的心理活动相互作用的产物。人格是个体社会化的结果，它在一定的社会关系中形成并发展起来，又在一定的社会关系中表现出来。因此，根据社会共同价值观的评价标准，有的人格是完整的且与公众利益相符，而有的人格则具有某种程度上的缺陷，并与社会整体利益相抗衡。好的人格有益于协调自身与社会的关系，促进社会的发展，而缺陷的人格则会破坏社会的协调关系和利益，为社会所否定和谴责。在社会生活中，社会共同价值观和道德准则要求每个人要有意识地约束和克服自己人格中有缺陷的那一部分。但是，个体所表现出来的人格特性并不一定与他本质上的

① 陈和华：《刑事心理学新编》，北京大学出版社2009年版，第16页。

人格特性是完全一致的。在这些"报复社会"事件中,犯罪人的周围邻里对于他们的评价很多是沉默寡言、老实巴交,在日常生活中并没有表现出残暴的迹象。因此发生这些"报复社会"事件以后,这些犯罪人身边熟悉他们的人都表现出了震惊和不解,因为犯罪人的犯罪行为和他们日常所表现出来的行为构成了巨大的反差。

然而从犯罪心理学的角度分析,这些犯罪人并不是表面上看起来的那样"和善",这些人的性格特点主要表现为:在日常生活中喜欢钻牛角尖,固执己见;在与他人的交往过程中,他们唯唯诺诺,看上去非常亲和,但这些都只是表面上为了应付他人;虽然他们常常表现得忍气吞声好欺负,顺从他人而委屈自己,但是这些表象并不一定等同于其内心的想法;他们对周围的人缺乏信任感,总是喜欢独来独往,常常表现的多疑敏感,缺乏可以交心和依靠的朋友,不喜欢在他人面前展现自己的烦恼与喜悦;有些犯罪人甚至还会猜忌怀疑自己的亲人,在日常生活中从不向他人敞开心扉,将自己囚禁于狭小的自我空间中,他人亦无法走进他们的内心世界中去。正因为如此,这些犯罪人的性格大多都是孤僻内向的,由此就导致了他们在遭受挫折后极易陷入悲观、失望、激愤的情绪中,并被这种情绪所左右,进而将这种怨恨压抑在内心深处,当这些负面情绪压抑的越久、积累的越多时,它们爆发出来的时候就越凶猛,犯罪人的犯罪行为和犯罪手段也会更加残暴。由于这些缺陷的性格特点,这些犯罪人很难与异性建立起长期的、稳定的爱情或者婚姻关系,即使有了婚姻或者家庭,他们的家庭关系往往也并不和睦,家庭生活也并不和谐,因此他们就无法与家人分享自己的喜怒哀乐。同时,当这些犯罪人看到他人的幸福婚姻和美满家庭时,又会进一步助长他们内心的怨恨和嫉妒,由此形成了一个恶性循环。当个体脱离了社会群体,没有家人和朋友的关心、支持,他们的同情心就会被削弱,因而最终只能采取极端的方式排解心中的不满和积怨,通过毁灭他人的方式来毁灭自我。

这些"报复社会"事件中的犯罪人所表现出来的性格缺陷,导致他们固执己见地认为自己总是正确的,进而将自己所遭遇的挫折或者失败的原因归结于他人或者是社会。他们不喜欢采纳他人的建议,因为他们不仅虚荣心强、喜欢以自我为中心、唯我独尊,而且他们孤僻内向的性格导致他们不愿意与他人进行沟通交流,更有甚者还有被害妄想症,认为他人的评价或者建议都是对自己有所企图甚至是要迫害自己。这些犯罪人在工作中遭遇困难挫折会认为是同事故意陷害自己,是领导对自己存有偏见;在日常生活中与他人交往时常常会认为他人在存心排挤疏远他……他们从来没有从自身的角度思考失败的原因,因此对于自己所遭受的种种挫折和失败,认为完全是由于他人或者社会的问题,忽略了自身存在的性格缺陷。

据了解，2010年福建南平惨案中的犯罪人郑民生原来曾经在南平化工厂的职业医院和社区医院工作过，他曾经的同事和患者也都对他的医疗业务水平予以认可。由此可见郑民生并不是由于生活窘迫、经济困难而实施“报复社会”的行为，那么促使他实施犯罪行为背后的原因是什么呢？正如我们前面所分析的那样，这实际上与他本人的人格缺陷是密不可分的，他总是将所有的挫折和失败都归咎于社会的不公和他人的排挤，对于自己的性格缺陷却视而不见。类似地，在其他几起“报复社会”事件中，除了经过司法鉴定证明犯罪人患有精神病的以外，这些犯罪人都有着类似的情况，他们不会意识到要通过改变自己的缺陷、提升自己的能力来得到社会和他人的认可，而只是单纯地将自己的不幸遭遇归咎于是制度的不合理、社会的不公平以及他人的不友善。

2. 人格缺陷导致犯罪的心理学分析

实际上犯罪心理的形成是诸多因素共同作用的结果。心理学理论认为，犯罪心理来源于人的心理本能，即所谓本源性的心理原动力，若想抑制和矫正犯罪心理，就要正确引导这种心理原动力。

(1) 死亡本能

西格蒙德·弗洛伊德(Sigmund Freud)假定人有一种不可根本断绝的动物本性，它是遗传的、内在的，不因自然或社会环境而改变，它包括一系列的本能。弗洛伊德认为本能除最主要的性本能和生存本能外，还有所谓的死亡本能。这些本能都是不可知的，暗中推动人类的一切行为，决定个人一生的主要活动。生存本能是指恋爱、建设的本能，死亡本能是一种暴力的、破坏的、侵犯性质的冲动，即所谓的好斗、好战的天性。[1]这种死亡本能表现为对他人的攻击，因此极可能导致各种犯罪。

根据弗洛伊德的本能论我们可以得知，弗洛伊德认为意识是先于行为而存在的，即由死亡本能所导致的动机产生在先，之后才会有行为人自毁或者毁人的行为。然而这种死亡本能的动机是如何产生的呢？对此弗洛伊德仅仅将其解释为是一种内在的、与生俱来的生理现象。不可否认，世界上确实可能存在着天生就具有某种性格缺陷的人，但是死亡本能理论显然并不能帮助我们解释所有的现象。因为在这些“报复社会”事件当中，并不是所有的犯罪人经过司法鉴定都证明存在心理和精神方面的问题，这些事件中大部分犯罪人的心理状态和精神状态仍然属于正常人的范围。

① 陈和华：《刑事心理学新编》，北京大学出版社2009年版，第40页。

(2) 人格结构理论

弗洛伊德认为,人的心理由本我、自我、超我三个体系构成。"本我"是指生而具有的欲望、冲动、本能、内驱力等,是最原始的心理活动,处于内心深处,属于无意识状态,是通过冲动能量的散发来满足其需要的心理作用范围,它服从于快乐原则,即怎么快乐怎么来。但是人总是要受制于外界的现实环境,因为人不是靠适应外部环境就是靠支配外部环境来从中获取其所需要的东西,这种人与外界之间的交往需求形成一个新的心理系统,就是"自我",它是指因接触、感受客观外界而产生的经验。自我为非道德的本我的需要所发动,然而当考虑到外界的现实后,可以使本我的冲动能量延迟散发,或对它进行抑制,使它服从于现实原则。但是现实原则并非要彻底抛弃快乐原则,它只是起到一种抑制或者暂缓的作用。"超我"代表社会道德标准,压制本能活动、监督自我,起着良心的作用,它按至善原则进行活动。超我是由个人在成长过程中与其具有重要关系的人(例如父母)互动交往所产生的一种道德规范结构,它是社会化的产物。弗洛伊德认为,超我起源于自我,一旦形成超我,个体就会用自我理想与良心严格地监督自我,用奖励或惩罚来迫使自我按照所谓的道德规范标准行事。

自我因为无法控制各种外界刺激而产生了焦虑,例如不安、恐惧和担忧等种种情绪。由于自我要同时应付本我的驱力、超我的压力以及外在现实的种种需求给内心造成的压制,时时刻刻受到来自三者的威胁和危险,因而产生大量的焦虑等负面心理效应。但是自我为了减轻和消除不安、恐惧、担心等负面情绪,实现内心的平衡,就要通过各种方式来应对这些威胁和危险。如果自我采用否认现实或者歪曲现实的方法,这就是自我防御机制。它是在潜意识中进行的,是个体在精神受到干扰时保持心理平衡的手段,也是正常人及精神病患者都具有的自我保护法。但是需要说明的是,虽然自我防御机制有助于解除心理紧张、维护内心安宁、保护人格完整、预防精神疾患,但实际上这只是逃避问题的一种方式。而问题本身并没有因为这种自我防御机制而得到解决,况且如果总是依赖这种自我防御机制,反而不利于个体培养健全、健康的人格。相反,如果防御机制不能起到效果,自我便会丧失全部支撑而被焦虑压倒,导致精神崩溃,从而使个体实施自身都无法控制的行为。

因此在正常的情况下,人们并不会选择去实施犯罪行为,因为个体人格中的控制系统将本我牢牢地压制住,人们会根据社会生活中存在的道德准则和法律规范来要求并约束自己的行为,使自己的行为更趋向于大众主流价值观。但是,如果自我和超我不完善,无法压抑本我,那么社会生活中已有的道德规范和法律规定便无法抵御各种诱惑和冲动,于是行为人就有可能实施越轨或者犯罪行为。在这些“报复社会”事件中，正是由于犯罪人自身的本我部分已经无法得到压制，因此他们便通过实施犯罪行为进行释放压抑已久的本我。

(二) 年龄因素与犯罪原因

生理因素是个体心理发展的物质基础，而其中的年龄因素又是生理因素的一种。年龄与犯罪心理的形成虽然没有必然联系，但不同年龄阶段的人，由于其身心发育成熟的程度不同，社会经历各异，其犯罪率的高低和对犯罪种类、方式的选择，会产生直接或者间接的影响。

表 1　2005—2014 年以来，社会影响较大的 15 起典型报复社会型犯罪案件

时　间	地　点	行为人	年龄	行为方式	危害结果
2005.9.11	北京市王府井	艾绪强	32 岁	驾车撞人	2 人死亡
2006.7.16	陕西省汉阴县	邱兴华	47 岁	持刀杀人	10 人死亡
2008.7.1	上海市	杨　佳	28 岁	持刀袭警	6 人死亡
2008.8.9	北京市	唐永明	47 岁	持刀杀人	1 人死亡
2009.6.5	四川省成都市	张云良	62 岁	纵火	27 人死亡
2010.3.23	福建省南平市	郑民生	42 岁	持刀杀人	9 人死亡
2010.4.29	江苏省泰州市	徐玉元	47 岁	持刀砍人	32 人受伤
2010.7.21	湖南省长沙市	谌海涛	36 岁	机场大巴爆炸	2 人死亡
2010.7.30	湖南省长沙市	刘赘衡	51 岁	税务局爆炸	4 人死亡
2011.5.26	江西省抚州市	钱明奇	52 岁	连环爆炸	2 人死亡
2012.12.24	河北省丰宁县	殷铁军	48 岁	驾车撞人	20 多人伤亡
2013.6.7	福建省厦门市	陈水总	61 岁	BRT 公交车爆炸	47 人死亡
2013.11.6	山西省太原市	丰志均	41 岁	连环爆炸	1 人死亡
2014.5.12	四川省宜宾市	余跃海	51 岁	公交车爆炸	1 人死亡
2014.7.5	浙江省杭州市	包来旭	34 岁	公交车纵火	32 人受伤

通过对比这些“报复社会”事件的犯罪人，我们可以发现这些犯罪人有许多共同的特点。他们都是男性，而且年龄大多在 40 岁左右。这些看似偶然的表面现象下隐藏着许多必然，而这一必然则是由于一定年龄阶段的男性心理特征所决定的。

根据弗洛伊德的人格发展阶段理论，人的生理状况和心理状况一直是处在发展变化中的，每分每秒都在发生着不同的变化，从没有停止过。因此每个人在不同的成长阶段都会遇到不同的心理问题,他们的生活环境和先前经历所积累产生的价值观和人生观,将会对此后的生活和行为产生巨大的影响。我们一般将35岁至60岁定义为中年期,有人将中年期称为人生中的"第二个青春期",因为中年期在我们的人生阶段中也是一个十分关键的时期。由于男性和女性在社会、家庭中所扮演的角色、承担的责任不同,男性所承受的压力通常要大于女性,因此在这一时期,男性往往更容易产生精神和心理上的困扰,因而有些男性便出现了"中年危机"。

首先,生理因素对男性"中年危机"的产生有一定的影响。由于中年期个体机体缓慢的衰老、生理逐渐停止生长发育,男性雄性激素开始逐渐减少从而引起内分泌的相应变化。而内分泌的变化也对神经系统的功能造成了一定程度的影响。相比青年期,神经系统的稳定性开始下降,承受外界压力、适应环境的能力也开始不如从前。生理上的衰老慢慢地对心理状态也开始产生影响。一些中年男性开始变得焦虑敏感、缺乏自信、性格变得更加暴躁。从个人奋斗发展的过程来看,男性到了中年时期一般都事业有成、家庭和睦,给人整体的感觉就是成熟稳重,因此大部分人都将中年男性贴上强者的标签。然而所谓的"强者"只是一个表面现象,男性的身体状况在中年期已经开始不如从前,工作和家庭的环境已经不同于青年期,他们往往承受着比以往更大的压力,但是由于性别和年龄阶段的特点,男性往往不能像女性那样将这些不断增大的压力和烦恼表现、发泄出来,取而代之的是更强的压抑。当然这些都是因人而异,并不是所有男性都是如此。这与个人的成长经历、知识水平、承受压力的能力和限度也是密不可分的。如果能够积极地调整自己的心理状态,男性便能顺利地度过这一"中年危机"时期,否则就可能积累各种各样的问题,成为将来实施越轨或者犯罪行为的诱因。这些"报复社会"事件的犯罪人大多数都没有稳定的工作,因此他们不能保障自己的生活质量,甚至有些犯罪人在中年时期都没有建立起一个稳定的家庭。没有了事业和家庭的支撑,这些犯罪人在遇到生活中的挫折和困难时便容易产生无助和绝望的情绪,而这些负面情绪又不能通过向家人朋友的倾诉进行排解,久而久之便积累在心中,进而开始憎恨身边所有的人甚至整个社会,最后采取极端的手段实施报复社会的行为。

(三)家庭环境与犯罪原因

除了上述内在的个体因素之外,外界的社会因素也深刻地影响到这些"报复社会"事件犯罪人的犯罪心理。个体的心理成长、发展、变化需要在社会化的过程中才能完成,而社会化过程起源于家庭,受家庭环境的影响也是最为深刻的。弗洛伊德的人格发展理论系统地阐述了家庭环境对个体成长个性塑造的影响，通过他的理论，我们可以探析家庭环境与犯罪原因之间的关系。

弗洛伊德的人格发展理论将每个人的童年期经历划分为几个阶段，每一个阶段都有其特定的心理发展主线，而每一个阶段的发展情况都将会影响到个体成长后人格的健全程度。这些具体的阶段分为：(1)口唇期：从人出生后到一岁左右的这段时期称为口唇期，是个体性心理发展的最原始阶段，其原始性的性力集中在口部，靠吮吸、咀嚼、吞咽、咬嚼等口腔活动获得快感和满足。若婴儿在口唇期从以上口腔活动中获得了满足，长大后就会有正面的口腔性格，如乐观开朗，即口腔乐观。反之，如果此时的口腔活动受到过分限制，使婴儿无法通过口腔活动获得满足，长大后将会有负面的口腔性格，即口腔性依赖，指个体受到挫折时，不能独立自主地去解决问题，而是向成人去寻求依赖；(2)肛门期：从八个月到三四岁这段时期称作肛门期。在这一时期，由于幼儿对粪便排泄时解除内急压力所得到的快感经验，而对肛门的活动特别感兴趣，并因此得到满足。在这期间，父母为了养成子女良好的卫生习惯，多对幼儿的排便行为订立规矩并且加以训练，如果父母的要求能配合幼儿自己的控制能力，良好的习惯就会因此而建立，从而使幼儿长大后具有创造性和高效率性，如若相反，则会导致肛门性格：一种是肛门排放型性格，表现为邋遢、浪费、放肆等，另一种是肛门便秘型性格，表现为过分干净、固执、吝啬等；(3)生殖器期：从三四岁到六七岁，儿童在此期间开始认识到两性之间的差异和自己的性别，开始表现出对性的好奇并由此产生了一些复杂的心理状况，他们开始对双亲中的异性亲人有强烈的性的情感(近亲相奸愿望)，对同性亲人怀有嫉妒和敌意(杀人愿望)，即亲母反父(男孩)或亲父反母(女孩)倾向。然而当这种倾向被禁止时，幼儿对抱着这样的犯罪性欲望是否会受到惩罚而怀有强烈的不安和罪恶感，于是压抑对异性亲人的欲望而屈从于同性亲人，以图与同性亲人同化，因此男孩的性格像父亲，女孩的性格像母亲；(4)性征期：大约在七岁到十二岁这段时期，由于道德感、美感和羞耻心等心理力量的发展，性力受到了压抑，这种情况一般归于家庭教养和社会的要求。这一时期最大的特点是对性缺乏兴趣，男女儿童的界限已经很清楚，但并不意味着性力的冲动完全消失，而是转向今后社会生活所必须的一些活动，如学习、运动等，这是通过升华作用的机制而实现的。儿童如果在这时期受到不良的引诱，就会产生各种形式的性偏离；(5)生殖期：是青春期到成年期，其特征是异性爱的倾向占优势。生殖区的主导作用超过了其他性感区的作用，性快感出现了一种新的位相。

家庭是社会的基础，是每个个体在其成长过程中无法避免的环境。家庭中的不同因素,例如家庭结构的合理健全,家庭成员之间的关系,家长的教育理念和方式,家庭环境氛围,都对个体的心理成长发育起着决定性的作用。如果家庭环境氛围紧张不和谐,家庭成员之间关系淡漠、缺乏互相关心和爱护,家长对子女的教育方式不正确,都会对个体的成长起着负面的影响和作用。这点与弗洛伊德的人格发展阶段理论不谋而合。个体在儿童时期形成的负面性格如果没能得到及时地纠正,则有可能在今后的成长阶段中进一步发展,最终变成缺陷的人格。被父母遗弃的儿童与生活在正常家庭环境中的儿童相比,前者患有心理疾病的比例更高,不易融入社会、性格更加叛逆,那些成长在"暴力家庭"中的儿童,则会更加难以管教而且具有更强烈的攻击性。这些不利的家庭环境对儿童早期人格的形成和发展都有负面的影响和作用,而这些负面的影响通常要等到个体成长到一定的阶段才会表现出来。这些"报复社会"事件的犯罪人,他们基本上都没有稳定的家庭环境,由于这些不利的家庭环境因素的影响,他们的人格发展出现了某些偏差和缺失。这种人格上的缺陷和障碍,在遇到某些外界刺激时就很容易诱使他们实施犯罪行为。

二、"报复社会"事件的预防

(一) 对特殊个体主动进行心理疏导

通过前面的分析,我们知道"报复社会"事件的犯罪人通常都是因为在工作或者生活中遭遇各种挫折和失败而产生怨恨或者愤恨的情绪,而犯罪人往往无法自行疏导或者排解这种负面心理情绪,久而久之便产生了报复社会的犯罪动机。因此为了防止类似的"报复社会"事件继续发生,政府有关部门应当通过以下措施矫正某些特殊个体的不良心理状态,及时疏导或化解其负面心理情绪。

首先,"要针对心理偏执者、吸毒者、残障人士、家庭破碎者、艾滋病患者等重点人群,建立相应的心理调适机制,发现并预防潜在的危险。要积极通过政府购买公共服务的形式,扶持专业组织,对重点人群进行摸底调查、动态监控与心理检测"。[①]政府通过购买公共服务的方式,例如购买心理医疗服务,在各个社区医院设立心理卫生门诊,为社区居民提供免费心理咨询和诊疗;购买再就业教育培训、农民工就业培训、社会就业指导、介绍等服务。通过这些购买公共服务的方式,大力培育和扶持社区和民间组织,鼓励社区和民间组织从事一些公

① 王瑞山:《"报复社会"型危害公共安全行为研究——以2005年以来的22个案例为考察对象》,载《法学杂志》2011年第1期。

益性服务，充分发挥民间组织协调、化解矛盾的作用。

其次，充分发挥各个基层组织的力量。居委会、村委会、街道办事处和派出所应当积极关注本辖区内居民的生活和工作状况，及时发现居民的不良心理情绪，主动介入、帮助有不良心理情绪的居民解决困难，并对其心理进行疏导，排解消除其困惑、愤恨、嫉妒等不良情绪，防止其不良情绪转化为犯罪动机，使其拥有一个正常的心态积极面对工作或者生活中的挫折和失败。

最后，我们每一个人都应当关心身边的亲人、朋友、同事，倾听他们生活或工作中的烦恼，帮助他们排解心中的不良情绪，并给予他们鼓励和支持，避免使他们感到强烈的孤独和绝望。

（二）完善社会纠纷解决机制

“报复社会”事件中的犯罪人大多数都是弱势群体，他们的合法权益不仅容易遭到各种形式的侵害，而且他们往往不能通过合法的方式对自己的权利进行有效的救济，因而最后只能采取极端的方式发泄自己的怨恨和不满。实际上我国目前并不缺乏多元的纠纷解决机制，只是这些机制大多运行效果不佳，无法实现其应有的目的。

信访制度作为我国社会普通民众传达民情的一种特殊重要渠道，虽然在一定程度上起着疏导和化解社会矛盾的作用，但是最大的弊端在于其非程序性和结果的不确定性。现行信访制度不仅缺乏清晰、具体的运作规则和程序制度，而且其运行的是一套变动不居的救济规则。根据公布的数字，中央信访机构每年接待上访人群、信件不下百万，但问题得到解决的却不到1%；而根据2004年社科院信访调查报告的数据显示，因为信访而遭受迫害的人数为：“上访者中有55.4%因上访被抄家、被没收财物；53.6%的人因上访被干部指使黑势力打击报复”。[①]更可怕的是，还有一些上访者被强行扣上精神病患者的帽子，强制送进精神病院。畅通利益诉求表达渠道，建立形式多样且行之有效的社会纠纷解决机制，不仅是民主社会的应有之义，更是预防此类社会影响重大、危害结果严重的“报复社会型”犯罪的重要途径。政府部门应当强化各级司法机关接受公民申诉案件及处理申诉案件的责任和能力，由司法机关承办目前积压在信访部门的案件。加强公正执法和文明执法，改变旧有不合理的执法行为模式，逐步确立对执法问题的迅速反应和处理机制，增强政府对社会公众普遍关心问题的有效

① 张志明：《上访乱象带给我们的警示》，新华网 http://news.xinhuanet.com/politics/2010-10/11/c_12645273_2.html 访问日期：2016年7月8日。

回应。最重要的是,各级政府部门应当转变对信访活动的态度,防止本应当将常态治理的信访活动演变成为一场各级党委政府草木皆兵的危机治理。

Psychological Analysis of Criminals in Retaliation to Society Events

Abstract: The occurrence of "Revenge on society" event has not only deep social reasons, but also more complex individual psychological reasons. These criminal psychological reasons include not only criminal personality flaws, the psychological characteristics of certain age stage, but also family's environment. This paper analyzes the reasons of these criminal to help us to develop a practical crime prevention strategies, provide us with a new thought of crime prevention.

Key words: Revenge on Society Personality Defects Midlife Crisis Family's Environment

女性青少年犯罪原因分析与矫正建议

傅　颖*

摘要：作为青少年又是女性身份的群体本该是最脆弱和最需要保护的，却沦为阶下囚，这无疑让人感到震惊，在惊讶的同时，我们应当尽快找到导致这一现状的原因，及时找到解决这个现状的措施，遏制这个现象继续发生的可能性。家庭、学校、社区这些都是在矫正女性青少年犯罪过程中的重要主体，如何协调好这些主体在矫治过程中的作用是关键因素。女性青少年犯罪率作为衡量一个社会道德水平的准则之一，具有越来越重要的研究价值和意义。

关键词：女性青少年　犯罪原因　矫正

在传播媒体广泛发展的时代，青少年面临的众多压力来源于社会，他们用敏感的心感受着这个时代的快速变化，在变得见多识广的同时，早熟、早知使青少年的问题出现新特征，行为人的动机、犯罪形式和手段出现新的变化。仅在2015年就有不少这样的案例：重庆荣昌区法院审理的一起健康权纠纷案件，初中生兰兰住校期间因太邋遢引起宿舍其他人"公愤"，5名女生打耳光"教育"兰兰，将其打成10级伤残（十级伤残最轻微），后经调解，打人的女生及其家长对兰兰进行了赔偿。江西省永新县发生一起多人围殴女生事件，涉事9人都是女生，年龄在12至16岁之间，其中中学生4人、小学生2人，3人已辍学。四川省资阳市乐至县3名未成年少女对一女孩施暴，还摆出剪刀手拍照，照片中一赤裸上身的少女被另外3名少女包围……诸如此类骇人听闻的案件一再发生，给家庭教育、学校教育和社会教育敲响了警钟。尤其是本身就被定义为是弱势群体的女性，女性青少年的犯罪行为更值得引起社会的高度关注，对这一类群体的犯罪现状、特点和成因分析将使我们更好地预防女性青少年犯罪的发生，为她们的成长营造良好的氛围。

---

* 傅颖，华东政法大学2015级公安法学硕士研究生，主要研究方向为犯罪学。

一、问题的提出

(一) 青少年犯罪的界定

普通心理学理论中青少年时期是指 11 岁至 13 岁的少年期、14 岁到 17 岁的青年初期和 18 岁到 25 岁的青年晚期，是一个由儿童向成年人过渡的特殊时期，是独立性与依赖性、自觉性与幼稚性相伴的矛盾时期，是一个转型过渡并充满困难与矛盾的时期。联合国有关机构对青少年的基本描述性解释为："少年系指按照各国法律制度，对其违法行为可以以不同于成年人的方式进行处理的儿童或少年人"。"少年的年龄限度将取决于各国本身的法律制度，并对此作出了明文规定，从而充分尊重会员国的经济、社会、政治、文化和法律制度"。在各国经济、文化、社会等方面不同的基础上，全球尚没有一个统一的"青少年犯罪"的概念，只是各国根据自己不同的制度，对此进行了一个适应自己国家发展的定义。

我国宪法和法律中有"青少年"一词，但是并没有一个十分明确的表述，"青少年犯罪"确切地讲是一个犯罪学的概念，在"青少年犯罪"这个概念中的"青少年"一般是指 14 周岁到 25 周岁这一年龄段的个体。青少年犯罪即指的是 14 周岁到 25 周岁的个体进行的犯罪行为。主要法律依据是《刑法》，这是狭义的青少年犯罪的概念；广义的青少年犯罪概念中，不仅包括了犯罪行为，还包括违法行为。我国青少年犯罪概念基本上是从刑法的规制演化而来的。青少年犯罪这个概念具有特殊的主体，犯罪行为的范畴界定也和成年主体不同。

(二) 女性青少年犯罪的现状研究

女性青少年犯罪的主体有一定的特殊性，具有女性和青少年的双重特征，目前关于女性犯罪的研究处在妇女研究和社会学研究的双重边缘地位。关于青少年犯罪的研究一直偏向于对男性青少年的研究，女性及女性青少年则常常以受害者的身份出现在犯罪研究中，这使得对女性犯罪的研究贫瘠，对女性青少年犯罪的研究更加稀少，并且容易被忽略。

然而近年来，女性犯罪有所增加，已经超过以往任何时代，女性犯罪人数的增加，表明女性变得更具有暴力性和反社会性。从整体上看，虽然女性犯罪的相对数量低于男性，但是从女性自身的犯罪数量看，明显呈现增加的趋势。因刑事犯罪而被捕的女性青少年增加，暴力犯罪问题严重化。西方学者认为，女性犯罪数量的增加，是女权主义和更多的妇女解放的一种后果。

女性犯罪表现在程度严重化，数量迅速增加，呈现暴力性趋势、团伙化趋势和犯罪类型的多样化趋势，在总体犯罪率普遍上升的趋势中，女性犯罪人数也随着这个总体的趋势而增加，女性青少年是女性犯罪的主要组成部分。女性犯罪类型多集中在杀人、诈骗、盗窃、拐卖、强奸中的帮助犯行为以及性犯罪等犯罪类型上。一些以往女性较少涉足的重大刑事犯罪领域，现在也逐渐出现了女性犯罪的个案，其中杀人、伤害罪的比率上升较快。此外，因吸毒而导致的财产类型女性犯罪在增加，且有使用暴力进行犯罪的倾向。女性团伙犯罪突出，因为团伙犯罪较单个犯罪成员可以互补和互助，通过学习犯罪技能和技巧，降低犯罪风险，具有更大的社会危害性；团伙犯罪还容易形成犯罪力量的集中优势，成员之间罪责扩散，使得个体为自己的犯罪活动寻找合理化的理由和支持，促使犯罪活动更加恶劣和疯狂。女性青少年犯罪团伙大多三三两两组在一起，进行所谓的集体行动，对违法性毫不在意，在行为时不计后果，造成难以挽回的大错，导致受害者身心俱伤，女性青少年犯罪者为此也断送自己的大好青春和大好时光，为此付出沉重的代价。

因女性犯罪者的年龄低、文化程度低、法律意识淡薄，直接导致女性犯罪个体对事物的认知水平受到局限。这类犯罪者很多都是学习成绩不好、辍学早、没有经过多少学习培训，这使得她们在遇事时没有能力做更多的考量和思索，只会简单的选择用暴力解决问题，用不正当的手段达到自己想要的目的，不考虑行为的后果和所要承担的责任。教育程度与人对自身的控制能力强弱有关，受教育程度高，精神世界丰富，自控能力较强，可以寻找更多的解决问题的办法，反之则手足无措。文化背景在一定程度上影响着行为的选择。另外，女性生活范围有一定的局限性，使其视野相对狭窄，更加容易因为焦虑情绪而引发激烈的情绪状态，很多女性犯罪案例表明，起因往往多是微不足道的生活琐事，犯罪行为的对象多为身边人，包括家人、朋友、邻居等。

与传统观点不同，以前女性的社会化由于更多地受到父母的控制和监督，多是容易服从的心理倾向，这样传统的角色限制了女性参与犯罪的机会。随着社会发展、女性社会地位的提高，现在的女性有比以往有更多的机会直接参与到社会实践中。传统心理也跟着发生了显著的变化，她们逐渐具有独立意志和独立性意向、积极进取的精神、拼搏与奋斗的冲劲。在犯罪领域，女性也在逐渐抛弃传统女性的特点，不再具有依附性，而是更加凸显独立性。女性在犯罪活动中可以将其性别特征作为犯罪活动的伪装，以此提高犯罪目的达成的可能性，摆脱对男性的依从程度，更独立地进行犯罪，或是形成以女性为主的犯罪组织形式。

女性青少年犯罪没有太多现实的目的，从很多案例中发现她们多是为了进行私人报复，嫉妒等原因，进行的手段和方式都较为简易粗暴，盲目性、突发性和游戏性是她们行为的特征。其中交织了各种骇人听闻的行为，故意杀人、伤害、抢劫、绑架、性犯罪、吸毒、贩毒等等，严重地影响了社会治安和社会稳定，且其与青少年总体犯罪相比具有自身不同的态势和特征，与成年女性犯罪有着不一样的严重性和急需预防的必要性。

二、女性青少年犯罪原因分析

（一）心理特征分析

1. 犯罪需求结构

需求是个体生存和生活的必然，是行为的内在动力，包括了生理需求和心理需求、物质需求和精神需求，犯罪也有一个需求的结构，是导致个体行为的内在因素，在外界环境的共同作用下呈现不断循环的过程。

女性青少年犯罪者也有一个犯罪的需求结构，首先呈现出低层次性，很多需求集中在物质需要的方面；其次是结构畸变性，正常的物质需要是每一个人都有的，但是有的人物质欲望超过了其通过正当合法的途径能够获得满足时，虚荣心和攀比心理作祟就很容易越轨；然后是需求满足方式的非法性，由于欲望的膨胀，在相对短的时间内，在正常情况下，得不到满足的需求导致其去采取极端、非法的手段来达到自己的目的，财产型犯罪和性犯罪尤为突出这一需求结构的特征。这些涉及物质的、情感的、性方面的需求十分广泛，一旦产生就渴望得到满足，而欲望的满足超过了能力范围和客观可能性，畸形需求结构的形成使得行为人在客观现实生活中无法通过正当合法的手段来实现时，就会在错误思想的支配下进行违法犯罪活动。

2. 犯罪动机

犯罪动机是推动行为人决定实施行为的内在动力，是引起个体进行具体活动并实现具体目标的驱动力，犯罪动机对行为人的刺激，是其满足自身需求的内在因素，具有刺激、指向和强化的功能。犯罪动机是主体的内在心理过程，犯罪行为是这个内在心理过程的结果。了解犯罪动机，旨在说明犯罪主体的心理状态和主观恶性程度，解释个体的犯罪行为和对社会造成危害结果之间的关系。

女性青少年的犯罪动机有这几种:原始性动机,即与个体的生理需求相关,是个体生而就有的,比如饥饿、性等需求;继发性动机,是个人经过后天学习获得的包括友谊、爱情、赞美和独立等产生的需求。物质的需求和精神的需求成为犯罪行为最原始的动机。生活中的金钱动机、性动机、友情动机、报复动机、戏谑动机和嫉妒动机等,由于具有反复性的特点,在犯罪活动的不同阶段还具有多变性,以反复的动机斗争,在犯罪行为实施的过程中产生影响。由于主客观条件的变化,有时候会导致犯罪行为受阻,很可能会进一步实施新的犯罪活动,使得犯罪动机恶化。由于某一种犯罪动机不能在特定的对象上得到实现,行为人很容易将消极的情绪转移到其他的对象上,以获得心理上的代偿性满足,或者造成更严重的社会危害性。

3. 行为情感特征

在情感方面,女性青少年会表现的狭隘和偏激,这是由于生活环境和生理特征造成的。女性的角色特征具有感情性和投入性,在遇到矛盾和纠纷时,青少年的思维尚不足以正确的分辨是非道理,由于认识的狭隘,在与他人发生了摩擦之后,不易排解,且得不到控制,导致不良情绪的产生和积累,容易引发违法犯罪行为。还会因为被外界诱因驱使,受到客观因素的影响,主观恶性程度加深。犯罪行为有时候动机模糊简单,具有偶发性,在没有预谋的情形下因为一句话、一件事刺激到行为人从而导致激烈的犯罪行为。这样的行为人自我控制能力低、情绪化,但却体力充沛,容易产生犯罪的激情,实施暴力行为。

一些刑事案例,呈现恶逆变趋势。女性青少年犯罪者起初是犯罪行为的受害者,但由于在遭受到侵害以后,得不到救治,生理和心理上同时造成伤害,没有得到较好的保护,而选择通过自以为是的解决方法,甚至是违法的方式和手段,进行所谓的自我保护和自我救济,去报复对方,危害、甚至报复社会。

(二) 犯罪形成原因分析

行为有果必有因,实施犯罪行为一定有犯罪原因为前提。犯罪是一种极为复杂的社会现象,是社会发展的必然产物。对女性青少年犯罪原因的研究,要进行客观和主观方面的分析,客观的即犯罪原因形成的外部条件,主观的包括了行为人的心理水平、自我意识等内在原因。

1. 客观的原因

恩格斯指出:“人本身是自然界的产物,是在他们的环境中并且和这个环境一起发展起来的”。社会环境是一种现实的存在,由各种因素组合而成,个体就生存和发展在这些因素的相互作用之中。犯罪与社会环境有着密切的关系。

女性青少年犯罪原因的客观方面就是指社会环境对犯罪行为的影响。社会环境是指直接或间接地对某一个个体起到影响的全部社会关系，包括家庭、学校和社会风气、社会意识等诸多方面。宏观的社会环境是由社会的政治、经济、传统文化等综合因素所决定的社会状况，对个体有着直接的影响。社会转型时期特有的社会结构功能失调，当社会体制进行较大规模的调整和变革时，必然导致社会结构的调控功能发生暂时的失调和紊乱，社会对个体的外部控制力量普遍弱化，从而引发不同程度的社会动荡和混乱。现阶段的社会变革所带来的特殊社会矛盾及其对社会成员的社会心理产生广泛而深刻的影响，是导致现阶段个体社会心理失衡及犯罪心理产生的重要原因和社会背景。

社会规范体系和社会价值观念由一元化向多元化的转变，新旧变化加之规范体系的相互冲突与调试，对个体而言面临价值观念的重大调整和变化。在缺乏主流社会价值观念的统领下，容易造成个体思想意识形态领域的失范现象，导致社会成员自我定向意识的混乱和自我约束力的弱化。在现实生活中，由于个体生活的不安定性，没有正当的职业和稳定的收入，因而进行违法犯罪活动的人数增多，人们的价值观念趋向于现实和物质化，很多人想不经历艰辛的奋斗过程，妄图能够迅速地享受超现代的物质生活水平，这已经成为很多涉世不深的年轻人的神往，使其变成物质的奴隶。

互联网媒介以其手段先进、速度快捷、涉猎广泛和影响力强等特点对个体产生着多方面的影响，在树立社会主流价值观念方面具有指导个体行为的功能，这是简单的人与人之间的交往模式所不可比拟的。新媒体的发展在思想、伦理、道德以及价值观念等方面向人们进行示范作用。大众传媒带来的社会效果是显著的，它对个体心理和行为的感染力，特别是对青少年的影响尤其值得关注。

商品经济的发展，在文化领域也出现了“商品化”的倾向。大众传播媒介出于对经济效益的考量，渲染色情、暴力、凶杀等不良文化的书刊、音像制品和网络信息等堂而皇之地腐蚀着人们，成年人和青少年都深受其毒，女性青少年更容易成为受害者，黄色、暴力等犯罪文化对犯罪行为的增长起了催化作用。在一些比较偏僻落后的地区依然存在着传统心理结构中消极的成分，如对女性的社会地位的认识偏见等。这些偏远地区对男女平等的意识还没有真正的实现，女性在社会中仍然受到歧视和限制，女性在社会和家庭中的合法权益得不到应有的保护。

社会和家庭对女性的保护程度，是影响女性犯罪率高低不可忽视的因素。很多女性青少年犯罪者多处于解体家庭，家庭结构有缺陷、家庭教育功能不良，失去了家庭的庇护，得不到家人的关注和关心，成为被害者的可能性就增加了，受到不良侵害的机会也随之提高，进而影响着她们成为加害人的可能性。在近几年发生的女性青少年犯罪案件中，不少行为人是出自单亲家庭，或是隔代生活，或是没有得到良好的教育，或是因为被过分宠溺而变得没有节制，在受到社会不良风气的感染后实施违法犯罪行为。

2. 主观的原因

著名前捷克作家伏契克在《绞刑架下的报告》一书的结尾写了这样一句话，"……生活里是没有观众的。幕已经揭开。人们，我是爱你的！你们可要警惕啊"！青少年，由于生活经验不足，心理发展水平不高，辩证思维和批判思维不发达，往往容易走向极端。如果此时缺少正确的教育和引导，就会导致越轨行为，在外界消极因素的作用下，表现出强烈的好奇心和冒险心，极易作出不正当的行为。这个时期脑垂体等激素的分泌，不仅促使个体全身组织的迅速发育，也增强了脑神经系统的兴奋性，生理上的变化使青少年情绪不稳定、易激怒、好冲动，有的人因为难以控制住自已的情绪容易引起激情性犯罪的发生。性器官和性机能发育成熟的一个直接后果就是使青少年产生了性意识，并引发其一系列复杂的心理变化。他们能够意识到自已在走向成熟，对性产生一种特殊的感受和兴趣，对异性感到害羞和兴趣，同时也会对异性产生特殊的好感，并开始有意引起异性对自己的注意，有的人在这种情况下会产生懵懂的初恋情愫。这个时候倘若没有受到正确的性教育学习，在不健康文化、黄赌毒等信息的腐蚀下，容易产生包括性犯罪、暴力犯罪等意念。

青少年阶段谈恋爱，或者是迷恋偶像明星，都可能因为不懂得正确处理个人感情而出现抑郁、狂躁等不良情绪。美国康奈尔大学和卡罗莱纳大学的社会学家们研究发现，女孩子比男孩子更容易被男女的感性关系所伤，感情纠葛使女孩子发生抑郁症的机会增加三分之一，这就更有可能因为感情问题而发生纠葛、引起违法活动。女性青少年最容易坠入情网的年龄是 13、14 岁，男性则是 14 至 16 岁，这与个体的生理机能发展有着密切关系。有感情烦恼的青少年会精神注意力不集中，学习和人际关系因此受影响，与家人的关系也会因叛逆等多变的情绪而变差。迅速发展的生理和相对缓慢的心理就会出现落差，这之间的矛盾是客观存在的，是个体在人生发展过程中必须经历的，是不可逾越的一个发展阶段。生理上的发育使青少年在外表上像成年人，但内心是幼稚、不成熟的。青少年心理发展水平的欠缺使个体不能够正确、理性地处理感情冲动，难以缓解焦虑等情绪状态，就会因为矛盾没有处理好，而埋下心理隐患，会在未来受到某种情绪的刺激时，选择实施违法犯罪行为。

需求心理包括攀比心和虚荣心，因为认知上理性思维能力较差，情感波动不定，个体的意志和行为容易受到影响，容易被贪婪侵袭失去理智，企图追逐利益以满足自身的攀比需求、虚荣心理；受害后的逆变心理、心理的软弱性、被迫性、诱使性等特点，女性会由受害人变为加害人，由于受到过家庭暴力或者虐待、社会打压等，转而成为施暴者；女性青少年犯罪加害者和受害者的角色和身份具有转化性，产生逆变心理的受害行为主要由于模仿尝试而受害，以身应允而受害，追求钱物而受害，寻求知己而受害，在受害之后，容易自暴自弃和产生强烈的报复心理，进而自身也涉足违法犯罪的行为，成为施暴者。

三、女性青少年犯罪矫正建议

严峻的青少年犯罪的现状，需要有效的遏制以减少青少年犯罪的增加，这是一项庞大而艰巨的社会系统任务，需要实施综合治理的方法，进行标本兼治。治本是指青少年犯罪要以预防和防止再犯为主，治标是指应当根据青少年犯罪的不同特征和原因分别采取针对性的措施。前苏联犯罪学家巴格丹偌娃认为："女性特别是未成年少女的犯罪率，从一定程度上讲，是衡量全社会道德水平的标志"。这是因为女性青少年犯罪相对其他犯罪主体或犯罪形态具有更大的社会危害性，更能体现一个社会的综合治理水平。如何能够有效地矫治女性青少年犯罪的现状，遏制女性青少年犯罪的发生，以及女性青少年犯罪应当如何应对，都是我们当下急需解决的难题。

犯罪心理矫治的目的是让个体通过增加其个人效能而避免犯罪，以及预防特定个人重新犯罪，这是犯罪心理矫治的道德目标，为了实现正义和威慑，实现保护社会的目标。犯罪心理矫治既包含了人道主义的成分，也包含了功利主义的成分，犯罪心理矫治的实践试图在满足犯罪人需要和社会需要这两者之间进行协调。

（一）增强女性青少年自我保护的意识和能力

做好家庭控制、学校控制和社区控制工作，因为教育是头等大事。孩子的行为受到周围环境的影响，需要通过教育加以正确引导和错误纠正，家长要做好最基础的自我保护意识教导工作，言传身教对女性青少年的行为起着决定性影响；学校应对女性青少年进行正确的知识和道德的教育，开设专门的心理辅导课程；社区则着重整治生活治安秩序，杜绝产生逆变心理的环境。家庭、学校、社区联合互动帮助女性青少年建立自身犯罪免疫力系统，通过学校、家庭、和社区的帮助，让女性青少年自身启动自我保护系统，规范自身的行为，加强对犯罪危害的识别能力和防御能力，增强警觉意识和预警能力，在心理上构造一条抵御犯罪的防线，排除被害和犯罪的可能性。

（二）建议家庭重视对未成年人的心理关注和道德教育

家长是孩子的终身教师，家庭教育是预防犯罪的第一道防线。良好的家庭教育，可以引导孩子养成良好的道德品质，树立正确的人生观、价值观。对女性青少年的教育尤其需要家长特别的关注。首先，规范自身言行，教育青少年的言行要用正确的方式，引导他们辨别是非，尊重自己、尊重他人；其次，努力维护家庭的完整，营造良好的家庭氛围，增强彼此沟通与交流，注意方式方法以保证对孩子行为的正确引导和提供积极的影响。还要关爱女性青少年在生理成长时期可能出现生理尴尬和纠结，用正当的方式进行积极引导。

（三）建议学校加强对学生的法制教育

学校等教育机构是青少年学习和成长的主要场所，是加强法制教育和预防违法犯罪最重要的场所。在严明校风校纪和抓好素质教育的同时，要将法制教育贯彻到教育的各个方面，纳入教学计划，融入学生的课堂内外，开展法制教育的公共课程，让学生了解基本法律常识，明白犯罪行为的危害性，起到预防的作用；设立心理咨询室，对心理发展异常、有违法犯罪倾向的学生及时联系，进行一对一的心理教育以预防犯罪行为的发生，而不是公开地批评处罚或是不闻不问；定期组织观看普法教育片，考察法律基础知识，掌握学生对法律的认知程度，及时改善教育方式。由于女性青少年的成熟期早于一般的男性青少年，应当更关注这一时期的女孩子，对其成长时期困惑及时提供教导解决，及时进行积极向上的生活、学习指导，以防有的女孩子因为感情难题等做出不利己的伤害行为，甚至做出越轨行为。

（四）净化社会文化环境

良莠不齐的文化会对社会产生不同的影响，不良的文化是社会的毒瘤，不仅会败坏社会风气，还会增加犯罪可能。青少年因为识别能力和抵御能力不够强大，容易受到色情、暴力的危害，禁止色情和暴力文化需要社会的管制和把控，在文化的制作和传播当中把好质量的关卡，剔除不良文化，营造良好的文化市场。要能够有效地震慑女性青少年犯罪的心理，打击犯罪的力度绝不能放松，增加打击犯罪成本的同时结合打击预防，消除犯罪人犯罪行为的侥幸心理，消除诱发犯罪的因素。

（五）社区积极参与预防青少年违法犯罪工作

成长环境是影响一个人思想和行为的关键因素，一个人的人生观和价值观要从小开始培养，形成正确的观念和正当的行为方式，这其中社区和村居的环境会对青少年的人生起到重要的影响。家长在提升自我素质和家教水平的同时对孩子进行教育和培养，在预防青少年违法犯罪的路上形成第一条防线；社区村居在保证生活环境管理服务的同时对闲散的无业青年等提供必要的帮助和指引，避免其因经济困顿和心理落寞等引发违法犯罪行为；其他的社会组织也可以发挥各自的积极作用，通过开展多种形式的法制教育宣传来提供法律咨询服务等，强化青少年的自制能力和行业技术，以期减少犯罪的发生。还要平衡社会资源，让偏远穷困地区的青少年，尤其是女性青少年不因歧视受到不公正的对待，不忽视她们的身心成长，对这一时期的孩子更要投以关注，不忽视她们的基本需求，避免成为犯罪的牺牲品。

（六）建议政府改善青年群体的就业状况

目前，就业状况令人堪忧，这对于早年辍学且无一技之长的青少年来说更不容乐观。许多案例表明，走上犯罪道路的青年多待业或无业，生活无来源，整天无所事事势必去偷、去抢，去实施违法犯罪的行为。因此，对于政府来说，应当采取更加灵活的就业政策，广泛开展职业培训，努力发展社会保险事业，加强社会就业保障，争取给青年群体创造一个更加宽松的就业环境。政府还应加强地区间就业信息的沟通、协调，管理和调配好务工人员的流动，对人力资源进行合理配置，避免因务工人员盲目无序的流动而产生负面影响。如今，女性就业的机会比过去增加了不少，却仍不乏有的单位歧视女性、不招女工，甚至在工作时对女性以不平等的对待、不公平的待遇，让女性添加心理不平衡，增加实施违法行为的可能性。一些女性青少年可能因为出于攀比心理、虚荣好胜和嫉妒心理，进行小偷小摸的行为，无视纪律和秩序，在错误的人生观影响下以享受短暂的快乐为乐趣，忽视由此带来的惩罚；对金钱依附，对肉体出卖，对心灵无视，求名图利、寻欢作乐，追逐金钱和权势，因为没有正当的职业，失去积极的引导，最后导致行为的偏失，走向犯罪的深渊。

四、结　　语

女性青少年的犯罪现象并不少见，但是对于女性青少年犯罪的研究却并不特别引起大家的重视。当下，随着女性地位和身份的提高，以及对青少年行为的日益关注，在其参与社会活动日渐频繁中，面对社会经济的繁荣和物质、精神生活的丰富，越来越多的生活诱惑或许会让人迷失，失去自我控制的能力，再由于种种原因从而走上犯罪的道路。琳琅满目的社会因素，使得犯罪的形式多样化、手段复杂化、行为暴力化，这些现象日趋严重，女性青少年违法犯罪的行为已经足够让我们提高重视，引起我们的注意。

女性青少年犯罪的原因和应对措施已经成为现在罪犯改造和犯罪预防的新课题，急需引起我们的重视。在一定的意义上，女性青少年还应当在家庭和学校的保护范围之内，但却沦为犯罪的囚徒，这无疑不让人感到痛心。面对现状，女性犯罪率作为衡量社会道德水平的标志之一，从保护青少年身心健康发展的角度，从社会的视角看待女性青少年的自身生理和心理特征，在研究这类主体犯罪的同时，综合运用各种手段和方法形成有效的矫治方案，期望对抑制女性青少年犯罪产生积极作用，减少女性青少年犯罪人犯罪和再犯的可能性，具有重要的社会和使人类健康发展的意义。

Analysis of the causes of female juvenile delinquency and suggestions for correction

Abstract: As a young and female identity is the most vulnerable and most in need of protection, but become a prisoner, it will not make people feel shocked, was surprised at the same time. We should find the reasons for the situation as soon as possible, solve the situation timely, to curb the possibility of this phenomenon continues to occur. Family, school, community are the important subjects in the correction of female adolescent crime in the process, how to coordinate these subjects in the treatment process is the key factor. As one of the standards of social morality, the female juvenile delinquency rate has more and more important research value and significance.

Key words: female adolescents reasons of crime correction

家庭暴力犯罪的心理试析及其犯罪预防

计　月*

摘要：家庭，应该是一个人最感受到温暖的地方。但是，有些家庭的家庭氛围却并不和谐。不时上演的家庭暴力使得原本应该和谐温馨的家，变成了一个随时可能爆发危机的牢笼。本文试图从犯罪心理学角度分析暴力犯罪之所以会发生在有着深刻关系羁绊的家庭成员之间的原因，并试图就此提供相关的犯罪预防对策，以帮助诸多遭受家庭暴力危机的家庭。

关键词：家庭暴力　亲密关系暴力　犯罪预防

一、家庭暴力犯罪的现状

家庭是社会的细胞。我们的社会由无数多个家庭组成。随着时代的发展，我们从熟人社会逐步向陌生人社会转变，核心家庭成为最主要的家庭形式。家庭成员间的亲密关系在很大程度上决定着一个人与社会的联结程度，以及是否能提供给个人舒适安心的避风港湾。但是，据有关数据显示，当今社会中家庭暴力的情况并不少见。"根据全国妇联统计，全国 2.7 亿个家庭中，有 30%的已婚妇女曾遭受过家暴"。①家庭暴力对家庭的破坏作用令人担忧。

（一）家庭暴力犯罪的定义

家庭暴力犯罪是一种亲密关系间的暴力犯罪。由于对家庭和暴力的界定不同，不同学者对其有着不同的理解。

有学者按照字面意思简单地将家庭暴力定义为"发生在家庭生活领域、家庭成员之间的暴力犯罪行为"。②如此的定义并没有太大的实际价值，太过于笼统，不利于进行行为界定和具体分析。《犯罪心理学》一书对家庭暴力的界定就颇为详细，将其定义为："对共同居住的家庭成员进行的伤害、胁迫、殴打、强奸

---

* 计月，华东政法大学 2015 级公安法学硕士研究生，主要研究方向为犯罪学。

① 钟磊：《家庭暴力的规制思考》，载《法制博览》2016 年第 8 期。

② 马兰花：《家庭暴力犯罪类型探析》，载《攀登》2005 年第 5 期。

和性方面的伤害,或者以其他形式导致对方受伤或死亡的刑事犯罪",认为"家庭暴力的核心特征往往是施暴者对力量、控制和权威的滥用"。[1]也有学者认为"家庭暴力是指对家庭成员进行伤害、折磨、摧残和压迫,并造成人身、精神、性和财产等方面较严重的伤害和损失的行为,其手段包括身体袭击、性虐待、强奸、威胁、恐吓、羞辱和行为控制、断绝经济来源、剥夺权利、遗弃、贬低和经常性的批评等"。[2]

由此可见,有关界定家庭暴力犯罪的争议主要在以下几点:

1. 家庭暴力的主体范围

大多数学者认为家庭暴力的主体是一起共同生活的家庭成员,包括父母、配偶、子女、兄弟、姐妹等。西方学者对于家庭暴力主体的界定则更为宽泛一点,会包括前配偶、同居者,以及具有亲密关系的恋人等。

家庭暴力犯罪的特殊性在于其为家庭领域内亲密关系的暴力行为,而家庭和亲密关系都是一个相对模糊的领域,难以清晰界定。因此,需要有一定的标准,予以参照。笔者认为主要是血缘关系和特定的法律关系。

"家"在中国人眼中是一个可大可小的概念。费孝通在《乡土中国》一书中调侃"'家里的'可以指自己的太太一个人;'家门'可以指伯叔侄子一大批;'自家人'可以包罗任何要拉入自己的圈子,表示亲热的人物。自家人的范围因时因地可伸缩的,大到数不清,真是天下可成一家"。[3]而西方人对于家庭的理解却十分明确,仅包括配偶和子女。中国人广义上的"自家人"是一种客套的友谊关系,并不是真正的家庭关系,即使在某种程度上会具有亲密性,但由于日常生活起居并不在一起,也绝对不是家庭暴力犯罪所应涵盖的范畴。对于同居者和恋人,也不应纳入家庭暴力犯罪的主体。因为双方并没有家庭的责任和义务,处于随时可脱离这一亲密关系的状态。

真正意义上的家庭成员基本上都具有血缘关系,但由于我国曾经是乡土社会的国情,大家庭的概念可以涵盖很多姑表亲戚。虽然彼此都具有血缘关系,但这种关系并不真正亲密,亲戚们往往并不真正在一起生活。因此,虽然家庭依靠血缘建立了亲密关系,但真正体现生活中的亲密关系仍应以共同生活为指标,即应以原生家庭为主,界定为是直系间的血缘关系。

除去血缘关系,笔者认为能明确界定亲密关系的是某些特定的法律关系,

---

① [美]Curt R.Bartol, Anne M.Bartol:《犯罪心理学(第七版)》,杨波、李林等译,中国轻工业出版社2015年版,第233页。

② 胡向阳、段喆斐:《家庭暴力防治的政策与法律思考》,载《河南警察学院学报》2016年第2期。

③ 费孝通:《乡土中国》,上海人民出版社2006年版,第27—28页。

比如婚姻关系，将男女之间的亲密关系赋予明确的责任和义务，以及收养或者继子女关系，通过法律将一个孩子明确地归属于某一家庭。在婚姻关系、收养关系或者继子女关系中，法律作为纽带联结固化了彼此之间的家庭成员关系。

因此，法律上规定的家庭成员都可以是家庭暴力犯罪的主体，主要指配偶、父母、子女、祖父母、外祖父母、孙子女、外孙子女及兄弟姊妹等。家庭暴力犯罪最为常见的是发生在配偶之间，以及父母和子女之间。

2. 家庭暴力的行为类型

关于家庭暴力的行为类型，有学者狭义地理解为仅包括对家庭成员实施人身攻击所使用的暴力，是一种直接的暴力。但也有学者认为家庭暴力行为还应包括言语暴力、冷暴力、性暴力和经济控制等，而且是长期的、连续的和恶意的。

对此，笔者认为家庭暴力应包括直接暴力和冷暴力两种。直接暴力，由于直接对受害人造成人身伤害，是暴力最为典型的方式。而冷暴力由于不作为可能会造成不亚于直接暴力的严重伤害后果，对受害人的精神层面会造成较大的伤害，因此也不能忽视，如遗弃行为就具有颇为严重的社会危害后果，是家庭暴力中不作为的典型表现形式。至于言语暴力，笔者认为并不构成真正意义上的暴力，并不具有切实的伤害性。性暴力可归属于直接暴力的范畴，而且婚内强奸行为目前并不为主流刑法学界所认同。至于经济控制等通过家庭权威控制家庭成员的行为，如果程度足够严重，在某种程度上可以归类为冷暴力。

3. 家庭暴力的危害后果

偶尔发生的家庭暴力行为难以真正界定为家庭暴力犯罪。家庭生活是由人组成的，日常的矛盾纠纷在所难免。一次两次的争吵、谩骂，甚至打架并不能直接被定性为家庭暴力，因为往往并不具有严重的伤害后果。有些看似家庭暴力的行为，可能是双方表达亲密的另一种行为方式。例如有调查研究发现，男性往往认为女性伴侣对自己的殴打，是撒娇的一种表现，而予以默许。能成为家庭暴力犯罪的家庭暴力行为，应是对被害人造成较为严重的人身伤害或者精神伤害的行为。因此，家庭暴力犯罪应是长期的、连续性的、伴随着恶意的，给家庭成员造成一定程度的人身及精神方面的损害的行为。

（二）家庭暴力犯罪的类型

家庭暴力犯罪按照不同的标准可以分为多种类型。

根据家庭暴力的对象，可以分为代际间的家庭暴力和夫妻间的家庭暴力。其中代际间的家庭暴力，既可以是父母与子女之间的，也可能是父母与祖辈之间的。父母与子女之间的更为常见，典型表现是打骂式教育。父母与祖辈之间颇为少见，发生较多的是遗弃、虐待等消极不履行赡养义务的行为。夫妻间的家庭暴力是最为多见的家庭暴力犯罪形式，也有以暴易暴型、忍气吞声型等多种表现形式。

根据家庭暴力的形式，可以分为直接暴力和间接暴力。直接暴力，即直接对家庭成员进行人身攻击，故意伤害、故意杀害、投毒等。间接暴力的形式可以是遗弃、虐待等不履行法律所规定抚养赡养义务的行为。

根据家庭暴力犯罪者的动机，可以分为教育型、报复型、泄愤型等。教育型家庭暴力常见于父母对子女的教育过程中。父母如果认为对子女的教育方式就是打了才听话，那么子女就非常容易成为家庭暴力的受害者。报复型的家庭暴力，往往是因为夫妻间或者家庭成员间的情感矛盾，或者其他方面不可调和的矛盾，通过诉诸暴力的形式来宣泄。而泄愤型的家庭暴力可能是施暴者遭受了来自家庭以外的社会上的压力或者挫折无处宣泄，转而向亲密的家人发泄的一种表现形式，是一种移位作用的结果。

（三）家庭暴力犯罪的特点

家庭暴力犯罪的特点在上文论述概念的时候已经有所涉及，主要是以下几点：

1. 犯罪对象特定性

大部分犯罪是发生在陌生人之间，彼此之间的不了解和非常少的交集，较利于犯罪人得手和逃脱。但是家庭暴力犯罪却发生在最为亲近的人之间，构成家庭暴力的主体限定为一起共同生活的家庭成员，因此具有对象的特定性。

2. 犯罪场所的隐秘性

由于家庭暴力犯罪发生在共同生活的家庭成员之间，而家对于现代人而言，是一个非常具有私密性的空间，即大多数情况下只有当事人才知晓家庭暴力的发生，因此不易为外人所察觉。而且即使发生了家庭暴力犯罪，中国人的传统文化认为“家丑不可外扬”，往往并不会向外人倾诉，只会“打落牙齿往肚里咽”式的选择忍气吞声。因此，由于犯罪发生场所的私密性和受害人的消极作为，使得家庭暴力犯罪具有一定的隐蔽性。

3. 犯罪具有持续性

不同于盗窃、抢劫等发生过一次就几乎不会再在相同的当事人之间上演的犯罪，家庭暴力犯罪一旦发生，就可能会经常在相同的当事人之间发生，往往是犯罪人对受害人长期的暴力侵害。因为一旦发生对家庭成员施加暴力的行为，就说明有一定的原因驱使犯罪人实施该行为。而由于家庭的封闭性和稳定性，其心理动因往往难以通过外界干预得以消解。如果没有真正从根源上解决实施家庭暴力的原因,一旦负面情绪控制了犯罪人,家庭暴力行为非常有可能重复上演。如果受害人不积极采取措施制止,受害人也非常可能养成习得性无助,从而进入一种恶性循环。

4. 犯罪人有动机合理化倾向

家庭暴力犯罪的犯罪人往往并不认为自己的施暴行为是犯罪。他们认为自己对家庭成员施加的暴力是自己家庭的事,法律并没有干涉的权利。如父母对孩子的家庭暴力行为,他们会认为是正当的教育手段。而有些夫妻间的家庭暴力行为虽然严重,但当事人也都不认为是犯罪,认为只是正常的家庭矛盾。大男子主义倾向的男子甚至认为自己有教训妻子的权利。因此,行为人较少意识到自己的行为是犯罪,往往有合理的理由来文饰其行为。

二、家庭暴力犯罪的心理成因

正如列夫·托尔斯泰所言,“幸福的家庭都是相似的;不幸的家庭各有各的不幸。”家庭暴力的心理成因较为复杂。笔者认为主要有以下几点:

(一) 被害人的习得性无助

家庭暴力犯罪中长期遭受暴力侵害的被害人一般都具有习得性无助的心态。

美国心理学家赛里格曼通过电击狗的实验发现习惯了电击的狗,即使给予其逃脱的机会,也不会逃脱,甚至还没受到电击就会躺在地上发抖与呻吟,他将这一心理现象称之为“习得性无助”。心理学家由此推论“长期陷入无助情境的人,也很可能认为自己不论怎么努力,都无法改变现状,一旦认定这个事实之后,就进入了习得性无助的状态,放弃采取任何有建设性的行动,只是被动接受所发生的一切结果”。①

在家庭暴力犯罪中,因为家庭的封闭性和隐秘性,暴力行为往往是一个长期且不断重复的强化过程。受害者第一次遭受家庭暴力的时候,会采取各种办法应对,诸如回击,逃离等,但由于该种方法并不能真正有效消解家庭暴力的根源,反而可能进一步激怒施暴者,引发更严重的暴力侵害。如果受害者在屡次尝试反抗后,没有取得积极成果,反而遭受更严重的侵害时,非常容易变得顺

① 林肇贤:《心理学了没?》,中信出版社 2014 年版,第 131 页。

从。在家庭暴力行为的重复过程中，施暴者得到了正强化，越发习惯自己施暴者的地位和权威。而受害者的反抗则遭受到了负强化，变得不再积极反抗，如果受害者并不能狠心脱离这一糟糕的家庭关系，就会养成习得性无助的消极心态，从而一味地忍受暴力的侵害。可见，家庭暴力对受害者的身心都是一种较大的摧残和折磨。

（二）施暴者的权威心态

进行家庭暴力的男性一般都具有较强的男子气概，希望通过这种形式提升其对于家庭成员的权威。当人选择诉诸暴力的时候，往往是自身遭受挫折，或者在某方面有所不足。当施暴者觉得自己不符合某些标准，甚至感到恐惧的时候，为了满足其权威的心态，会试图诉诸暴力手段控制他人，尤其是那些比他们弱小的人，以达到自我认同的心理目的。

权威心态也是一种较为危险的心态，代表着行为人具有较强的控制欲和对权力的渴求。“根据相互依赖理论，权力是建立在对有价值资源的控制的基础上。拥有权力的人未必就拥有人们渴望得到的资源；它只要拥有控制人们获得这些资源的能力就已足够”。[①]在家庭关系中，施暴者往往是希望能够掌控其他家庭成员的人，而暴力就是达到其这一目的一种简单粗暴的手段。维护权威可以有多种方法，而施暴者选择暴力这种最不文明的方法，一方面是因为其自身的能力有所缺憾，其内心深处感受到了挫折，从而表现出行为的强势。另一方面是因为其自身情感较为淡漠。“根据较少兴趣原则，在伴侣关系中，对继续和维持亲密关系缺乏兴趣的一方在伴侣关系中拥有更多的权力”。[②]家庭暴力犯罪中的施暴者就是利用了其他家庭成员对其的依恋，满足其自身病态的权威感。

（三）当事人的模仿

有些人的家庭暴力犯罪可能是模仿习得的。

根据班杜拉的社会学习理论，人类的行为是非常复杂的，不可能逐一亲身体验后才能学到经验，往往是通过在社会关系中观察他人的行为，通过行为及其结果的好坏，判断哪种行为是能做的，哪种是不能做的，从而减少了试错和冒险。如今的大众媒体上充斥着各种暴力信息，较易影响受众模仿学习，诸如典

① [美]罗兰·米勒、丹尼尔·珀尔曼：《亲密关系（第5版）》，王伟平译，人民邮电出版社2011年版，第353页。

② [美]罗兰·米勒、丹尼尔·珀尔曼：《亲密关系（第5版）》，王伟平译，人民邮电出版社2011年版，第354页。

型的动作片通过各种武打镜头表现主人公的英雄主义，暴力在媒体的渲染下成为一种值得歌颂的有力手段，会对某些人群营造一个并不良好的榜样，而对于存储了暴力就是一种英雄主义的印象的人群，在遇到矛盾冲突时就更容易重现暴力，从而习得通过暴力手段解决纠纷的不良习惯。

另外，就个人成长背景而言，诸多文献提到了遭受家庭暴力的孩童在长大后，往往也更容易诉诸家庭暴力。理由是从其自身的成长经历中，模仿习得了暴力是解决家庭纠纷的有效手段。但也有文献对此表示质疑，认为人类具有自我恢复的韧性，“儿时受虐的人由于认识和体会到家庭暴力带来的巨大的心理和社会代价，他们比其他人在成年后更不可能去伤害家人”。[①]笔者认为两者皆有可能，被害人遭遇犯罪侵害之后正向转化和负向转化，取决于不同的当事人。遭受家庭暴力和实施家庭暴力之间的因果关系，仍有待进一步实证研究。

(四) 角色与刻板印象

家庭暴力犯罪在一定程度上也与当事人对自己角色的刻板印象有关。

戈夫曼的拟剧理论认为生活中人们像戏剧舞台上的演员一般，有台前幕后两种角色，根据不同的对象，会表现出不同的自我，从而能更好地被他人所接受。其中台前的角色往往是倾注了较大的自我控制力的刻意表现的结果，而幕后的自我则相对而言更为真实。在家庭生活中，由于家的隐秘性，人们往往会更倾向于表现出幕后的真实自我。这在一定程度上削弱了社会舆论对于暴力行为的抑制作用，从而使得暴力行为更容易发生在亲密的家人之间。

另外，在家庭这个舞台上，人们对于自己的角色也有一定的刻板印象。如果父母认同自身作为一家之主的刻板印象，那么往往会在家庭生活中表现出更多的权威性和决断性。当遭遇孩子的反抗时，会更易被激怒，从而诱发暴力行为。如果父母认为祖辈在对其养育的过程中并没有真正的爱护他们，在其成年之后源于亲情的淡漠，加之对老年人软弱无能的刻板印象，亦较可能遗弃或者虐待他们。

就性别角色而言，对自己性别的刻板印象在一定程度上也影响着人们的行为方式。男性一般认为自己应该是有男子汉气概的，更倾向于主导事件的发展方向，在遭遇挫折的时候，更倾向于通过武力解决问题。而女性则更认同自己应该是温柔和顺的，当遭遇纠纷时，应该通过沟通说服去解决问题。这可能和

---

① [美]Curt R.Bartol、Anne M.Bartol:《犯罪心理学(第七版)》，杨波、李林等译，中国轻工业出版社2015年版，第242页。

人类在演化发展过程中，男性主要负责外出狩猎而女性则负责采集和养殖有一定关系。有研究发现，“女性在遭遇这些亲密攻击时，普遍会感到吃惊，并且常常努力去理解它。她们受到爱情规范的影响，鼓励她们‘原谅并忘掉’，她们还受到性规范的影响，认为男性比女性更狂暴冲动”。[①]由此可见，家庭暴力之所以会呈现男性施暴者多于女性，对性别的刻板印象是一个不容忽视的方面。

(五) 挫折—攻击理论

犯罪学的挫折—攻击理论亦适用于家庭暴力犯罪的心理分析。

人们在受到来自社会的压力，或者直接感受到来自家庭的矛盾冲突时，由于无法妥善解决眼前的困境，调试好自己的心理状态，较易产生挫折感。“当指向某一特定目标的行动遭到阻碍，无法继续进行时，这种唤起程度便会增加。同时，人们会感受到一种驱力，促使他们采取一定的行为去降低这种唤起状态。此时，行为不仅被激活了，更重要的是，由这种行为所导致的唤起反映的降低使得行为本身得到了负性强化”。[②]因此，为了缓解挫折感，行为人采取了暴力行为，这虽然在一定程度上降低了行为人的挫折感，但也强化了其实施暴力行为的可能性。下次再产生挫折感时，采用暴力手段缓解的概率就会变高。

由于挫折—攻击理论，家庭暴力犯罪在一定程度上体现出非理性和表达性的特征。“施虐的丈夫和父亲的暴力行为都被视作由挫折感和极端愤怒引起的非理性的和表达性的行为”。[③]暴力是行为人缓解挫折感的一种手段，通过对家庭成员施加暴力，行为人能体会到一定程度的权力掌控感，这是一种心理的移位作用，并不一定带有明确的犯罪指向性和目的性，更多的是一种宣泄的途径。而其之所以选择对家庭成员施加暴力，是利用了家庭关系之间的羁绊所产生的依赖。行为人潜意识中一般认为家庭成员会忍受其暴力行为，并理解其内心的苦闷，而对陌生人施加暴力则会面临较大的回击风险和不能达到通过暴力诉说内心的挫折的目的。因此，家庭暴力犯罪在一定程度上是行为人遭受挫折之后，通过暴力行为表达、化解其内心愤懑的一种不良行为，其本质是对家庭成员的依赖及对其人格的漠视。

---

① [美]罗兰·米勒、丹尼尔·珀尔曼：《亲密关系(第5版)》，王伟平译，人民邮电出版社2011年版，第375页。

② [美]Curt R.Bartol、Anne M.Bartol：《犯罪心理学(第七版)》，杨波、李林等译，中国轻工业出版社2015年版，第136页。

③ [美]Curt R.Bartol、Anne M.Bartol：《犯罪心理学(第七版)》，杨波、李林等译，中国轻工业出版社2015年版，第243页。

上述是家庭暴力犯罪行为的主要心理原因。但犯罪心理是一个复杂而内化的心理过程，具有多变性和隐秘性，不同因素的刺激都会导致犯罪心理的变化，因此，并不能单方面看待，而应该根据具体情况，综合考量之后具体分析。除了上述原因之外，还可能是行为人自身的人格缺陷、外在环境刺激等原因造成家庭暴力犯罪的发生。由于不能体现家庭暴力犯罪的特性，笔者在此概不赘述。

三、家庭暴力犯罪的预防对策

家庭暴力犯罪是一种较为特殊的暴力犯罪类型。因为其犯罪场所是在家庭，因此具有一定的封闭性和隐秘性，通过外界力量干预的措施较为有限，主要还是要依靠当事人通过自身努力积极应对和解决矛盾纠纷。根据上述家庭暴力犯罪的心理原因，笔者认为以下的预防对策能在一定程度上减少家庭暴力犯罪的发生。

（一）营造良好的沟通机制

发生家庭暴力的家庭沟通机制往往存在一定的问题。通常是当人们的沟通不能解决问题的时候，才会诉诸于暴力。因此，虽然家庭是联结个人最为紧密的纽带，但仍可能会存在沟通障碍。

由于天天在一起共同生活，家人间谈论的内容往往比较相似和单调，通常都是分享彼此的日常活动，商量一下家务事等。虽然彼此的距离十分亲近，但分享的内容大多没有新奇感，且由于对彼此的熟知，反倒容易导致忽略彼此的想法，而在情感上变得淡漠。因此，看似十分亲近的家庭关系，如果疏于维护，还是非常容易产生隔阂，成为最熟悉的陌生人的。而日积月累的没有及时通过沟通梳理的矛盾，就较为容易酝酿出家庭暴力。因此，发生家庭暴力犯罪的家庭，往往缺乏良好的沟通机制。

营造良好的家庭沟通机制，需要注重以下两个方面：

一是谈话取向，即家人在讨论各种各样的话题时的开放程度。有着高度谈话取向的家庭的沟通交流不仅更为自由、频繁，而且是自发的。“有着高度谈话取向的家庭把沟通视为一种表达喜爱和愉悦的方式，并借此获得放松。当发生冲突的时候，他们也试图找到适合于所有成员的解决方案”。[①]因此，建议所有的

---

① [美]罗纳德·B.阿德勒、拉塞尔·F.普罗科特：《沟通的艺术》，黄素菲、李恩译，世界图书出版社2015年版，第327页。

家庭能积极创造一些沟通谈话的机会，例如定期全家外出游玩，或者举行家庭会议，增加在家庭饭桌上的交流等。通过采取积极的谈话取向，能有效避免家庭成员间的情感淡漠，而很多家庭问题也能通过沟通交流得以及时地解决。

二是遵从取向，即家人强迫彼此的态度、价值观和信仰保持一致的意愿有多强。“高度遵从的家庭管理沟通的目的在于寻求和谐，避免冲突，促进相互依存，以及取得服从。……具有较低遵从取向的家庭，在沟通时以个性、独立和平等为特征。这样的家庭相信个人的成长应该得到鼓励，并且单个成员的利益要比整个家庭的利益更重要”。[①]有些家庭暴力犯罪的发生就是因为施暴者对受害人的遵从取向有着过高的心理预期。笔者认为良好沟通的态度应该是“你可以不接受我的观点，我的表达你理解就好。我也可以不接受你的观点，但我明白你的想法”。建立在彼此尊重基础上的自由地沟通交流才是良性的，一旦诉诸权威和强迫遵从就会有孕育暴力的危险。

综上，营造良好的家庭沟通机制需要家庭成员努力营造沟通交流的机会，秉持开放的谈话取向，并在尊重彼此意见的基础上，寻找妥协与让步的平衡点。

（二）强化当事人的自我表达

实施家庭暴力行为的人往往在自我表达能力上有所欠缺。家庭暴力的非理性和表达性特征表明当事人往往在表达自身的情感上存在一定的不足。

解决矛盾纠纷的方法有很多种，而暴力是人类最原始、最不文明的一种解决冲突的方法。而且采用暴力的手段仅是使用武力使他人屈服，并不能从根源上真正有效地解决问题。因此，笔者认为暴力的手段是最下策，正如《孙子兵法》所言，“善兵者往往不战而屈人之兵”。面对家庭的矛盾冲突，或者心情上的低落，如果当事人能够坦诚、合理地表达自己的想法，那么暴力并没有用武之地。

如果实施家庭暴力的行为人的自我表达能力有所欠缺，那么其需要通过家人或者外界力量的干预，教导其如何正确地表达自我，赢得他人的尊重和理解，而非通过暴力一味伤害自己所爱且爱自己的家人。良好的自我表达需要一定的技巧。举例而言，如果感到生气，与其说“你伤害了我！”，不如说“听你这么说，我感觉很难过”。因为前者是一种指责控诉的语气，非常容易给对方造成挫折感，引发进一步的攻击性行为表现，而后者则是一种感受的表达，能让对方清

---

① ［美］罗纳德·B.阿德勒、拉塞尔·F.普罗科特：《沟通的艺术》，黄素菲、李恩译，世界图书出版公司2015年版，第328—329页。

晰地知道自己的情绪，且带着一点示弱，更容易赢得他人的尊重和同情。可见，言语的表达也是需要技巧的，如果想更好地让他人听取自己的意见，还可以使用一种叫做“三明治技巧”的说话术，即把希望别人改进的地方，用好听的话“夹在中间”。①

通过学习沟通表达的技巧，当事人可以更好地表达自己的情绪和想法，从而减少使用暴力手段来表达其情绪和诉求，是当事人值得学习的一个方面。

（三）培养施暴者的同理心

亚当·斯密在《道德情操论》中提到我们对他人的痛苦产生同情的根源是通过在想象中与受难者换位。这其实就是同理心的基础，即放下自己的判断，单纯地站在对方的立场，聆听他到底想说什么。家庭暴力犯罪的行为人往往表现出同理心的缺乏，较以自我为中心，而漠视了受害人的想法和感受。这在一定程度上也是沟通的失败。

良好的同理心是建立在双方彼此理解和尊重的基础上的。要求一方表达诉求的时候，并非只顾及自身的感受，而是充分顾及对方的感受，站在对方的立场，矫正自己的想法，提出合理的彼此都能接受的主张。如果一味要求他人接受其观点和主张，此种沟通方式就类似于胁迫行为。通过暴力达到对家庭成员的掌控，是一种实质无效的方式，只会消耗对方对行为人的依恋与宽容，对方往往并不会真正予以接受。而真正高质量的表达诉求是双向的，带着理解的意图，通过沟通使双方都能更了解彼此的想法，至于对方是否改变其态度或行为并不予以强求，其关键是愿意去聆听和理解对方的想法。这是良好的家庭关系建立的基础之一。

但是，培养施暴者的同理心并不是一件简单的事。这与其成长背景、生活环境、个人意志等都有着较大的关联，主要仍然需要行为人自觉改变现状，培养同理心，增强对家庭成员的关怀和理解。在操作层面，需要施暴者认识到其行为的错误性，并愿意接受改变，或者建立在对受害人感到愧疚的基础上。因此，需要受害者的积极努力，通过家庭的纽带和亲密关系影响施暴者的想法，规劝其培养同理心，增进彼此的沟通和体谅。

（四）对被害人进行心理疏导

由于家庭暴力犯罪是一个长期、间断而持续的侵害过程，被害人往往会遭

① 林肇贤：《心理学了没？》，中信出版社2014年版，第215页。

受多次家庭暴力行为的侵害，其心理也会逐渐发生变化，较为糟糕的结果是被害人养成了习得性无助的心态，纵容家庭暴力行为的持续发生。为了防止习得性无助心态的出现，通过社会服务机构提供的心理咨询服务，积极对被害人进行心理疏导，是防止家庭暴力持续发生的有效途径之一。

遭受家庭暴力的被害人主要是已婚妇女。有些遭受家庭暴力犯罪侵害的女性通过离婚、分居等方式离开施暴者，但是也有部分受害者并不愿离开，原因除了害怕遭受更严重的暴力侵害之外，甚至可能是“男性的侵犯式的嫉妒和监视使焦虑的伴侣感到安心，他仍然关心自己”。[①]由此，可见有些家庭暴力犯罪的受害者的心理本身在一定程度上是畸形的。通过社会服务机构提供的义务或者有偿的家庭关系方面的心理咨询服务，能够较好地帮助被害人认清当前的家庭现状及存在的问题，并能通过心理治疗有效缓解其情感中的不安和忧虑，培养其独立自主的健康心理状态。但如果当事人本身是受虐癖，而施暴者正好是虐待狂，基于被害人承诺没有达到重伤程度不构成犯罪的法理，社会并不便予以干预。

(五) 健全社会救助体系

预防家庭暴力犯罪，健全社会救助体系也是十分必要的一项措施。

有些受到家庭暴力犯罪侵害的被害人虽然深受其害，但由于“家丑不可外扬”的心态，以及家庭的私密性往往苦于投诉无门，或者即使报案，公安机关介于其家庭关系，加上并不特别严重的伤害结果，并不轻易认定其构成故意伤害罪。被害人反而因此遭受更加恶劣的家庭暴力侵害。

针对此类需要逃离家庭暴力，但难以逃离的受害人群，社会应当积极发动妇联，以及居委会等社会服务机构的力量，通过健全和完善保障妇女、儿童权益的社会救助体系，帮助容易遭受家庭暴力侵害的妇女、儿童等弱势群体。通过健全完善社会救助体系，除了可以提供给受害人一个安全的“避风港”之外，还有助于对施暴者形成一定的威慑作用。如果其对家庭成员的施暴行为会被有关社会服务机构介入和干预，将打破家庭的密闭性，增加社会舆论对行为人的压力，促进其改变自身诉诸暴力的不良习惯。在某些情况下，社会服务机构作为第三方介入家庭矛盾，可能会积极调和当事人双方的矛盾冲突，引导双方良性转变。

---

① [美]罗兰·米勒、丹尼尔·珀尔曼:《亲密关系(第5版)》，王伟平译，人民邮电出版社2011年版，第376页。

四、结　语

家庭暴力犯罪是较为特殊的一类暴力犯罪。不同于大部分犯罪发生于陌生人之间，其是发生在亲密的家庭成员之间的一种非理性的、表达型暴力犯罪。施暴者的权威心态、被害人的习得性无助、当事人的模仿习得、对家庭角色及性别角色的刻板印象，以及遭受家庭或者社会的挫折而转向对家庭成员实施暴力，都是其发生的心理原因。由于家庭是一个隐秘的空间，加之当事人在传统文化影响下形成的“家丑不可外扬”的心态，使得家庭暴力犯罪往往较少曝光而不利于进行干预和相关的犯罪预防。其犯罪预防主要依赖于家庭成员间自觉培养良好的家庭氛围，以及建立有效的沟通机制，社会服务机构可以起到一定的辅助作用，作为第三者在需要干预时积极介入干预。

The Psychologic Analysis And The Crime Prevention Of Domestic Violence Crime

Abstract: Home should be a place that gives a person warm. However, some family's family atmosphere isn't quite well. The domestic violence crime that frequently happened makes the home which should be a warm harbor, becomes a threatening cage. This article attempts to analyze why the violence crime would happened between family members which should love each other at the angle of psychology, and tries to provide the relevant prevention measures, in order to help such families which suffer the crisis of domestic violence crime.

Key words: domestic violence crime　intimate partner violence　crime prevention

英国典型青少年恢复性司法实践概要

——以苏格兰、威尔士与北爱尔兰地区为例

梁盼盼*

摘要：青少年犯罪问题日益受到社会的广泛关注，对于青少年犯罪问题以及司法制度的研究也成为司法机关和全社会关注的重大课题。英国在青少年司法制度方面多次进行改革并采取了许多具有创新性恢复性的措施。一系列法令的颁布、青少年工作小组的创建以及政府与部门之间的协调合作模式，促进了英国青少年司法制度的完善，并影响了世界范围内青少年恢复性司法制度的改革。

关键词：恢复性司法　青少年恢复性司法　阶段性措施　青少年会议

青少年恢复性司法采用相对温和的方式解决因其犯罪所产生的犯罪人的定罪量刑、受害人的损害赔偿与社区治安的恢复等问题，在很大程度上缓解了诉讼、审判程序对于青少年及受害人的二次伤害。通过恢复性方案的执行，在解决犯罪问题的过程中使青少年犯罪人积极悔罪，认识到自己的行为性质，为预防其再次犯罪打下了基础。

一、恢复性司法的概述

（一）恢复性司法的含义

在英语中，最早使用“恢复性司法”（restorative justice）这个术语的是美国学者巴尼特（R.Barnett）。①对于“restorative justice”，不同的国家或地区有不同的译法，比如日本称为“修复性司法”，我国香港地区将其翻译为“复合公义”，我国台湾地区则将其理解为“修复式正义”。“恢复性司法”是联合国的标准翻译。根据联合国经社理事会2002年第十一届会议题为《恢复性司法》的秘书长报告

* 梁盼盼，华东政法大学2015级公安法学硕士研究生，主要研究方向为犯罪学。

① 刘晓梅：《恢复性司法与青少年犯罪防控》，载《青年研究》2005年第4期。

中的意见,"恢复性司法是承认犯罪不仅经常影响受害者和社区的未来,而且还影响涉案罪犯的未来的一种概念。它寻求尽可能利用受害者和社区的积极和自愿参与方式,恢复受犯罪影响的所有当事方的一切权益"。[①]对于恢复性司法的具体含义,学术界理论众多。其中在国际上接受程度较广的是英国犯罪学家托尼·马歇尔(Tony F.Marshall)在其《恢复性司法概要》一文中的界定,认为"恢复性司法是与某一特定的犯罪行为有利害关系的各方会聚在一起,共同解决如何处理犯罪后果及其对未来的影响问题的过程"。[②]这一定义既把恢复性司法看成是一种反应过程,亦将其看成是一种司法活动的结果。联合国预防犯罪和刑事司法委员会则根据各成员国的不同情况,在第十一次会议草案中对恢复性司法作出了一个更为宽泛的定义,即恢复性司法是指采用恢复性程序并寻求实现恢复性结果的任何方案。这一定义比较笼统客观,总的看来主要包含恢复性程序与恢复性结果。恢复性程序是指通常在调解人的帮助下,被害人和罪犯及受犯罪影响的任何其他人或社区成员共同积极参与解决由犯罪造成的问题的程序。恢复性程序包括调解、调和、会商和共同确定责任。而恢复性结果包括满足当事方的个别和共同需要、履行其责任,及通过实施补偿、归还、社区服务等对策和方案,实现被害人和罪犯重新融入社会。[③]

(二)青少年恢复性司法及其实践

面对日益复杂的青少年犯罪问题,更多的学者呼吁将恢复性司法制度引进到青少年的保护制度之中,这一倡议的提出引起了广泛的关注与支持。作为一种恢复性正义,坚持青少年罪犯对其行为负责的同时,将受犯罪影响的各方通过和平的方式最大程度地参与到司法过程当中,弥补其物质与精神损失,将被犯罪行为所破坏的社会秩序与社会关系恢复到一种平等的理想状态。减少刑事诉讼程序对于青少年罪犯的二次伤害,同时也最大程度的保护被害人的尊严与隐私。

恢复性司法制度最初起源于青少年司法,并且也广泛应用于青少年司法制度中。当代恢复性司法的实施始于20世纪70年代。1974年加拿大安大略省基陈纳市的两个年轻人实施了一系列的犯罪行为,侵犯了22名被害人的财产。在当地缓刑机关和宗教组织的共同努力下,这两名犯罪人与被害人逐个会见,从被害人的陈述中使他们认识到自己的行为给受害人造成的损害和痛苦,从而

① 吴立志:《恢复性司法基本理念研究》,中国政法大学出版社2012年版,第13页。
② 吴立志:《恢复性司法基本理念研究》,中国政法大学出版社2012年版,第14页。
③ 狄小华、李志刚:《刑事司法前沿问题——恢复性司法研究》,群众出版社2005年版,第12页。

不但承认了被指控的罪行，而且半年后交清了全部赔偿金以补偿给被害人的损失。这种被害人—犯罪人的和解程序被视为恢复性司法的起源。由于其出人意料地产生了良好的司法效果，因此鼓舞了更多的人去效仿。到20世纪70年代，在加拿大和美国共出现了10多个类似的项目。[①]新西兰1989年颁布的《青少年家庭法案》是恢复性司法对于青少年犯罪的第一次实践应用。该法案强调社区和家庭在青少年犯罪案件处理中的重要作用，主要针对的是14周岁到17周岁的青少年犯罪。通过召开家庭会议的形式将违法青少年及其家庭成员、受害人及其家庭成员、社区工作者、警察等召集起来，在具有权威性人士的主持下，犯罪青少年真诚承认罪行并对被犯罪侵害的受害人与社区进行修复，弥补由此所产生的侵害，确定赔偿的数额等。澳大利亚则将"修复式正义"引入校园暴力事件的处理以及教育之中，在其全国犯罪预防计划(National Crime Prevention Program)特别订定"初期介入、青少年犯罪及其家族策略"作为回应。美国已有许多与"修复式正义"有关的刑事司法制度正在施行，以阿肯色州的青少年调停计划(Youth Mediation Program)最为著名，该计划在社区中设立社区内调停委员会(Community Mediation Panel)，并由这个委员会来统筹规划"非行"少年的社会复归、赔偿、更生教育以及关系修复再建立等课题。2007年1月，联合国儿童权利委员会通过的《少年司法中的儿童权利》规定："少年司法尤其应推行运用诸如转化和恢复性司法替代措施，将为缔约国提供处置触法儿童可采用的有效方式"，"处理触犯刑法儿童的方式应在于促进他的尊严和价值感，目的是使他们重返社会"。[②]

二、英国青少年恢复性司法的起源与改革

在青少年恢复性司法方面，英国最早起源于其青少年矫正制度。英国最早在刑事司法中实施恢复性司法的是英格兰和威尔士的牛津郡警察局。警方采取召集"恢复性会议"的方式，邀请被害人、犯罪人以及他们各自的支持者参加。被害人和犯罪人各自陈述。犯罪人从被害人的陈述中了解到自己对对方的伤害，被害人在接受犯罪人真诚的道歉后提出合理赔偿等要求。这样做的最明显的效果是减少了犯罪率。牛津郡采取恢复性司法后，零售店的被盗率降至4%，而其他地区则高达35%。到20世纪90年代，英国正式把恢复性司法纳入到了

① 张浩：《试论恢复性司法及对我国行刑工作的借鉴》，南京大学法学院编印2012年版，第70页。
② 曾建东、陈新美：《恢复性司法视角下未成年人司法的反思与构建》，载《法治论坛》2010年第1期。

青少年司法系统内。[①]

在英国，1997年执政的工党政府把恢复性司法的原则和实践纳入青少年犯罪司法系统。[②]在青少年犯罪问题上政府将其纳入社会综合治理的范围当中，而恢复性司法作为一项长期坚持的制度，应将其逐步适用于作为特殊对象的青少年犯罪中，以期在司法程序与制度上实现青少年犯罪人的轻刑化发展。英国政府1997年的白皮书认为，恢复性司法所进行的改革主要遵循三个原则：(1)恢复(Restorative)：年少的犯罪人向他们的被害人道歉并且赔偿损失；(2)重建(Reintegration)：年少的犯罪人对社会进行补偿，并重新融入社会；(3)责任(Responsibility)：年少的犯罪人(和他们的父母)直面违法行为的后果，并承担防止进一步违法的责任。[③]

自1997年至2003年间，英国青少年司法制度先后进行了改革，通过一系列改革措施使得英国的青少年司法逐步走上正轨。如1998年罪案及不当行为法例中强调设立"青少年司法委员会"、"青少年犯罪特别工作组"等地方组织专门处理青少年犯罪问题。同时引入了一系列刑法，包括"少年安全令"、"父母令"、"行动计划令"、"反社会行动令"等专门应对青少年犯罪的处遇措施；1999年青少年司法和犯罪证据法例主要涉及把复合司法延伸到包括处理青少年罪犯的个案当中；2000年刑事法庭权力法例则针对青少年的"社区令"、"拘留和培训令"以及罚款准则进行了具体和细化；2001年刑事司法及警察法例修订了"少年宵禁令"，提出了将犯有严重罪行的青少年判处到"地区政府收容所"；2002年刑事司法法例在青少年罪犯的羁押期、父母令等方面进行了细化修订，同时引入了个人支援令与设立综合社区令等；2003年的反社会行为法例则强调警察在青少年司法中的重要作用，以加强学校、政府、青少年犯罪特别行动组与反社会行为青少年父母之间的相互合作，促使青少年罪犯在良好的社会大环境中实现人性化的处遇。

三、英国典型的青少年恢复性司法实践

青少年恢复性司法在英国自起步之日起逐渐受到该国的重视与发展，其理念被多数国家所接受。就其实践的进程与发展的成果来看，在恢复性司法理念

---

① 张浩：《试论恢复性司法及对我国行刑工作的借鉴》，南京大学法学院编印2012年版，第71页。

② 麦高伟：《英国刑事司法程序》，姚永吉等译，法制出版社2003年版，第480页。

③ A hakkert(ed.), *No more excuses: A new approach to tackling youth crime in England and Wales*, European Journal on Criminal Policy & Research, 1998, pp.279—291.

指导下，英格兰、威尔士与北爱尔兰在这方面尤为突出，推出了许多针对青少年犯罪人的创新性、恢复性举措，在青少年恢复性司法制度发展过程中发挥着重要的作用。

（一）英格兰与威尔士的阶段性措施

1. 起诉前阶段的恢复性措施。1997 年之前，唯一的恢复性司法方式是在起诉前阶段，依赖于警察或其他人员的自由裁量权，把犯罪人转处到数量受限的志愿调解和补偿项目方案中去。在这一框架之下实行一种非法定警告制度，即将一般的没有严重到立即起诉的犯罪青少年由警察进行单一谴责即所谓的初次警告，如果他们再次犯罪，就进行最后警告，并就此提出各种针对被害人的补偿性措施。同时被进行最后警告的青少年犯罪人也要求参加“改变项目方案”，这一方案主要是通过刑事和解的方式来解决他们的犯罪行为，通常犯罪人需要写道歉信给被害人或者是各方共同通过参加会议的形式来解决。泰晤士河区域附近的警察局将青少年犯罪人的恢复性司法的会议形式取代了原先的警察警告制度。该会议鼓励犯罪人承认罪行并通过真诚悔罪的形式来进行。这个会议主要有三种举行形式：当有犯罪人及他们的家庭成员参加时，这个程序通常被称为“恢复性警告”；当有被害人参加时被称为“恢复性会议”；当广泛的与本案无关的社会成员参加时即所谓的“社区会议”。这一会议形式获得了政府的大力支持并以内部指导的形式发布给所有的警察局。

随后该地区又对非法定警告制度进行正规化与法规化的改革，政府在审查了恢复性司法策略后，实行了一项附条件警告的新方案，该方案促使第一次犯罪或者较轻犯罪的、认罪伏法的未成年犯罪人从起诉处理转到特定条件处理。附条件警告只授权由检察官提出建议，他们也决定了可能附加到附加条件警告的条件。这样的条件有两类：一类目的在于康复的条件；另一类目的在于补偿的条件，可能包括实际工作、作出道歉、支付合适的赔偿或者参与某种类型的恢复性司法程序。该项举措赋予了检察官享有一般自由裁量权即根据案件的性质将案件从起诉转处到被认为是合适的部门中去，体现了检察机关在对青少年犯罪方面的专属裁量权，是由警察主导向检察主导的逐步转变。

青少年的恢复性司法实践方案反映了“儿童中心”支撑的苏格兰的未成年人司法制度，该项制度普遍考虑儿童犯罪人的需求，尤其是其福利需求，除非犯罪的性质特别严重。在实践中，这意味着在得到《儿童报告人》证实没有关于儿童的福利关注事项后才能发布恢复性警告，在苏格兰儿童听证制度下儿童福利关注事项会使案件的处理更加适当。

2. 定罪程序中的替代性措施。在英格兰和威尔士,因第一次犯罪被指控和认罪的大多数未成年犯罪人,现在以“转处令”的方式处理。转处令程序可以被视为是一种半强制性的处理措施,其持续期限可能是3个月到12个月。准确的期间由法院根据犯罪的严重程度决定。被转处的程序通称为“未成年犯罪人专门委员会”,该委员会包括从一个预先批准的名单中选出来两名非专业社区成员和地方预防未成年人犯罪工作小组的一名成员——地方预防未成年人犯罪工作组是由多机构的工作人员组成的一个组织,在各个地区内负责协调和提供未成年人司法服务。该专门委员会提供了一个平台,在这个平台上,未成年犯罪人、他或她的父母、专门委员会成员共同讨论犯罪及其影响,如果可能的话,达成合议形式的结果。结果主要采取补救或者康复措施的形式;也可能包括限制行动。在达成这种合议形式下假如犯罪青少年顺利完成了,专门委员会程序则会根据1974年《犯罪人康复法》,抹去犯罪记录。这种抹去是与布雷思韦特的重新融入性羞耻理论相一致的——重新融入性羞耻理论以羞辱违背人们的愿望和有可能产生相反结果为由反对不消除或模糊羞辱。如果不能达成合议或违反合议,那么未成年犯罪人就要被建议退回法院再次被判刑。①

为了与国际上著名的儿童听证会制度相衔接,苏格兰地区提出了一项创新举措——“未成年犯罪人调解方案”,这一方案是由“苏格兰维护社区和减少犯罪协会”于1996年通过注册登记建立起来的。该方案以表现出犯罪行为模式迹象的犯罪人为对象,遵循报告人给儿童听证会的建议,寻找探讨儿童犯罪人与被害人之间调解的可能性。②该项制度将会作为当地恢复性司法评估的一项重要指标被纳入其中,同时也使得儿童听证会报告人受到当地司法机构的监督与质询。儿童听证会作为一个儿童权利的展现平台,通过诉诸于司法的形式来维护青年儿童等的合法权益,保护他们免受不公正的待遇。

3. 量刑程序中的关联性措施。未成年犯罪人的量刑主要是由法院进行的,但近年来法院的量刑权也逐渐发生了变化,在青少年恢复性司法方面的一个重要举措就是延期量刑的提出。即允许法院在规定的期间内延期判处刑罚(英格兰与威尔士允许法院延期量刑的期限可以达到6个月)。同时这也是英格兰与威尔士恢复性司法最早的创新之处。在缓刑判决之后法院可以“监督需求”的方式来实现对于青少年犯罪人量刑上的具体替代措施。

---

① [英]格里·约翰斯通、[美]丹尼尔·W.范内斯主编:《恢复性司法手册》,中国人民公安大学出版社2012年版,第342—350页。

② [英]格里·约翰斯通、[美]丹尼尔·W.范内斯主编:《恢复性司法手册》,中国人民公安大学出版社2012年版,第351页。

从1998年开始，补偿令与行为计划令在青少年量刑程序中具体应用，这两个措施均包含了恢复性司法的思想元素。补偿令是指当青少年的行为被法律或者相关部门定义为违法行为后，法院根据被害人的同意向违法青少年及其家属发出"赔偿命令"以期对被害人进行物质与精神的赔偿，对社会进行正义性恢复。赔偿的形式是多样的，根据犯罪青少年所造成的危害程度，可以采取书面道歉、经济赔偿、精神赔偿等方式，但最重要的一点是取得被害人的同意。在英国，"行为计划要求"一般为期3个月。不过，英国的"行为计划要求"常用于相当严重的违法者，以防止其以后实施类似的行为。根据英国1998年的法令，"行为计划要求"中可以要求违法者实施下列行为的一部或者部分：①在特定的时间参加特定的活动；②亲自会见一个特定的人；③出席一定的场所；④禁止经常出入某一特定的场所；⑤遵守特定的教育要求；⑥赔偿同意接受赔偿的被害人或者社会；⑦参与法院要求的听证。[①]补偿令主要针对的是常规低层次刑罚，而对于更加严重的、可能以中等层次的社区刑处理的未成年犯罪人，行为计划令是更为适宜的干预措施。其目的是把补偿与其他康复或刑罚元素结合起来，用以处理犯罪行为并且预防再次犯罪。

(二) 北爱尔兰的青少年会议

在青少年恢复性司法方面，借鉴了以警察领导为主线的恢复性警告模式，并且提出其针对的对象是17岁以下的未成年人。除了这个举措，北爱尔兰政府还正式把恢复性司法方式整合为针对面临指控的未成年犯罪人的主流应对措施。根据2002年的《司法(北爱尔兰)法》，在北爱尔兰已经实施了未成年人会议制度。主要表现为"未成年人会议服务"，又称为"青少年会议"，但最初只适用于生活在贝尔法斯特地区的10—16岁的未成年人，到2007年初已扩大到北爱尔兰的各个领域。青少年会议采用了恢复性司法的平衡模式。这种模式旨在在受害者、应当对犯罪造成损害承担责任的青少年，以及他们所在的社区之间寻求一种需求和利益的平衡。未成年人会议制度主要有两种类型：转处未成年人会议与法院判决未成年人会议，这两种会议在北爱尔兰青少年恢复性司法制度中具有十分重要的地位。

1. 转处未成年人会议

转处未成年人会议，又称"检察院移送的青少年会议"，该会议是在检察机关将案件转交之后进行的，如果未成年人同意这个程序、承认犯罪，则按照建议

① 袁彬：《恢复性司法与青少年心理恢复》，载《青少年犯罪问题》2004年第4期。

由国家监察机关召集,否则就以指控的方式处理案件。转处未成年人会议主要是以圆桌会议的形式召开的,其中作为协调人员、青少年、警察和一个合适的成年人必须参加该会议,缺少其中的任何一方,圆桌会议都不能进行。作为合适成年人,主要是指青少年的父母,如果该青少年在福利院或者父母不适宜参加,那么就可以指定一名社工参与,同时该合适成年人必须是已满 18 周岁的人。而且青少年会议允许聘请律师顾问作为咨询者的角色参与其中。会议通常是按照警察陈述案情、青少年进行案件描述、受害人提问与参与会议者观点阐述的流程进行的,会议的结果是指定和达成“青少年会议计划”,该计划的实施期间不超过一年。在实施之前必须获得青少年的同意,并且让青少年清楚地了解到不遵守计划的后果。一般来讲在转处未成年人会议中,通过的计划将被送至检察机关,检察官会分析研究该计划并决定是否接受该计划。如果检察官接受了计划,那么计划将记录进青少年的犯罪记录,但并不属于对青少年的定罪。在会议没有达成一致计划的前提下,会议的支持人需向检察官出具一份详细说明的书面报告。在没有达成计划或者检察官拒绝了计划的情况下,检察官将会对如何起诉作出决定,此时青少年将会被交付起诉,他们也将会重新进入到正常的刑事司法程序中。①

2. 法院判决未成年人会议

作为另外一种青年会议的模式——法院判决未成年人会议,是在新西兰家庭小组会议模式的基础上发展起来的。新西兰的家庭小组会议模式在范围和融合程度上非常类似于未成年人司法制度内的改革。在北爱尔兰多数案件中,假如犯罪人承认犯罪或者被判定有罪,在犯罪人与被害人同意的前提下,犯罪人将会由青少年会议机构来处理,在会议过程中一旦开始了未成年人的谈判会议计划,被害人将不会退出会议,在形成会议结果时,协调人可能建议对犯罪人施加监禁刑或者非监禁刑。在会议中法院仅作为一种建议机构,对于未成年人会议的建议具有强制性,但不具体插手案件,直到青少年会议支持人向法院提交书面报告。法院收到书面报告后,将会有三种选择:一是可能接受计划,并将其作为对青少年的判决;二是可能接受计划,但是根据会议主持人建议并获得青少年同意时,法院可能对青少年判处监禁;三是可能拒绝计划,并且依法行使司法权处理案件。一旦计划获得法院的认可,那么它就成为青少年会议命令。青少年会议命令将会作为一种定罪载入青少年的犯罪记录。②同时会议会吸收

① 狄小华、刘志伟:《恢复性少年司法理论与实践》,群众出版社 2007 年版,第 158—163 页。
② 狄小华、刘志伟:《恢复性少年司法理论与实践》,群众出版社 2007 年版,第 164 页。

政府部门的公务员而非警察或者社区代表作为会议协调人，这一举措进一步加强了政府对于法院判决未成年人的政治干预，具有政府主导的性质。

在北爱尔兰，法律规定，假如青少年不遵守计划或者命令，将会被举行目的在于谈论不守约的会议。对于青少年情况的监督主要由青少年会议官员实施，并且在发生不守约时，官员需要寻找原因并强调遵守计划的重要性。具体来讲，当青少年故意违反青年会议计划或者会议命令时，会召开几次比较重要的会议。首先，会举行比第一次更为深刻的一次会议，会议目的在于探讨青少年不遵守约定的原因，并以此来对青少年不守约的情况进行批判促使其尽快改正；假如在这次会议之后青少年不守约的现象继续存在，那么就可以根据青少年的表现情形采取不同的有针对性的措施：1.针对转处未成年人会议计划的违反，一般情形下将会采取修改会议计划或者采用诉讼程序的方式。就修改计划而言，首先需要满足一定的条件，即修改计划首先是十分恰当而满足实际需要的；其次该修改方案获得了检察官、青少年等的同意，否则修改计划将无法实现，各方的同意是其前提条件。而对于严重违反转处未成人会议计划的青少年，才会引发针对青少年的诉讼程序，通过诉讼途径实现对于青少年犯罪人的处罚。2.在法院判决未成年人会议中提出的计划若被违反，法院将采取下列可供选择的方法之一。不守约将会引起对法律程序的违反。作为对违反计划的惩罚，法院可以作出强制社区服务命令。除此之外，法院还可以作出以下选择：(1)撤销青少年会议命令；(2)修改青少年会议命令；3.延长青少年会议命令的执行期间。如果青少年会议命令被完全撤销，那么青少年将会被重新起诉，恢复到他们罪行刚被发现的原始状态。如果法院决定修改青少年会议命令，法院必须征得青少年的同意，并且通知有关各方。如果青少年会议命令是由刑事法庭作出的，在开庭前，法院可以对青少年采取拘留措施，也可以在缴纳保释金的基础上予以释放。无论在检察院移送或者法院指令的青少年会议中，当由于青少年不守约导致计划或者命令被修改时，最好的实践要求青少年会议官员通知受害人。①

恢复性司法体现了一种修复性正义，不仅体现在对于受害方、社会的恢复，同时也是对于犯罪人的修复。通过具体非刑罚性措施的替代性运用，在具体的制度当中融合同情、原谅与对人权的尊重的价值观。英联邦国家的实践向我们展示了恢复性司法在青少年司法领域中的具体运用与发展，同时也展示了各个国家在恢复性司法方面的创新性措施以及由此所产生的较好的社会效果。作

① 狄小华、刘志伟：《恢复性少年司法理论与实践》，群众出版社2007年版，第166页。

为青少年司法制度新的发展趋向，青少年恢复性司法一改传统的报应刑理念，随着促进刑事和解、调解制度在青少年犯罪问题上的完善发展，进一步落实了刑罚轻刑化与个别化在青少年中的具体应用，迎合了刑事司法内在的价值要求。恢复性司法模式将在青少年犯罪防控中发挥越来越重要的作用。

A brief overview of the restorative justice practice in the UK: —a case study of Scotland, Welsh and Northern Ireland

Abstract: The problem of juvenile delinquency has attracted extensive attention of the society, the research on juvenile delinquency and the judicial system has become a major concern for the judicial organs and the whole society. The British in the juvenile justice system reform in many aspects and has adopted many innovative restorative measures. A series of decree, coordination and cooperation between departments and create mode the government and youth working group, to promote the perfection of the juvenile justice system, and the impact of the worldwide reform of juvenile restorative justice system.

Key words: restorative justice juvenile restorative justice stage measure youth conference

女性反人伦犯罪问题浅析

——以晏某杀女儿案件为视角

徐 钰*

摘要：女性反人伦犯罪者一般具有完全的刑事责任能力。此类女性犯罪人往往具有情绪起伏大、易波动、自尊心不适宜的强烈；软弱性、被动性、无限忍耐性；焦虑、敏感、恐惧、高紧张性；低独立性、低自控性、低智慧性的人格缺陷。应当从加强女性思想文化教育、女权意识教育和提供保护女性的社会环境三方面提出针对性的犯罪预防措施。

关键词：反人伦犯罪　精神病　抑郁症　女性犯罪　人格缺陷

一、女性反人伦犯罪问题的浮现

"慈母手中线，游子身上衣"，每逢说到母亲这个人物，我们本能联想到的总是母爱、无私奉献、任劳任怨的形象。自古以来，女性往往有着温柔贤惠、善良淑德的形象，而当这个女人成为母亲时，那种由内而外爆发出的母爱，更让女人的形象变得高大神圣。然而在我们歌颂母爱、赞美母亲的时候，一件件似乎颠覆了母亲原先的角色设定而暴露残忍的母亲杀害亲生子女的反人伦案例频频出现，它们不仅总能在第一时间成为各大媒体关注的焦点，并引发群众广泛的惊嘘和指责，还在潜意识里一步步地撕碎母亲在我们心中应有的模样，也让我们逐渐意识到关注和研究女性犯罪人这一特殊的犯罪群体的必要性和紧迫性。这一类案例因为其涉及特殊直系血缘关系和违背固有的人伦道德而变得更加特殊。因而，为了防止更多母亲陷入堕落和毁灭的深渊，同时也为了保护因此而受到伤害的孩子尤其是几乎没有抵抗和防备能力的未成年人，我们急需从现存的案例中探究和总结此类女性犯罪现象的特点及其存在原因，通过对此类女性反人伦犯罪的犯罪心理进行分析，提出相关性极高的预防措施，防止悲剧的进一步扩大。

---

* 徐钰，华东政法大学2015级公安法学硕士研究生，主要研究方向为犯罪学。

晏某是一名曾花4年时间坚持为患先天性耳聋的女儿作康复训练的“好母亲”，却在5岁女儿上幼儿园的第一天亲手结束了自己女儿的生命。

2016年2月24日，5岁女儿童童(化名)要去幼儿园报名，她终于能像正常孩子一样上幼儿园了。童童1岁时被发现患有先天性耳聋，在母亲晏某的陪伴下，经过4年康复训练并依靠助听设备，基本能像正常孩子一样开口说话，能与人交流了。

当天上午9时许，丈夫秦某打电话给妻子晏某，询问报名事宜，但无人接听。此后多次拨打，仍无人接听，再后来发现妻子的手机关机。当晚6时许，秦某报警称母女俩失踪。不久，晏某给秦某回了一条短信：“你不要找我了，我要去陪童童。对不起，是我害了你。”当晚12时，妻子的电话终于打通了，秦某在硚口一家小旅馆找到妻子和女儿时，已是次日凌晨1时。旅馆房间内，地上有血和破碎的啤酒瓶，晏某的手腕有伤痕，而躺在床上的童童手脚冰凉，早已身亡。

据晏某交待，2月24日上午，她带童童出门后，想到外地去，当时也不知自己在想些什么，坐公交车乱转，公交经过硚口长丰大道时，她看到这里有很多小旅馆，就下车了，给童童买了一碗面吃。母女俩后来进了一家小旅馆，晏某让童童看了一会电视，安排她睡觉。待童童睡熟后，晏某用围巾捂死了童童，她自己想割腕自杀。“我当时只想和孩子一起走”。①

这篇新闻报道一出便引起广泛的关注和讨论，人们在感叹悲剧的发生、缅怀孩子的同时也不禁发出疑问：一位为女儿和家庭如此付出的“伟大”母亲，为何最终会做出这样一种疯狂到几乎无法让正常人理解的行为呢？听闻这个消息的人们开始怀疑是否因为这位母亲患有精神疾病所以会做出这种反人伦的行为？这位母亲是否具有完全的刑事责任能力？

(一) 晏某并不是精神病患者

根据晏某丈夫出具的资料，晏某在案发前已经患上了“心理疾病”。从秦某向记者出示的病历来看：从2014年起，晏某就因抑郁症就医。2015年10月，晏某再次怀孕，考虑到家庭经济困难，担心肚子里的孩子可能又有先天性疾病，选择做了人工流产。晏某的婆婆说，此后，晏某很少和人说话，足不出户，经常失眠。所以，“生活的压力，家庭的贫困，孩子的残疾，自身的疾病加上小产后的抑

① 《女子历尽千辛让耳聋女儿说话　入学第1天将其杀害》，网易新闻网，http://news.163.com/16/0428/11/BLO1JITV00011229.html，访问日期：2016年6月28日。

郁，压得她精神崩溃，导致悲剧的发生”，[①]丈夫秦某如此解释妻子杀女悲剧的动机，但真正的犯罪动机又是否如此呢？在悲剧发生时，晏某称其带女儿在街上乱转却不知道自己在做什么，在将女儿杀害后她又试图割腕自杀。这一系列现象结合起来不免让人怀疑甚至相信晏某是精神病患者，并且其表现更像是一位抑郁症患者的所作所为。但是笔者认为，晏某并不是精神病，其具有完全刑事责任能力。

第一，《刑法》第 18 条所指的“精神病人在并不能辨认或者不能控制自己行为的时候造成危害结果，经法定程序鉴定确认，不负刑事责任”中的“精神病”的概念不完全等同于现代精神医学中的精神病。从精神医学角度讲，传统的“精神病”用于特指精神分裂症等少数重症精神疾病，精神医学把它称为“精神病性精神障碍”，其他则归为“非精神病性精神障碍”。而司法精神病学界和刑法界比较一致的看法是我国刑法中所说的精神病除了几类严重的精神疾病即精神病性精神障碍，如精神分裂症、感应性精神病、分裂情感症精神病以外，还包括严重职能缺陷或精神发育不全和精神病等位状态。严格来说，非精神病性精神障碍都是不算精神病的。[②]

第二，能够成为法律上认可的不负刑事责任的“精神病人”，则必须符合“不能辨认和不能控制自己行为”的条件，具体来说就是此类精神病人在行为时并不能辨认和理解自己行为的性质，即其不认为自己的行为是犯罪，并且其行为往往是在妄想与幻觉的支配下发生，是心理与现实的脱节。这与英美国家的麦克纳顿规则实际上是一致的。麦克纳顿规则认为，只有在满足以下两项条件时，法院才能免除被告人的刑事责任：1.被告患有使他丧失合理思维能力的精神病；2.因患精神病，被告不能理解自己行为的性质或不知道自己的行为是错误的。[③]因此一定要明确一个范围，那就是不是所有的“精神病人”都可以免除刑事责任，只有那些在实施犯罪行为时患有精神病性精神障碍的人才有资格免除刑事责任。换言之，无刑事责任能力的确认，不仅要符合“精神病”的司法精神学鉴定标准，更重要的是结合其行为时的心理因素和法律依据来判断行为发生时行为人是否处于完全不能辨认或不能控制自己行为的无责任状态。也就是说，只有当特定的行为人被确定患有医学上的精神病，同时被认定其疾病符合刑罚所规定的心理条件，才能最终确认该行为人无需对相关危害社会的行为承担刑

① 《女子历尽千辛让耳聋女儿说话　入学第 1 天将其杀害》，网易新闻网，http://news.163.com/16/0428/11/BLO1JITV00011229.html，访问日期：2016 年 6 月 28 日。

② 陈和华：《犯罪：环境诱因与人格缺陷的结合——杨佳案件心理分析》，载《犯罪研究》2009 年第 2 期。

③ 马跃：《美国刑事司法制度》，中国政法大学出版社 2004 年版，第 121 页。

事责任。[1]

那么，晏某是否可以被认定为不负刑事责任的“精神病人”呢？显然不可以。首先，晏某能够清晰认识到自己在做什么，对自己的行为具有完全的辨认和控制能力。当童童的父亲秦某给晏某发信息寻问其位置时，晏某先是不予回复，后是明确告诉丈夫不要找她，她要去陪童童，并说了“对不起，是我害了你。”从晏某的上述行为可以看出，晏某当时的意识非常清晰，她意识到自己在做一件“我害了你”的错事，其内心对于丈夫有明显的愧疚之意，说明其在行为时具有辨别是非的能力，已经认识到自己的行为是违法犯罪并有违道德人性的，而由此产生了罪恶感。晏某在一开始不回复丈夫信息以及在杀害女儿后试图割腕自杀的行为都表示其试图掩盖犯罪行为和“弥补”所作所为，想用自己生命的完结作为整个事件的句点，不给自己的家庭带来巨大的影响也不让自己心怀愧疚，更像是一种“自我辩解”：把所有的责任都揽在自己身上，用“一命抵一命”的方式去达到想像中的“公平”。因此，可以看出晏某当时的思维意识是非常清晰、正常的。

其次，从晏某杀害童童的手段和方式上看，其也是具有辨认能力和控制能力的。晏某在杀害童童前还带她吃面条，带她住旅馆，陪童童看电视，并哄她睡觉。这一系列的行为，都是一个正常的透着母爱的母亲的所作所为，一点也看不出有任何精神病爆发的前兆。更重要的是，晏某选择待童童熟睡以后用围巾将其捂死的手段来进行杀害，其选择的方式具有相当大的温和性，更能体现晏某杀害女儿时的于心不忍与清醒理智。

再次，晏某杀害女儿的犯罪行为动机明确。案发后，湖北弘愿律师事务所彭湘英律师受武汉市法律援助中心指派为晏某提供法律援助。2016 年 3 月 15 日，彭湘英律师在武汉市第一看守所会见了晏某，其神情憔悴，多次落泪。以下是彭律师回忆和晏某之间的一段对话。

“问：你为什么要杀死孩子？

答：我感觉自己走到哪里都是多余的，只会拖累家里，拖累老公，我怕孩子长大了跟我一样没用、受苦。”[2]

从晏某的事后反应和对话中可以明显看出，晏某理智清晰并且其犯罪行为具有明确的目的，那就是不让孩子和自己一样成为整个家庭的负担。像这样一

① 陈和华：《刑事心理学新编》，北京大学出版社 2009 年版，第 142 页。

② 《女子历尽千辛让耳聋女儿说话　入学第 1 天将其杀害》，网易新闻，http://news.163.com/16/0428/11/BLO1JITV00011229.html，访问日期：2016 年 6 月 28 日。

个能明确犯罪目的的行为人，其意识状态很难再认定为是“精神病人”，其在行为的选择上明显具有深思熟虑和“趋利避害”性，并不是因为一时的激情冲动更不是出现幻觉或妄想而不晓得和不能控制自己的所作所为。

长期的辛苦劳累和现实贫困生活的差距，女儿先天性耳聋带来的失落和压力等等因素诱导着晏某萌生出用生命的消亡来结束一切“恶性循环”的念头。而案发当天与女儿独处的特殊机会，在丈夫无法了解其行踪从而进行控制干预的情况下，和街头一家不易找到且封闭隐私相对安全的小旅馆里，在上述各种有利条件下，晏某对女儿实施了加害行为，这表明其在行为时完全具有辨认和控制其行为的能力。“犯罪行为是个人自由选择的结果，正因为犯罪行为表现了犯罪人的自由意志，犯罪人应当对其自由选择的犯罪行为承担责任。”[①]综上所述，晏某对于自己在做什么，自己的行为会产生怎样的后果都是有非常清晰的认识的，她在行为当时便已经认识到自己的行为是恶的，具有完全的辨认能力，并且其完全“合理”的思维能够进行犯罪手段和方式的选择，具有完全的控制能力，所以说她不可能是精神病人。

（二）晏某也不能被认定为抑郁症患者

抑郁症状为心境障碍的一种临床症状，抑郁症是以显著而持久的心境低落、思维迟缓、认知功能损害、意志活动减退和躯体症状为主要临床特征的一类心境障碍。[②]抑郁症严重困扰患者的生活和工作，给家庭和社会带来沉重的负担，约15%的抑郁症患者死于自杀。抑郁症病情严重度的最主要标志是观察其有无强烈、持续的自杀观念和行为存在而非一般性厌世心情或者一时性的自杀动机，这在典型的扩大自杀或间接自杀案例都可以发现。扩大自杀是病者具有强烈的自杀观念，但又出于不让活着的亲人受苦的动机，对他人采取杀害性行为，其杀害对象常选择最受他们爱抚的人，如孩子、丈夫等，因此又称为家族杀人。[③]晏某的行为虽然看似符合扩大自杀的范畴，但其实际上对于自身的犯罪行为有着清晰的认识，其行为特征与原来的人格也无太大出入，晏某并不存在持续而强烈的自杀观念，其心理出现的一些问题和障碍并未达到严重精神病性抑郁症的强度，因此晏某不具有法律上所说的可以限制其刑事责任能力的精神障碍，甚至晏某并未患有精神病学上所认定的“抑郁症”。当然，究竟晏某是否患有抑郁症应当由更加专业严谨的司法鉴定机构去鉴定，但是其鉴定结果绝不可

① 吴宗宪：《西方犯罪学史（第一卷）》，中国人民公安大学出版社2010年版，第102页。

② 江开达：《精神病学北京》，人民卫生出版社2005年版，第123—124页。

③ 郑瞻培：《抑郁症的司法精神病学鉴定与责任能力评定》，载《中国神经精神疾病杂志》1990年第2期。

直接作为判断其刑事责任能力的依据。"临床上常用的 Hamilton 抑郁量表能反映疾病的严重程度,但鉴定时所测得的量表分只能反映鉴定时的情绪障碍程度,而不能说明作案时的情绪状况,而且应当考虑到作案后拘禁环境对心理的影响,因此适用性有限"。[①]精神病医生的鉴定更多是对受审时能力的鉴定而不是行为人当时行为的精神状况的分析鉴定。从某种程度上来说,单凭司法精神学对行为人的精神鉴定很难真实再现当时的心理活动场景,因此其鉴定结果必须要结合当时的行为等各方面因素深层分析,而这最后的决定权应当交在法官的手中,由法官结合一系列法律相关因素进行衡量。

(三) 鉴定"精神病人"具体应考量的因素

1. 在被害人的选择上。如果行为人选择的犯罪对象更具有随机性的话,那么判断行为人患有精神障碍的可能性更高。本案中晏某选择的犯罪对象是与其朝夕相处的亲人,是其含辛茹苦耗时 4 年之久坚持每日为其做康复训练好不容易才教会说话的女儿。晏某选择女儿作为犯罪对象绝不仅仅是随机选择的结果,更体现其犯罪行为是经过深思熟虑并事出有因的。

2. 看其行为与原来人格的联系。如果行为人在实施犯罪行为时的行为特征明显与其平时的人格不相符合,那么其行为时患有精神障碍的可能性更高。本案中晏某即使是在实施犯罪行为时的行为表现也与其原先的人格并无冲突,带女儿吃面条、陪其看电视、哄其睡觉这一系列行为均和平日里那个爱她教育她任劳任怨不离不弃的母亲形象没有出入。晏某行为的背后所体现的自我逃避、消极对世的态度与她素日里全身心扑在女儿和家庭上孤僻的生活作风、自卑沉闷不善沟通的性格特点、消极压抑自我否定的思想态度并没有产生明显的差距,其作案时的心理特征是相对稳定的。

3. 看其案发后对自己所作所为的态度。如果行为人在案发后在司法机关的控制下依旧不认为自己的行为是犯罪,那么其有相当大的可能性患有精神障碍。本案晏某在杀害亲身女儿之后即在信息中表达了对丈夫的愧疚之情,一句"我对不起你"就说明晏某已经认识到自己行为的违法性和危害性,另外在晏某和其律师的对话中,晏某也表达了其后悔的心态,自始至终,她对自己行为属于违法犯罪的认识和定性都是清晰明确的。

4. 反向看其动机。如果行为人的犯罪动机很明确,则其一定不是精神病。精神病性精神障碍之所以无刑事责任能力就是因为行为人完全不能辨别和控

① 郑瞻培:《抑郁症的司法精神病学鉴定与责任能力评定》,载《中国神经精神疾病杂志》1990 年第 2 期。

制自己的行为，而一个人如果在行为时对自己的犯罪动机非常明确的话，说明其具有理性思考的能力而故意实施了不理性的犯罪行为，恰恰体现了其正常的意识思维能力和辨认控制能力。晏某实施杀害女儿的行为，就是希望女儿和自己一起离开人世，不再成为家人的累赘。犯罪动机是犯罪人个性（人格）的不良倾向在消极环境和条件下，进一步膨胀和歪曲的结果，同时，犯罪动机的产生和实施，又反过来深化犯罪人个性（人格）中的不良倾向。犯罪动机的形成体现为以下三个连续的过程：1.需要不能满足；2.缺乏调节能力；3.决定采用犯罪手段。①从晏某的案例中可以分析出，晏某犯罪动机的形成是由于其基本的生活需求长期得不到满足。晏某、秦某均来自农村，童童 1 岁时被查出患有先天性耳聋，但夫妻俩从未放弃，齐心协力带女儿到各大医院治疗，花了不少钱。案发后，秦某向司法机关递交一份谅解书。在谅解书中他说，他和晏某夫妻恩爱、家庭和睦。晏某勤俭持家，孝敬公婆，在家人、亲朋、乡邻眼里都是个好媳妇。“生活的压力，家庭的困难，孩子的残疾，自身的疾病加上小产后的抑郁，压得她精神崩溃，导致悲剧的发生”。秦某以被害人父亲的身份，请求司法机关能对妻子从轻处罚。②从晏某的生活经历来看，上天似乎对她是不公平的。本身并不富裕的家庭又遇到疾病的双重折磨，秉持着对孩子不离不弃的决心每天辛苦操劳无怨无悔，却又不得不在经济和身体的压力下经历流产，逐渐变得忧郁而丧失对于生活的信心。对晏某来说，其婚后生活似乎没有一天是轻松愉悦的，女儿先天性耳聋的康复过程异常艰苦，很容易摧毁一位母亲内心坚强自信的最后防线。她亲身经历着现实与理想的巨大差距，简单快乐、轻松舒适、一家人其乐融融、身体健康的愿望对她而言就是遥不可触的天际，这种挫败感让晏某的需求达到了极度不满的程度，从而成为激发行为的动力，当个体缺乏调节能力，决定采取犯罪手段的时候，犯罪动机由此形成。晏某本身不善与人沟通的性格、遇到问题容易消极应对的态度，以及长期在高压下形成的抑郁的气质让其在需求得不到满足的时候缺乏良好的心理素质和调节能力。另外案发当天的一系列“有利”条件又诱导着晏某采取反社会的犯罪手段和方式来满足自己的需求。利用母女独处的机会，在无人知晓相当隐秘的旅馆以及其实施犯罪行为时几乎不会被他人干预制止的一系列有利于犯罪的条件下，晏某最后选择了犯罪行为，形成了明确的犯罪动机，将亲生女儿杀害于睡梦之中。这种犯罪动机也反过来强化了晏某自我逃避、消极对世、自我毁灭的不良人格倾向。

---

① 陈和华：《犯罪动机的本源、性质和形成》，载《政法论丛》2010 年第 2 期。

② 《女子历尽千辛让耳聋女儿说话　入学第 1 天将其杀害》，网易新闻网，http://news.163.com/16/0428/11/BLO1JITV00011229.html，访问日期：2016 年 6 月 28 日。

因而，以上 4 点应当是在司法精神鉴定中作为判断行为人是否是辨认能力和控制能力受损的“精神病人”时所必须考量的因素。

二、晏某杀女案背后的犯罪原因分析

女性犯罪是由女性进行的违法犯罪行为，是犯罪学领域中一个较为特殊的类别。[①]作为一类特殊的群体，其犯罪特点也必然因其特殊的生理因素、心理因素、社会因素而与男性犯罪人在犯罪类型、犯罪手段、心理特征和行为选择上有着诸多不同。然而，长期以来，我国大陆缺乏对女性犯罪的研究。女性犯罪研究在心理学、犯罪学、甚至是妇女研究中都是一个弱点，至今仍然处在起步阶段。对于妇女犯罪的研究实际上处于双重边缘地位，或者可以说，是被双重边缘化的：处于社会学研究的边缘——被社会学边缘化；以及处于妇女研究的边缘——被妇女研究边缘化。[②]而本文所讨论的这一类女性反人伦犯罪由于其特殊的犯罪对象（行为人的子女）和特殊的犯罪手段（暴力杀害）而更具有特殊性。下面让我们通过晏某杀女案来分析其犯罪心理的形成和犯罪行为发生背后的原因，试图找到预防此类女性反人伦犯罪的有效途径。

任何犯罪心理的形成和犯罪行为的发生都是主客观因素相结合的结果，具体来说，犯罪就是外在环境诱因和内在人格缺陷相结合的结果。[③]近代刑法学大师冯·李斯特就把犯罪原因归结为两类原因，即社会原因和个人原因。他指出“犯罪一方面是犯罪人的个人特征的产物，另一方面，也是犯罪当时犯罪人周围的社会关系的产物”。[④]犯罪的产生必定是个人和环境两个因素相互作用的产物，人格特征本身并没有对错之分，只有在社会关系和环境的影响下区分为正常人格和缺陷人格后，缺陷的人格部分才对犯罪行为的形成产生促进作用；同样的，社会关系环境想要体现其作用和影响力则必须通过个人的行为表现出来，当遇到具有人格缺陷的特殊群体时其中不良的环境影响因素会被吸收，成为犯罪行为发生的诱因。

那么晏某既然不是“精神病人”，又为何会对自己的亲生女儿痛下杀手呢？“行为人之所以做出这样的决定，以及要实施危害社会的行为，是由其反社会人

① 刘建清：《论女性犯罪及其心理特征》，载《中华女子学院学报》1997 年第 3 期。
② 王金玲：《妇女与本土：近 20 年来中国大陆的妇女犯罪研究》，载《浙江学刊》2002 年第 6 期。
③ 陈和华：《犯罪：环境诱因与人格缺陷的结合——杨佳案件心理分析》，载《犯罪研究》2009 年第 2 期。
④ 吴宗宪：《西方犯罪学史（第二卷）》，中国人民公安大学出版社 2010 年版，第 576 页。

格或者人格缺陷所导致”。[①]有必要先对晏某的内在人格缺陷进行分析。晏某作为一名女性更是一位母亲，她的生活一直经历着穷困潦倒和女儿患有先天性疾病的双重压力，长期在这种环境中生存，晏某形成的人格缺陷主要体现为以下几点：

（一）情绪起伏大、易冲动

人在面对高压环境的时候极易出现情绪不受控制的情况，而女性由于其特殊的生理构造，如女性的月经现象对其生理、心理状况会产生明显的消极影响，女性进行的许多犯罪都与其月经的过程有着密切的联系。[②]晏某长期面临着生活上的巨大压力，这份压力有的来自于家庭，有的来源于社会，有的则来源于晏某自己给自己的压力。一旦这些压力不能被抑制住的时候，便会造成负面情绪的一次性爆发，从而产生导致犯罪发生的危险可能性。

（二）自尊心不适宜的强烈

一些学者认为自尊心较强是女性犯罪率少于男性的一个重要原因，因为女性大多数在意面子和别人的看法，不愿意轻易从事违法犯罪行为。但过于在乎别人对自己生活的评价，缺乏调节手段，自身的法律道德修养和心理素质较弱时，犯罪行为就很可能在其不适宜的自尊心下促成。晏某在案发后与律师的对话中说她走到哪里都觉得自己是多余的，怕女儿和自己一样成为别人的累赘。这看似自毁式的表述却恰恰相反地体现出晏某内心深处对于希望自己能成为家人的骄傲或依靠的一种追求，而正是由于这种永远无法满足的自尊心，才导致晏某最后内心防线的崩溃和自我毁灭。试问，如果晏某对别人的评价毫不在乎，毫不介意自己是否是整个家庭的“拖油瓶”，那么她还会做出这样的行为吗？当一个人已经不顾自己的脸面和别人的看法，变得毫无自尊心的时候，是不会因为自身的不足而产生自我毁灭的想法的。

（三）软弱性、被动性和无限忍耐性

世界各地之所以都不约而同的形成了呵护女性、保护女性的文化传统，是由于女性本身具有的软弱性、被动性，让她们常常处于弱者的地位。“被动性是

---

① 梅传强：《犯罪心理生成机制研究》，中国检察出版社2004年版，第60页。

② 刘建清：《论女性犯罪及其心理特征》，载《中华女子学院学报》1997年第3期。

女性犯罪的基本心理特征”。[1]大部分的女性家暴受害者在受到丈夫的暴力后并不会起身反抗，更不用说是诉讼离婚。一方面是因为其身体较为瘦弱，在与男性打斗中确实不占优势，但更重要的原因是女性自身的软弱与被动性。她们大部分会选择为了孩子、为了家人、甚至是为了维护自己在外的形象，对暴力行为忍气吞声，一忍再忍。但是这种无限的忍耐性背后有着不断沉积的怨恨和反抗情绪，一旦累积到了极限，便会因为一件小事甚至是毫无征兆的瞬间全部爆发，其负面情绪的巨大能量往往体现在犯罪手段的残忍性上。

（四）敏感、焦虑、恐惧、高紧张性

女性的软弱、懦弱往往伴随着胆小、敏感、恐惧等性格特点，对同样一件事物，因为其情感更加细腻、对外界事物有着更为敏感的感受力，女性通常表现出更多的焦虑与恐惧，因而多愁善感则更多被用来形容女性的个性。但是这种敏感背后必然隐藏着脆弱，使她们容易对外界的一点刺激产生过强过激的反映，从而产生焦虑甚至是自毁的心理，在面对压力与挫折时无所适从，只能选择逃避退缩或是自暴自弃。

（五）低独立性、低自控性、低智慧性

晏某家庭的全部收入都来源于其丈夫秦某，作为家庭中的一分子，晏某对这个家庭不能给予任何金钱上的支撑，只能承担照顾家庭成员的责任。这种低独立性一方面让晏某跳不开贫穷被动的怪圈，另一方面让晏某丧失了拥有能改变自己生活的能力，她永远无法享受到因为自己的成功而给家庭带来快乐的喜悦感。而低自控性和低智慧性则体现在晏某面对这种困境时其自身找不到合理有效的调节与改进的方法。这受限于她自身的文化水平、法律道德修养和心理素质调节能力，又因为缺乏科学分析能力，使其容易误入歧途而选择了犯罪的方式去“解决”问题，对自己犯罪心理的形成不能进行及时的制止和矫正。

当然，上述的人格缺陷单独存在时并不必然导致晏某犯罪行为的实施，“个体自我调节能力缺乏或不足即人格缺陷，则容易在面对诱因时产生犯罪行为”。[2]只有内在的人格缺陷与外在环境诱因相结合的时候，才致使其实施了杀害亲生女儿的暴力行为。而晏某犯罪的环境诱因是其对于生活的基本需求长期无法满足，连像正常人家一样过简单朴素的生活愿望她都无法实现，女儿的

① 王金玲：《妇女与本土：近20年来中国大陆的妇女犯罪研究》，载《浙江学刊》2002年第6期。
② 陈和华：《犯罪原因分析的技术路径》，载《法学》2013年第8期。

先天性耳聋、家里的贫困潦倒，使其在长期高压的环境中形成了挫败感和抑郁的气质。而犯罪发生的当天母女独处的机会，在无人知晓并且相当隐秘的旅馆，则诱导着晏某最终实施了犯罪行为。

综上，在特殊的高压生活环境里，晏某自身已经存在诸多的人格缺陷，又在外在环境诱导的共同作用下产生了其杀害亲生女儿的犯罪心理。

三、探寻此类女性反人伦犯罪的预防措施

"刑事心理学在研究犯罪原因和惩治犯罪对策方面有其不可替代的作用：1.为采取预防犯罪的措施提供心理学依据；2.为制定刑事案件的侦查、预审和审判的策略提供心理学依据；3.为教育、挽救和改造犯罪人提供心理学依据"。[①]当晏某杀害女儿的犯罪心理逐渐露出水面的时候，也为我们预防此类女性反人伦犯罪提供一些思路。

（一）加强女权意识教育，提高女性的自我认可程度

在我国许多的女性都存在对自我的怀疑和否认态度，这与女性在社会经济中的弱势地位以及在社会分工中的角色有一定联系。然而这种状态长时间习惯性的存在，导致许多妇女在不知不觉中已经默默接受了这样的设定，认为自己确实不能像男性那样具有创造性甚至相信自己天生就是不如男人的。这种错误的认识与女性内心渴望体现自己的存在价值的真实向往发生强烈的冲突，使其内心产生越来越多消极负面的情绪，很容易陷入极度的自卑当中，进行自我怀疑和否定，从而形成潜在的危险的人格缺陷。与此形成鲜明对比的是西方的女权主义运动已经轰轰烈烈地从法国大革命时起进行了200多年，其倡导两性权力完全平等、维护女性权利、利益的理念盛行于世。西方精神分析女性主义的主要论点是：妇女受压迫的根源深藏在妇女的精神内部。精神分析女性主义者认为，妇女行为方式的深刻根源在于妇女的精神、心理层面。[②]导致晏某犯罪心理产生的最重要的原因是其在长期的精神压迫下所形成的人格缺陷。因此增强两性平等的文化宣传，尤其是加强我国女性的女权文化教育，提升其对女性身份的自我认同感和骄傲感，改变其面对生活和社会的精神态度，对于预防此类女性具有不可忽视的作用。

---

① 陈和华(主编)：《刑事心理学新编》，北京大学出版社2009年版，第2页。

② 李晓光：《从女权主义到后女权主义——西方女性主义/女权主义的理论转型》，载《思想战线》2005年第2期。

（二）加强女性文化素质教育，提高其思想认识水平

由于自身文化素养的缺少，使许多女性在面对挫折困境时，往往不能理智地思考分析，找出合理有效的解决方法。因此加强女性的文化素质教育，一方面可以提升其受挫应变能力，通过文化知识的学习在提高心理素质的同时，掌握法律知识、树立法律观念，从而提升其自我控制的能力，不会轻易误入违法犯罪的歧途，更懂得用法律武器通过法律途径合法有效地保护自身合法权益；另一方面，文化科学素养的提高，给女性提供了更多的就业机会，让其拥有实现自我价值的更多可能性，从而提升其对生活的积极性和快乐感，更有利于减少犯罪行为的发生。“提高其思想认识水平”，其实更强调的是女性对于“家庭”的定位和认知。在晏某杀女的此类女性犯罪中，反而能看出其对家庭的格外“重视”。这一类女性在案发前往往是格外重视家庭的，尤其体现在对家庭成员的照顾上，然而之所以造成如此巨大的行为反差，根本在于其对“家庭”的定位发生错误。女性一旦忽视和外界生活的联系，把家庭作为自己所关注的全部焦点，甚至对自己所有行为的评价也都是从家庭角度出发，那么其更容易在家庭出现困难坎坷时，出现心理崩溃的现象，丧失对其生活的一切期待和希望。

女性主义的一位著名代表人物南茜·乔多罗的《母职再生产》是从女性角度诠释弗洛伊德精神分析理论的重要著作。她的主要论点是：“家庭心理动力，尤其是孩子与母亲之间的‘对象——关系’促使两种社会性别人格定型。这两种社会性别的特点——男人行动独立，相对不受情感影响；而女人则互相依赖而且容易情绪波动——为男人和女人接受各自在社会和经济中的角色作好了准备。男人的特点使他们在社会化大生产中发挥作用；而女人的特性有利于她们发挥再生产，特别是母职再生产的职能”。[①]可见，女性情绪起伏大、依赖性强的个性形成离不开“家庭”对她们的强烈影响。女性本就是情感细腻的生物，其对家庭的过度重视很容易导致她们的思想变得狭隘偏激，也让她们在这个家庭的存在感变得很低。身边的人总把目光聚集在孩子甚至是身为劳动主力的丈夫身上，而很少关注到这一类女性的心理和精神状态，甚至有些已经到了情况很严重的地步，以至于丧失了及时矫正和安抚的最佳时机。家庭固然是一个女人生命中无可取代的重要部分，但是合理定位家庭在其生命中的地位，为自己寻找在家庭之外的其他一些生活兴趣，拓宽自己的心境和胸怀，适当地增加与外界的沟通，学会用合理的方式宣泄和舒缓自己内心的压力，必定可以降低妇

① [美]约瑟芬·多诺万：《女权主义的知识分子传统》，赵育春译，江苏人民出版社2003年版。

女因为家庭问题而走上犯罪道路的概率，这也就是提高妇女思想认识水平的目的所在。

（三）提供保护妇女的社会环境，扶持贫困家庭

晏某悲剧的发生离不开其个人因素，也离不开其所在的社会环境因素。因此想要更及时有效地预防此类犯罪行为的再发生，就需要通过环境预防改变现存的社会不利因素。社会应当形成一个保护妇女的大环境，为更多的妇女提供平等的就业机会和相对稳定的生存条件。经济和社会生活的失范与混乱，是当前女性不满情绪的重要根源。它直接导致女性对社会安全环境的深切忧虑，导致其价值观念的混乱与迷茫。所以要深化改革，加强长期的有效的制度建设，大力加强市场经济秩序和社会生活规范秩序建设。[①]

女性作为社会的弱势群体，为促进其享有与男性平等的权利，应当对其提供更多的保护。必须贯彻实行《妇女权益保护法》，发挥妇联的职能和作用，支持致力于维护女性权益的相关社会公益团体，同时从家庭关系、劳动分工、社会民主三方面入手，去切实解决真实存在于女性群体之中的各种困难。在我国，社会、集体、家庭，构成了保护妇女合法权益的层层屏障，这正是保护女性尤其是女青少年健康成长的良好环境。但是，如果这些保护环境出现问题，特别是女性直接依存的家庭保护环境出现破损，如得不到良好的教育，个人正当权利没有保障，无安宁感、温暖和幸福感，孤独、寂寞，有的甚至连生存都受到威胁，加之一些女性特别是女青少年又极端缺乏自我保护的意识和自我保护的能力，因而容易受到来自于外界的消极因素影响，或陷入不良的群体，无疑，这极易促使她们走上违法犯罪的道路。[②]为女性提供一个更为公平有序的生活环境，诚然对于减少导致其犯罪的根源性因素和诱因性因素具有重要作用。

另外，贫穷作为许多学者认可的一大重要犯罪原因，在此类女性犯罪中也被更清晰地表现出来。“我们手头上现有的关于女性的暴力行为的犯罪研究显示，女性犯罪也具有和男性相似的根源——极度贫困、负面的家庭和学校经历，以及劣势的生存环境”。[③]晏某生活的家庭如果本身是富裕殷实的家庭，那么在面对女儿患有先天性疾病这个事实时，相信她会处理得更加妥善而不会在本就紧张疲惫的心理基础上又产生如此巨大的心理压力，最终导致犯罪心理的形

① 黄志洁：《女性犯罪心理形成的原因及预防对策》，载《法制与社会》2009年第28期。

② 赖修桂：《浅析女性犯罪的特点、原因及预防》，载《中央政法管理干部学院学报》1997年第3期。

③ ［美］斯蒂芬·E.巴坎：《犯罪学：社会学的理解（第四版）》，秦晨等译，上海人民出版社2011年版，第321页。

成。可以说，贫穷、疾病就像一摞摞沉重的稻草，一步步压垮了这位母亲。因此，扶持贫困家庭对于这些把家庭视为全部的母亲来说则具有非常大的意义，生活的环境一旦被改变，此类犯罪就可能直接被扼杀在萌芽阶段。

四、结　　语

想要更好地预防女性反人伦犯罪案件的发生，应当充分考虑其案件的特殊性，抓住此类女性的特殊身份，通过分析她们的犯罪心理找到更具有针对性的办法。不仅要对导致犯罪行为产生的大环境进行改变，还要对这些女性进行心理上的矫正和抚慰，改变其犯罪人格。本文在这里引用晏某杀害女儿的案例是想借此呼吁更多的学者通过对一个个生动鲜明的案例的实证研究，科学分析并总结出此类女性犯罪人的犯罪心理，从而了解其实施犯罪行为的原因，及时采取相应的犯罪预防措施，实现预防此类女性犯罪再发生的目的。

A Brief Analysis of Female Ethics Crime
—*By the case of Yan who killed her daughter*

Abstract: Female ethics offenders generally with full criminal responsibility ability. These female offenders often become emotional, volatile, inappropriately self-esteem, weakly, passive, anxious, high sensitive, fear, tense and have infinite patience, low independence, low self-control, low intelligence personality defect. We should prevent this crime by strengthening woman ideology cultural education as well as feminist consciousness education, and improving the social environment of women protection.

Key words: the ethics of crime　insanity　depression　female crime　personality defect

论少年司法与儿童福利的体系性衔接

孙 鉴*

摘要：在我国司法改革进程之中，少年司法长期与普通刑事司法界限模糊，不少理论与实务界人员将少年司法仅理解为"少年刑事司法"。然而少年司法无论是历史渊源还是现实需要，始终与儿童福利相辅相成。在国家亲权理论和儿童利益最大化原则的指导下，我们以独立的《少年法》与《儿童福利法》为核心，通过感化教育、观护帮教等保护处分措施帮助他们回归社会，充分体现出明显的儿童福利倾向，正所谓"你中有我，我中有你"。

关键词：少年司法　儿童福利　保护处分

在漫长的历史长河中，人类的理性发掘虽会有停顿，却始终不会停息。在人权被埋没的中世纪欧洲，托马斯·阿奎那(Thomas Aquinas)作为经院主义哲学的神学家，却将理性引进神学，用"自然法则"来论证"君权神圣"，提出人作为独立的个体而进行自由选择的权利。[①]经过文艺复兴、启蒙运动的洗礼，不仅是成人，儿童作为独立个体的自然权利也逐渐被重视起来。正是在这样的背景下，19世纪末20世纪初，少年司法与儿童福利几乎同时进入了人们的视野。但是，就二者的关系而言，有实务部门人士认为，"虽然少年法院是作为社会福利机构产生于19世纪与20世纪之交，但从其基础理念到社会实践都充满了与'福利'相背离的因素，与其说是建构儿童福利的神话，倒不如说是对儿童福利的剥夺"。[②]即少年司法中不应存在儿童福利的色彩。此种观点的存在恰是反映了我国司法改革进程中对于少年司法的误解，即少年司法长期与普通刑事司法界限模糊，以至于部分人士将少年司法仅局限于"少年刑事司法"之中。但从广义的少年司法范围来看，其应包括少年刑事司法、少年民事司法与少年行政司法等。

---

* 孙鉴，华东政法大学2015级公安法学硕士研究生，主要研究方向为犯罪学。

① 阿奎那认为，被人们看成是有效指引他们考量、选择和行动的标准给他们提供某种指导，这种标准并不是通过预测他们会去做什么事情来指导他们，而是通过一种道德性的指引来指导他们，即自由选择的可能性。参见[英]约翰·菲尼斯：《自然法理论》，吴彦编译，商务印书馆2016年版，第18页。

② 高键、王淇：《少年司法福利性之质疑》，载《预防青少年犯罪研究》2012年第3期。

而儿童福利，从狭义来看，一般指代国家对处于困境状态的儿童及家庭的福利保障，这种困境儿童各项权利的实现无疑对预防和减少少年犯罪有着积极的作用。从广义来看，儿童福利是一个普惠性概念，即联合国在《儿童权利宣言》中确定的"凡促进儿童身心健康发展，与正常生活为目的的各种努力事业，均称之为儿童福利"。这种广义的儿童福利概念则是将少年司法纳入了其中。应该说，无论是理论基础，还是立法保障，抑或是实务操作，少年司法与儿童福利均是相辅相成的关系。正所谓"少年强则中国强"，做好其二者的体系性衔接工作，不仅对少年司法或儿童福利事业本身的发展大有裨益，更是为整个社会的儿童[①]提供应有的权利保障，进而为法治国家、法治政府、法治社会的构建打下良好的基础。

一、少年司法与儿童福利的理论基础衔接

1899 年，美国伊利诺伊州库克郡建立世界上第一个少年法院，标志着少年司法的正式诞生。相对于成年人来说，儿童是弱势群体，他们有着自身的特性，也有与成年人不同的需求，他们依赖父母，亦依赖国家和社会，因此对于"困境儿童"——不守法纪(disorder)、无人照管(dependent)的儿童，需要国家、社会、家庭给予特别关怀。美国的少年司法制度就是这样从儿童福利制度之中萌芽及发展起来，根植于儿童福利制度，因此带有浓厚的福利色彩，可以说少年司法制度本身就是国家给予儿童的一种福利。[②]从背后的理论支撑来看，无论是少年司法，还是儿童福利，均体现出浓厚的"国家亲权"与"儿童利益最大化"的色彩。

(一) 国家亲权理论

国家亲权理论滥觞于英国撒克逊王安希尔斯坦(Athelstan)时期，有学者认为，从发生学意义上讲，国家亲权理论产生的最初动因是对有产者少年的保护，而非一种博爱性的平等保护，故并不带有福利性的色彩。[③]诚然，国家亲权本身最初的含义是指国家居于无法律能力者(如未成年人或者精神病人)的君主和监护人的地位，并有权对少年犯进行保护性的管束。但是发展至今，国家亲权的概念也在被不断地充实与丰沛。通常认为，如今国家亲权理论有以下三个内

① "儿童"、"少年"、"青少年"、"未成年人"有着不同的概念范围，但在儿童福利与少年司法共同出现时，通常均指代 18 周岁以下的人。在无特殊说明的情况下，本文的"儿童"与"少年"同义，均指 18 周岁以下之人。

② [美]玛格丽特·K.罗森海姆等编：《少年司法的一个世纪》，高维俭译，商务印书馆 2008 年版，第 11 页。

③ 高键、王淇：《少年司法福利性之质疑》，载《预防青少年犯罪研究》2012 年第 3 期。

涵:首先,认为国家居于未成年人最终监护人的地位,负有保护未成年人的职责,并应当积极行使这一职责;其次,强调国家亲权高于父母的亲权,即便未成年人的父母健在,但是如果其缺乏保护子女的能力以及不履行或者不适当履行监护其子女职责的时候,国家可以超越父母的亲权而对未成年人进行强制性干预和保护;再次,主张国家在充任未成年人"父母"时,应当为了孩子的利益行事,即应以孩子的福利为本位。①

体现于少年司法之中,国家亲权理论首先为国家对各类罪错少年的干预提供了合法化的基础。更为重要的是,与传统刑事司法相比,在国家亲权理论指导下的少年司法则认为报应主义是与少年之福利相悖的,干预的目的不是为了惩罚,而是为了少年的福利。即少年司法的运作超越了罪与刑之间的传统对应关系和根本性的排斥报应主义观念,而追求的是对罪错少年的矫正与使其回归社会。对于传统的儿童福利事业而言,国家亲权理论认为作为每一个孩子的"最终监护人",国家有权利、也有义务为每一个孩子的发展谋福利。同时,对于那些处于困境状态的儿童与家庭,国家更应及时的介入与帮扶,满足其必要的物质与精神需求。

(二) 儿童利益最大化原则

儿童利益最大化原则首先由联合国《儿童权利公约》所确定,其第 3 条第 1 款规定:"关于儿童的一切行动,不论是由公私社会福利机构、法院、行政当局或立法机构执行,均应以儿童的最大利益为一种首要考虑。"所谓"最大",就是要以儿童的健康、幸福和尊严为首要,以儿童的生存与发展为追求,以儿童的有效参与为优先,以儿童的优先保护、特殊保护乃至无差别歧视为根本,这同时也是我们考虑一切儿童问题的出发点。

显然,儿童利益最大化原则并非仅适用于少年司法,而应将其纳入到全体儿童福利事业的考量之中。但是,少年司法需要遵循儿童利益最大化原则,并应以儿童利益最大化的实现为最高目标。具体而言,少年司法对罪错少年进行干预,其主要关注的应当是少年福利保护的需要而不是根据其危害社会的行为进行相应的惩罚。正是在这样的原则指导下,我们在少年司法的处遇措施选择上,会更倾向于选择那些非监禁、非惩罚性质的保护处分措施,如罚款训诫、观护教育、工读教育、家庭教养等。即便是在非家庭性质的机构中执行,也会基于

① 姚建龙:《国家亲权理论与少年司法——以美国少年司法为中心的研究》,载《法学杂志》2008 年第 3 期。

"儿童必须生活于家庭之中"[①]的儿童福利理念，提供类家庭式的处遇。正是如此，有学者认为美国的少年法院更像是"儿童福利机构"而非"法院"。[②]质言之，所有保护处分的发动与执行均应当首先与少年的健康成长和福祉的需要相称，体现儿童利益最大化这一根本原则。

二、少年司法与儿童福利的立法体系衔接

法治建设初期的重点在于立法，一套完善的法律体系是现代法制的标杆。就少年司法与儿童福利而言，其二者均隶属于少年法律体系的范畴之中。而我国当前的少年法律体系，则表现为"两法一专章"的设置——《未成年人保护法》、《预防未成年人犯罪法》与《刑事诉讼法》中的"未成年人刑事案件诉讼程序"专章规定。值得一提的是，此次专章设置，既明确了未成年人刑事案件的"教育、感化、挽救"方针与"教育为主、惩罚为辅"原则；又完善了法律援助、严格限制逮捕、分案处理、讯问和审讯时到场制度及一律不公开审理等未成年人特有的权利；更是确立了附条件不起诉、社会调查、犯罪记录封存制度等特殊制度，可谓充分体现了宽严相济的刑事政策与对未成年人合法权益的特殊关护，具有深远的价值。但是总体来看，此"两法一专章"的少年法律体系，尽管《未成年人保护法》与《预防未成年人犯罪法》明文规定"有关部门"、"有关机构"等青少年工作机构，但究竟所指何方却语焉不详、模棱两可。同时，在规定"家庭保护"、"学校保护"、"社会保护"及"司法保护"后，《未成年人保护法》中并未专章规定"政府保护"，使得一些具体保护措施常流于形式。总体而言，与英美日等发达国家相比，仍具有一定的差距。

从世界范围内的少年立法实践来看，主要有三种立法模式：儿童福利主导型、刑事司法主导型与福利、司法二元型。例如，芬兰的《儿童福利保护法》就确定了对于儿童犯罪不能依靠刑事司法管辖，而是对儿童采取特别保护措施，充分体现出儿童的需求，并赋予当地社会福利委员会有权把儿童从父母的监护下转移到福利机构监护。而德国的《少年法院法》则逐步脱离了儿童福利，向成人刑事司法逐渐靠拢，立足于少年犯罪的预防与矫治。但是如日本等国，则是采取儿童福利与少年司法双轨运行的机制，既为全体少年的健康成长提供充分的福利保障，又对处在越轨边缘的少年进行及时的介入与矫治。

---

① 郭静晃：《儿童福利》，扬智文化事业股份有限公司2004年版，第21页。

② 姚建龙：《国家亲权理论与少年司法——以美国少年司法为中心的研究》，载《法学杂志》2008年第3期。

应该说，无论采取哪种立法模式，少年司法与儿童福利二者本身并不存在一条明显的界限，反而常常以“你中有我”、“我中有你”的姿态出现。如美国2002年修订的《少年司法与罪错预防法》(Juvenile Justice and Delinquency Prevention Act of 2002，JJDPA)，对其核心内容进行了重大的调整，主要表现为实施青少年“非行”预防项目、促使青少年对自己的行为负责、为他们的能力发展提供机会，并通过大额基金的支持、项目研究和技术支持提高儿童福利和社区安全，在公共安全和困境少年的需要之间寻求平衡。尽管是一部少年司法领域的专门立法，但是其亦体现出了丰富的儿童福利色彩，完美的诠释了如何将少年司法与儿童福利进行良好的衔接。

值得一提的是，2014年12月18日，最高人民法院、最高人民检察院、公安部和民政部联合发布《关于依法处理监护人侵害未成年人权益行为若干问题的意见》(以下简称《意见》)，针对困境儿童受到的虐待、忽略、伤害及其他影响身心健康发展的问题日渐突出，提出如果存在七类情况时，人民法院可以撤销监护人资格。[①]虽然此次《意见》的出台并非属于普惠型的儿童福利，但是突出强调了国家对于部分困境儿童应当承担的监护与照管责任。有学者认为，此次《意见》的出台“标志困境儿童尤其是困境家庭儿童福利与司法保护服务成为中国儿童福利工作的战略重点，具有划时代和里程碑式的历史意义、现实意义、理论意义、政策意义、社会工作专业意义和全球性意义”。[②]

在少年法律体系之中，存在两大支柱性法律，即为独立的《少年法》[③]与《儿童福利法》。前者是集少年司法实体、程序甚至包括组织法于一身的独立的特殊部门法。虽然其规制的对象为罪错少年，但此《少年法》在国家亲权理论与儿童利益最大化原则的指导下，对四类罪错[④]行为采取非刑罚的保护处分，充分体现出对少年权益细微关怀的福利性色彩。而后者同样是在上述两个理论基础

① 这七类情况分别是：(1)性侵害、出卖、遗弃、虐待、暴力伤害未成年人，严重损害未成年人身心健康的；(2)将未成年人置于无人监管和照看的状态，导致未成年人面临死亡或者严重伤害危险，经教育不改的；(3)拒不履行监护职责长达6个月以上，导致未成年人流离失所或者生活无着的；(4)有吸毒、赌博、长期酗酒等恶习无法正确履行监护职责或者因服刑等原因无法履行监护职责，且拒绝将监护职责部分或全部委托给他人，致使未成年人处于困境或者危险状态的；(5)胁迫、诱骗、利用未成年人乞讨，经公安机关和未成年人救助保护等部门三次以上批评教育拒不改正，严重影响未成年人正常生活和学习的；(6)教唆、利用未成年人实施违法犯罪行为，情节恶劣的；(7)有其他严重侵害未成年人合法权益行为的。

② 刘继同：《中国特色现代少年司法体系建构与儿童家庭社会工作者专业使命》，载《福建论坛(人文社会科学版)》2016年第3期。

③ 在不同的国家，司法型少年法典的名称各不相同，有《少年法》、《少年法院法》、《少年事件处理法》、《少年司法法》等，但总体内容并无太大差异，以下谨以《少年法》代为称之。

④ 分别为少年犯罪、触法行为、虞犯行为与违警行为。

的指导下,明确国家(政府)在儿童福利领域的主体责任,通过相应的儿童福利机构的构建与各类活动的开展,对儿童福利领域的各个角落予以规制和保障。①遗憾的是,无论是《少年法》抑或《儿童福利法》,在我国却长期处于缺位状态。应该说,在经济飞速发展、人民物质生活水平日益提高的中国,法制建设被提到了新的高度。而与此同时,上述两法的缺位却显得格外扎眼。以《少年法》和《儿童福利法》为核心,将少年司法与儿童福利进行良好的立法衔接已迫在眉睫。一方面,我们以"未雨绸缪"式的福利关怀为每一位少年提供必要的物质基础与生活保障,在他们陷入危难与困境之时予以特殊的政府救济,为的正是少年的健康成长,以免他们脱离正常的轨道,堕入犯罪的深渊;而另一方面我们面对罪错少年时又充分注重其合法权益,通过教育性的、非惩罚性的保护处分对其进行矫治,帮助他们回归社会,又体现出了明显的儿童福利倾向,正所谓"你中有我,我中有你",共同为少年之健康、快乐、幸福地成长提供应有的法律保障。

三、少年司法与儿童福利的实践运作衔接

与少年立法的较为滞后相比,我国在少年司法领域的探索显得颇为"大胆"。1984 年上海市长宁区设立了我国第一个少年刑事法庭,7 年之后,常州市天宁区法院设立全国第一个少年综合案件法庭,将民事案件等纳入审理范围。发展至今,全国各地大大小小的少年法庭纷至沓来,形式也各具特色,少年审判对于我们已不再是一个陌生的词汇。遗憾的是,尽管少年审判开展得如火如荼,可其均由所谓的"少年法庭"所承载,并无独立的"少年法院",遑论少年司法与普通刑事司法的双轨建制。这种附属于普通法院的少年审判机构,"一方面难以实现'挽救最大多数孩子的最大可能性'这一价值目标,另一方面也很可能对普通司法体制造成损害。简单来说,现行将少年审判机构附设于普通法院的做法,难以避免少年司法与普通司法'两受其害'的结局。"②

应该说,若要实现少年司法与儿童福利的实践衔接,独立的少年司法与普通刑事司法双轨制的建立必不可少。经过数百年的探索,我们终于发现孩子独立个体权利的存在,而少年犯罪之行为本身,与其说是一种"恶",毋宁说为一种"错",一种可被社会纠正的"错"。用对待"恶"的方式来惩罚少年之"错",不仅

---

① 笔者认为,鉴于我国当前儿童福利事业的相对滞后,可将工作的重点暂聚焦于困境儿童及家庭的特殊保护之上。

② 姚建龙:《中国为什么需要少年法院:简单但却容易被忽视的理由》,载《青少年犯罪问题》2006 年第 5 期。

达不到矫正的目的，往往会适得其反。在这样的情况下，将少年司法从普通刑事司法之中独立出来，把罪错少年纳入到专门的少年法院之中，则显得极为必要了。并且，从广义的少年司法范畴来看，其不仅包括少年刑事司法，亦包括少年民事司法与少年行政司法，是一种对儿童权益的全面、广泛的保障。而我国发端于普通法院中的少年法庭，则大多面向少年刑事案件，故长期以来少年司法与普通刑事司法的界限模糊也就不足为奇了。但是，少年司法不应是普通刑事司法的“影子司法”，而应当是司法改革“王冠”上的明珠。少年法院的创始者们主张把儿童与成人区分开来，为的就是让孩子们获得司法福利以替代刑事惩戒。这种儿童利益最大化和保护、关爱、回归社会的儿童福利理念，都应当为新世纪司法改革提供可资借鉴的因子，甚至在一定程度上引领刑事司法改革的方向。

同时，不仅见诸于审判机关，在具体的少年司法程序与处遇方面，亦充满着浓厚的儿童福利色彩——庭前感化教育、社会调查报告、圆桌式审理、合适成年人等特殊程序与非监禁及社区性的训诫、安置辅导、感化教育等保护处分措施。所以，少年司法与儿童福利于实践层面亦是一种相辅相成的关系。一方面，独立的少年司法体系可以满足儿童福利制度对于全体儿童正当权利的法律保护；另一方面，儿童福利亦可通过少年司法来实现其困境儿童保护与预防减少少年犯罪的目的。

当然，在儿童福利之于少年司法的介入度上，不同的国家有着不同的把握。其中介入最深的当属北欧斯堪的纳维亚半岛的福利国家。以芬兰为例，其社会福利委员可以直接授权社会工作者代表委员会对罪错少年行使裁决权。即社会工作者享有除采取强制性措施之外的自由裁量权，可以自由决定对少年保护措施的干预时间、方式。此种虽为儿童福利与少年司法的最高程度契合，但并不适用于福利制度尚未得到高度发展的我国。不过，社会保护型的儿童福利制度①是否能够作为少年司法运行中的重要环节予以建设值得我们深思。诚然，检察机关与审判机关承担着各类少年案件的处理，除日常司法职能外，其实际亦应承担一定程度的社会管理职能与社会福利职能。不过，这种社会管理与福利的职能却不宜过度，否则易致检察、审判机关负担过重、职能过广，甚至本末倒置。相反，这些社会管理尤其是福利的职能应有专门的政府机构与社会福利机构承担。而上述所谓社会保护型儿童福利制度的构建，在通过尽量为所有儿童创造良好成长环境的情况下，优先保证那些合法权利受到侵害的儿童能够得

① 所谓社会保护型的儿童福利，乃为一种狭义的儿童福利，其对象为那些处于不健康或不道德环境中的儿童，以及那些受到虐待或疏于、缺乏监护人照管的儿童，类似于通常所说的“困境儿童”。

到及时的救助与恢复来实现，其依托于大量专门性儿童福利机构的建立。质言之，我们通过社会保护型儿童福利制度的构建，来达到困境儿童保护、社会环境净化与和谐的目的，进而预防和减少少年犯罪，与少年司法形成良好的支撑与衔接。

四、结　语

百余年来，少年司法发展至今，始终离不开儿童福利的引导与支持。在理论基础、法律规制与实践运作中，处处都可以发现二者相辅相成的影子。我们力图做好少年司法与儿童福利的衔接工作，一方面旨在通过少年司法为儿童的正当权利提供充分的法律保障；另一方面则是通过社会福利的政策导向，引导福利机构和社会资源来共同参与解决少年司法在处遇措施与预防犯罪等领域的难题。社会福利强调的是少年社会化的过程，严厉的刑罚可能会阻断社会化过程的正常进程，况且刑罚的一般预防目的在少年群体中很难得已实现。因此，可以展望一个独立的、与普通刑事司法分轨的少年司法制度在未来势必要建立。而作为必要的法律保障，少年法律体系中的两大支柱即专门的《少年法》与《儿童福利法》的制定亦是今后工作的重点。最后，无论是少年司法抑或儿童福利，均是在国家亲权理论的指导下，以儿童利益的最大化为考量，共同为儿童的健康成长保驾护航，为法治政府、法治国家、法治社会的建设添砖加瓦。

Systematic Connection between Juvenile Justice and Children's Welfare

Abstract: In the process of judicial reform in our country, the lines blur between the juvenile justice and general criminal justice. Many comrades of theory and practice field just interpret juvenile justice as "juvenile criminal justice". However, juvenile justice, from both historical and practical needs, has always been complementary with child welfare. Under the guidance of the principle of the national parental right theory and maximizing the interests of children, taking independent "Juvenile Law" and "Child Welfare Law" as the core, we help them return to society through protective treatment like the reformatory education, probation admonishing, fully embodying the obvious tendency of child welfare, which is so-called "you have me, and I have you".

Key words: juvenile justice　child welfare　protective treatment

司法鉴定人资格管理制度问题思考

梁　适*

摘要：近几年，我国司法鉴定人队伍不断壮大，随着鉴定人出庭等一系列法律的出台，诉讼活动对鉴定人的要求也越来越高。但我国司法鉴定人资格管理却存在着准入门槛低、管理权不统一、规定笼统等诸多问题。通过分析我国目前鉴定人资格管理的现状，结合国外鉴定人管理的做法，对我国鉴定人资格管理制度的完善提出新的改革路径。

关键词：司法鉴定人　资格　管理

一、司法鉴定人资格管理制度的重要性

司法鉴定是为审判人员在诉讼中正确理解证据和认定案件事实的重要活动，其与诉讼制度的关系密不可分。常言道："打官司就是打证据"。细究错案冤案产生的原因，大多并非法律适用的错误，而是在事实认定上出现了偏差，即鉴定之误。而司法鉴定活动的主体——司法鉴定人，其专业资格、专业经验、职业道德等的高低，直接影响着鉴定结果的科学程度，也直接影响着审判人员判断案件证据接近事实的程度，对司法鉴定结果起着至关重要的作用。司法鉴定人的资格准入，正是检验和筛选鉴定人的第一道门槛，也是普通专业人士进入鉴定行业的唯一门槛，具有监督、限定和管理鉴定人的作用。其科学性和合理性直接关系到司法鉴定人队伍的整体水平，关系到诉讼活动的顺利开展和公正审判。

党的十八届四中全会通过的《中共中央关于全面推进依法治国若干重大问题的决定》就司法鉴定工作提出了"健全统一司法鉴定管理体制"的改革任务。[①]随着依法治国方针的深入推广，以及以审判为中心的诉讼制度的改革，诉讼活动日益向科学化、民主化方向发展，司法鉴定作为一项依托科学技术和专业技

* 梁适，华东政法大学2015级司法鉴定硕士研究生，主要研究方向为文书、痕迹司法鉴定。

① 《中共中央关于全面推进依法治国若干重大问题的决定》(2014年10月23日中国共产党十八届中央委员会第四次全体会议通过)。

能的证明活动，其功能和价值前所未有被关注，司法鉴定行业迎来了承前启后、继往开来的重大发展机遇。[①]司法鉴定人资格管理包含了鉴定人准入条件、考核机制、资格授予、准予鉴定业务、执业监督等各个方面，[②]是司法鉴定管理制度的重要组成部分，积极完善司法鉴定人资格管理制度也是深化司法鉴定管理体制改革、贯彻党的十八届四中全会精神的内在体现。

二、司法鉴定人资格管理的现状

（一）我国司法鉴定人队伍的数据分析

根据司法部司法鉴定管理局的数据统计显示，[③]截至 2015 年 11 月底，全国经司法行政机关审核登记的司法鉴定人共 55 662 人，比上年增长 0.67%。从年龄结构来看，全国司法鉴定人中 30 岁以下的 2 743 人，31—50 岁的 30 798 人，51—60 岁的 15 697 人，61—70 岁的 5 310 人，71 岁以上的 1 165 人。其中 31—50 岁的为鉴定人队伍的主力军，占总比例的 55.33%。（见表 1）

表 1　全国司法鉴定人队伍年龄状况统计表(截至 2015 年 11 月底)

	30 岁以下	30—50 岁	51—60 岁	61—70 岁	71 岁以上	总计
人　　数	2 743	30 798	15 697	5 310	1 165	55 662
百分比(%)	4.93	55.33	28.20	9.54	2.00	100

从学历和职称来看，全国司法鉴定人中，具有博士学历的 2 183 人，硕士学历的 5 327 人，本科学历的 35 447 人，大学专科及以下的 12 756 人。其中，本科学历的所占比例较大，为 63.68%。具有正高职称的 12 256 人，副高职称的 17 269 人，中级职称的 21 067 人，初级职称的 2 047 人。（表 2）

表 2　全国司法鉴定人队伍学历、职称状况统计表(截至 2015 年 11 月底)

	学　　历				职　　称				
	博士	硕士	本科	专科及以下	正高	副高	中级	初级	无职称
人　　数	2 183	5 327	35 447	12 756	12 256	17 269	21 067	2 047	3 023
百分比(%)	3.92	9.56	63.62	22.90	22.02	31.02	37.85	3.68	5.43

① 俞世裕：《司法鉴定管理困境及改革路径——以浙江为视角》，载《中国司法鉴定》2016 年第 4 期。
② 陈宝：《建立司法鉴定人资格准入制度探究》，载《重庆与世界》2011 年第 7 期。
③ 党凌云、郑振玉：《2015 年度国家司法鉴定情况统计分析》，载《中国司法鉴定》2016 年第 3 期。

分析以上数据可以看出，目前我国司法鉴定从业人员主要集中在30—60岁年龄段之间，90%以上的鉴定人具有中级以上职称（含中级），虽然本科以上学历的鉴定人占到77%以上，但主要还是集中在本科学历，硕士和博士学历的鉴定人员所占的比例并不多。目前我国设有司法鉴定专业学科的院校大多集中在公安院校，普通高等院校并不常见。司法鉴定学科硕士和博士的培养院校也较少。尽管司法鉴定人员中受过硕士以上学历教育的人只占少数，但获得中级以上职称的鉴定人却占到了90%以上，由此可见目前我国司法鉴定人员大多还是靠从事相关工作经历获得职称，真正受过较高专业教育的从业人员较少。相比较往年数据，虽然鉴定人队伍正在向高学历、高职称、专业化方向发展，但就目前状况来说还是反映了我国司法鉴定人队伍缺少尖端人才的现状。

(二) 我国司法鉴定人资格准入制度的现有规定

2005年2月28日，全国人大常委会通过《关于司法鉴定管理问题的决定》，初步建立统一的司法鉴定管理体系，赋予司法行政机关对司法鉴定的统一管理职能。根据全国人大常委会通过《关于司法鉴定管理问题的决定》第16条的规定，国务院批准了《司法鉴定人登记管理办法》，并于2000年8月14日公布。2015年4月24日第十二届全国人大常委会第十四次会议《关于修改〈中华人民共和国义务教育法〉等五部法律的决定》，对《关于司法鉴定管理问题的决定》（以下简称《决定》）进行了修订。《决定》第4条规定了申请登记从事司法鉴定人员的条件，《司法鉴定人登记管理办法》第12条、第13条对申请登记从事司法鉴定人员的条件进行了进一步的细化。

根据现有规定，我国司法鉴定人的准入登记实行的是行政许可制度，执行的是司法行政许可程序。[①]依据《行政许可法》，司法行政机关对鉴定人的执业资格登记主要覆盖三个阶段：(1)初次申请登记的受理及审查；(2)执业活动过程中的资质管理与监督管理，包括对违法违纪情况处以暂停执业、撤销登记、依法追究法律责任等，对司法鉴定人进行教育培训，持续提高鉴定人的职业能力水平，对鉴定人的执业活动进行检查监督，对鉴定人的职业能力进行验证等；(3)鉴定资质到期延续申请时，对鉴定资格再次进行审核登记或办理注销手续。[②]

在受理审查阶段，针对申请者主要考察三个方面的内容：(1)是否具备专门知识或技能；(2)是否有实践经验；(3)是否具备法律上的资格条件，如具有法律

① 杜志淳等：《司法鉴定法立法研究》，法律出版社2011年版，第68页。

② 王跃：《论我国司法鉴定人资格审核管理制度的完善》，载《中国司法鉴定》2011年第6期。

上的行为能力，无违反法律、法规情形等。

司法鉴定资格管理制度并非仅仅针对一个时间点的审核，而应该是针对一个动态、持续、循环的管理活动所设置的制度，其贯穿于鉴定人从业的整个过程，从而更好地持续保障司法鉴定人队伍的质量。

三、司法鉴定人资格准入制度存在的问题

（一）鉴定人资格管理标准尚难完全统一

首先，2005 年颁布的《决定》共 18 条，明确规定司法行政部门是全国司法鉴定业务的主管机关，由其进行登记管理。尽管审判机关和司法行政机关已取消内设鉴定机构，但侦查机关内设的鉴定机构却仍然保留，且在实践当中进行自我审核登记、自造名册公告，仅在司法行政部门备案登记，这给司法行政部门统一审核管理鉴定人资格带来极大的不便。两个部门难以在鉴定人准入标准上达成统一，同时侦查机关也僭越了司法行政部门的鉴定资格审核管理权。这无疑阻碍了鉴定人资格准入制度的科学化、规范化、标准化发展。

其次，根据《关于司法鉴定管理问题的决定》以及《关于将环境损害司法鉴定纳入统一登记管理范围的通知》，从事“四大类”[①]鉴定业务的鉴定机构和鉴定人必须接受司法行政部门的登记管理，其他类别的鉴定事项如诉讼需要可由司法行政部门与最高人民法院和最高人民检察院协商后由司法行政部门进行登记管理。但行政部门与最高人民法院和最高人民检察院协商的标准却难以把握。随着诉讼案件涉及类型的不断增加，其他类别的鉴定事项也随之水涨船高。据统计显示，截止到 2015 年 11 月底，从事其他类司法鉴定机构已占全国鉴定机构的 44.81%，[②]几乎与从事“四大类”鉴定机构对半。其他类鉴定业务种类繁多，尚且难以对业务种类进行明确的划分、归类，且仅凭相应的行业主管部门进行管理，可能使司法鉴定质量无法得到有效保证，最终损害诉讼的公平与正义。《决定》第 2 条的规定已不能满足现在的司法鉴定管理需要，存在一定的滞后性和不合理性。

（二）司法鉴定人资格准入条件太过原则化

《决定》第 4 条规定，具备下列条件之一的人员，可以申请登记从事司法鉴

① “四大类”鉴定即指法医类鉴定，物证类鉴定，声像资料鉴定以及环境损害司法鉴定。

② 党凌云、郑振玉：《2015 年度全国司法鉴定情况统计分析》，载《中国司法鉴定》2016 年第 3 期。

定业务:(1)具有与所申请从事的司法鉴定业务相关的高级专业技术职称;(2)具有与所申请从事的司法鉴定业务相关的专业职业资格或者高等院校相关专业本科以上学历,从事相关工作5年以上;(3)具有与所申请从事的司法鉴定业务相关工作10年以上经历,具有较强的专业技能。

从条文中可以看出,《决定》中对鉴定人的准入条件规定较为笼统,很多界限在实践中模糊不清。如“相关的专业”、“相关业务”包含哪些?“较强的专业技能”有哪些判断标准等,且四个条件仅需具备一个即可准入。虽然《鉴定人登记管理办法》对司法鉴定人准入的政治思想、身体健康等有补充规定,但条文依旧存在表达笼统、含糊,标准过低的问题。这使得司法鉴定机构在进行条件审核时有了极大的自主裁量权和主观臆断的空间,难以保证司法鉴定人员的水平,也会间接影响司法鉴定结果的质量。

(三)现有审核登记无法达到全面考察申请人的目的

《决定》确立的司法鉴定人资格是经过审核登记后才成为司法鉴定人,是一种行政许可模式。一方面,司法行政部门是一个政府管理部门,其本身并不了解被审核人所从事领域的专业技能,也无法对被审核人的专业知识、鉴定能力等进行评定和把关。另一方面,现有的原则化准入条件笼统含糊、标准过低,也不能达到科学筛选专业人才的目的,反而会出现许多打擦边球、钻空子的鉴定人,使司法鉴定人队伍鱼龙混杂,层次良莠不齐。因此,现有的审核登记不仅本身无法达到考核把关的目的,以筛选出高质量的鉴定人,还会间接影响司法鉴定意见的公信力。

(四)缺少定期复审考核机制

《司法鉴定人登记管理办法》第19条规定,鉴定资质的有效许可期为5年,到期后必须进行延续申请,申请的条件仍然沿用鉴定人申请登记从事司法鉴定业务的标准条件。延续申请发挥着复审考核的作用,是对执业中的鉴定人定期审核的一种手段,应对司法鉴定人执业期间的执业状况、业务能力等进行审核。但在实践过程中,由于初次审核和延续审核的有关规定缺乏合理的考评制度,无法对鉴定人的执业活动情况、业务能力水平等进行考核评价,大部分审核登记形式大于内容,只要工作岗位和职称没有自然变化,鉴定人资格就成为实质上的“终身制”,难以达到监督管理的良好效果。

(五)缺少司法鉴定人退出机制

目前我国尚未形成一套专门针对司法鉴定人的退出机制,只有《决定》第13

条、第 14 条对司法鉴定人违规处罚进行了相关规定，《司法鉴定人登记管理办法》第 19 条、第 20 条对司法鉴定人注销登记进行了相关规定。但《决定》对违规行为处罚过于笼统，对撤销登记行为界定模糊，导致司法鉴定机构退出机制缺乏强制力。《司法鉴定人登记管理办法》也只是概括性的列举了司法鉴定人注销登记的几种情形，所涵盖的内容不全面，并没有进一步的细致规定。缺乏完善的退出机制，会导致司法鉴定人队伍“虚胖臃肿”，无法形成优胜劣汰的良性循环。既不利于管理，也不利于司法鉴定人队伍的整体发展。

四、国外司法鉴定人管理制度的借鉴

(一) 鉴定人注册制度

目前，国外对鉴定人资格的管理主要有推荐制、公告制和注册制，①其中鉴定人注册制度是我国司法鉴定人管理制度中亟待完善的制度，可借鉴参考国外的相关做法。如荷兰同属于大陆法系国家，其安全和司法部下设的司法鉴定注册委员会，负责对全国的司法鉴定人进行注册管理。2009 年，荷兰先后颁布了《刑事法律中的司法鉴定人法案》和《司法鉴定人注册法令》，要求从事刑事案件司法鉴定的专家进行注册管理，同时规定警察、检察官、法院要委托经过注册的专家进行刑事鉴定，对于尚未开展注册的鉴定项目，或者注册专家不能解决需要聘请未注册专家的，必须作出特别说明。2010 年 1 月，荷兰正式成立了司法鉴定注册委员会(简称“NRGD”)，对从事刑事案件司法鉴定的专家进行注册。自 2010 年成立至今，司法鉴定注册委员会已完成了 DNA、笔迹、精神和心理疾病鉴定、毒物、毒品、枪支弹药等六大领域的评估标准的设置。所有注册专家姓名均通过互联网对外公布，接受社会监督。②

荷兰司法鉴定注册委员会为荷兰司法部的直属机构，经费由政府全额拨付，总部位于荷兰乌特勒支市。司法鉴定注册委员会的主席和所有成员，由荷兰司法部长任命。委员会议共由 9 人组成，包括 4 名科技领域的专家(其中 3 名有教授职称)，1 名检察官代表，1 名警察代表，2 名法院系统代表专家，1 名国防部派选的专家。司法鉴定人注册委员会只对司法鉴定人进行注册管理，而不对司法鉴定机构进行注册。司法鉴定人注册是自愿行为，不具有强制性，也不

① 朱玉璋:《国外司法鉴定制度》，载《中国司法》2004 年第 6 期。

② 司法部司法鉴定管理局:《司法鉴定统一管理体制改革与发展研究文集》，中国政法大学出版社 2014 年版，第 572—574 页。

交费。

(二) 鉴定人资格认证标准

在鉴定人资格问题上,英美法系和大陆法系相差较大。英美法系采用“鉴定人主义”,鉴定人的诉讼地位即为证人,任何具有专门知识的人都可能成为案件的专家证人。[①]在英国,专家证人的资格是由法庭判断的。法庭往往看重实际的专业技能,而非专业技能的获得方式,这样可以根据案件的具体情况来判断哪些人可以作为专家证人出庭作证。

大陆法系则采用“鉴定权主义”原则,由国家明确规定哪些人具有鉴定人资格。法国、德国、荷兰等都采取了这种制度来确定鉴定人资格。如法国《刑事诉讼法典》第157条规定:“专家应从最高法院办公厅制作的全国专家名册中所列的自然人和法人中选取,或者从各上诉法院与总检察长商定提出的名册中选取。登录进名册及从名册中注销的程序,由行政法院政令规定之”。

德国将鉴定人称为鉴定师,按可信程度分为五类,其中第三类是公共机构和国家认可的鉴定师,一般根据法规通过认证并获得相关资格证书,如TUV(接受国家委托的协会)。第四类是德国认证委员会及所属认证机构认证的鉴定师,欧盟对鉴定师有专门标准(4 500条款)以期达到统一标准、统一质量,该标准框架包括必备条件、认证程序和每一专业领域的具体要求。德国这些认证机构通过考试等形式证明有关鉴定师的专业水平并颁发资格证书。[②]第五类公开任命宣誓鉴定师的标准最高,除书面考试外还要面试、口试,考核内容不仅包括专业技术知识,也包括法律法规知识,同时还必须通过对鉴定师申请人的单位、亲属、同事、朋友了解,以及调阅其档案资料,考察其诚信程度和道德品行。

荷兰在《司法鉴定人行为准则》中,规定了司法鉴定人的申请条件:(1)在相关领域有丰富的知识和经验;(2)具有丰富的相关法律知识和经验;(3)能够就鉴定涉及的有关问题,针对法庭有关提问作出清晰准确的回答;(4)能够根据现有鉴定标准作充分准备,并能完成相应的调查;(5)能够根据现有标准积极收集、记录、解析、评价调查获得的资料和数据;(6)能够根据现有标准,运用最新调查手段;(7)能清晰地以书面或口头的形式向法庭报告鉴定方法、结果;(8)能够在规定时间内完成鉴定调查、出具鉴定报告;(9)能在执业活动中保持独立、

① 美国《联邦证据规则》第702条规定,如果科学、技术或其他专业知识有助于事实审理者理解证据或者裁决争议事实,则凭借知识、技能、经验、训练或教育而够格成为专家的证人,可以以意见或其他形式就此作证。

② 司法部赴德国司法鉴定培训团等:《德国司法鉴定制度》,载《中国司法鉴定》2010年第3期。

公正，认真对待、并充分展示能力，确保鉴定结果的可靠、可信；(10)要求申请的注册专家必须在最近4年内完成8件案件的司法鉴定。评估委员会对提交材料的申请人进行评估。在评估过程中，评估人员将从申请人的鉴定案件清单中选取3～4个鉴定案件，申请人自己选取一个。评估中还要进行面试。如果申请材料做得充分、出色，评估委员会可以决定不进行面试。在评估中有时还会进行一些额外的口试、笔试。评估结果有通过、不通过、有条件接受申请在一定期限内通过三种。①

(三) 复审及监督考核机制

在荷兰，司法鉴定人注册有效期为4年，在司法鉴定注册委员会注册期满后，必须在荷兰司法鉴定研究所或有关院校进行为期一周的专业培训才能重新提出新的注册申请。已注册专家在执业过程中一旦被投诉，注册委员会将根据情况组织专家，对被投诉的鉴定人进行能力评估，对于不符合条件的，将撤销注册。

俄罗斯对于鉴定人的资质也有严格要求。鉴定人在获得鉴定资格以后，还要接受司法部司法鉴定中心组织的各种专业培训课程，以及不定期的监督检查。每满5年再接受一次由司法部司法鉴定中心"国家司法鉴定能力委员会"组织的司法鉴定人考试。通过考试者可继续从事司法鉴定工作，未通过司法鉴定考试者须接受专门培训，1年后重新参加考试，直到通过方可继续从事鉴定工作。②

五、我国司法鉴定人资格准入制度的完善

(一) 司法鉴定人管理权的统一

对侦查机关内设鉴定机构和鉴定人进行统一审核管理是实现司法鉴定人管理权统一的关键，也是鉴定活动中立性的内在要求，这一改革不仅可以使司法鉴定管理进一步规范化，更能推动鉴定标准规范的彻底统一。侦查机关内部设置鉴定机构"自侦自鉴"的问题早已提出，多数学者也认为侦查机关设立鉴定机构有诸多弊端，但此问题一直难以解决。解决这一问题不仅要在理论上论证侦查机关内设鉴定机构的不合理性，更要结合实际，通过制度设置来消减部门

① 中国司法鉴定培训团等:《司法鉴定培训团赴荷兰考察报告》，载《中国司法鉴定》2010年第6期。
② 朱广友:《俄罗斯司法鉴定考察报告》，载《中国司法鉴定》2009年第6期。

间的利益冲突，合理解决内设机构鉴定人的去向安排。这样才能从根本上实现“侦鉴分离”。

（二）设立司法鉴定人认证认可与行政许可双重制度

根据《认证认可条例》中的规定，认证是指由认证机构证明产品、服务、管理体系符合相关技术规范、相关技术规范的强制性要求或者标准的合格评定活动。而认可是指由认可机构对认证机构、检查机构、实验室以及从事评审、审核等认证活动人员的能力和执业资格，予以承认的合格评定活动。司法鉴定活动本身是一项涉及专门知识的科学活动，对鉴定人的资质进行质量控制，有利于实现对司法鉴定执业的严格把关。司法行政机关将鉴定人资格认证授权于认证机构，认证机构服务于司法行政机关，并对司法行政机关负责，实现认证认可与行政许可的双重结合，从而弥补鉴定人准入标准的各项缺陷。①

目前诉讼领域涉及的鉴定事项纷繁复杂，除了传统的“三大类”以外，其他类鉴定事项所占比例与日俱增，如环境损害鉴定、涉农类鉴定、文物类鉴定等。结合具体案件需要，也会出现各种涉及专门知识的问题需要鉴定，然而又很难将有些鉴定事项归到某一鉴定种类。因此，实现司法鉴定全行业的认证认可是很困难的，鉴定人资质认可无法在不同的领域做到统一的标准，认证认可也无法涉及鉴定领域的各个事项、种类，只能针对部分鉴定类别设定不同的鉴定人认证认可标准。对于那些无法进行资质认可的领域，本文倾向于借鉴英美法系的“专家证人”制度，即看重鉴定人实际的专业技能，而非专业技能的获得方式，只要是在具体案件中具有专门知识的人都可以成为案件的专家证人，由法官结合具体案件来审核专家证人的资格。这就需要对司法鉴定的种类进行严格分类，针对技术性强的鉴定种类，可设置认证认可标准的类别实行鉴定人认证认可制度，如法医、物证等。对涉及生活经验类的专门问题鉴定则适用专家证人的资格审核制度。

（三）建立职业资格考试制度

职业资格考试应是认证认可的重要手段，司法鉴定行业专业性较强，通过考试的形式可对申请人专业知识的掌握进行考察，对鉴定人质量进行有效控制。司法鉴定人职业资格考试应涉及如下几个方面：法律知识、司法鉴定制度及理论方法、鉴定专业知识。其中，鉴定专业知识的设定可根据职业的具体方向分类考核，

① 王跃：《论我国司法鉴定人资格审核管理制度的完善》，载《中国司法鉴定》2011 年第 6 期。

对于会计、专利等已有资格考试的行业，可免除对鉴定专业知识的考试。

通过考试的人员仍应先从事一段时间的鉴定实践再上岗，同时组织其进行岗前培训。鉴于目前对司法鉴定人出庭的规定，也应对申请人的法庭控制能力予以一定训练。

（四）定期培训及监督考核机制

由于司法鉴定活动的科学实证性，同时由于司法鉴定活动相关的科技领域也不断地有新的进展，司法鉴定人必须不断地吸收各相关专业领域的最新科技知识来充实、提高鉴定技术。定期进行岗业培训，不仅可以增进和巩固鉴定人的专业知识，还可以督促鉴定人在执业过程中继续学习，不断提高。而且有利于鉴定人之间的经验交流，及时了解行业信息。作为专业化技术人员的司法鉴定人需不断坚持继续学习，以保持其鉴定能力和知识体系能满足司法实践的实际需要。①2007 年司法部颁布了《司法鉴定教育培训规定》，对司法鉴定人继续教育工作作出具体规定。在实践当中，也应将教育培训列入监督考核的项目之一。除此之外，还应定期考察鉴定人的执业状况。如登记鉴定人在资格许可有效期内鉴定案件的数量，对核实的投诉案件予以记录统计，对达到一定投诉次数的鉴定人进行行政处罚，对资格许可有效期内未办理案件的鉴定人实行退出机制等。

同时需加快建设司法鉴定人电子档案制度，对司法鉴定人的信用信息和登记注册状况通过互联网对外公布，方便社会查询监督。

（五）退出程序

司法鉴定人的退出机制至少应该包含正常退出和惩罚性退出两种情况。鉴定人由于各种原因，长期未能实际从事司法鉴定相关工作，应自动申请退出，行政许可机关审核后允许其退出且不影响其今后再次申请司法鉴定人执业许可。如果因职业活动中违反有关法律、法规受到法律处罚等情况被取消鉴定人执业资格，按照《决定》规定的精神，今后不得再次取得司法鉴定人资格。

六、总　　结

司法鉴定人的资格准入管理是司法鉴定人管理的首要环节，关系到司法鉴

① 杜志淳等：《司法鉴定法立法研究》，法律出版社 2011 年版，第 69 页。

定人队伍的建设和司法鉴定行业的公信力。司法鉴定人的资格准入制度还需不断的从实践中总结经验，结合我国现实状况，逐步形成完善的司法鉴定人认证认可制度、职业考试制度、复审及监督培训制度等。在未来司法鉴定行业发展中，应着力打造专业门类齐全、专业化程度高的司法鉴定人专家队伍。通过不断完善司法鉴定人管理制度，提高鉴定人质量，保障司法鉴定行业的健康发展。

The judicial authenticator qualification management system problem

Abstract: In recent years, our country judicial authenticator team growing, with expert witnesses to appear in court and a series of laws, the lawsuit activity is becoming more and more high to the requirement of the surveyor. But our country's judicial authenticator qualification management exist in low barriers to entry, do not have a unified management, regulations and general issues. By analyzing the status quo of the appraiser qualification management in our country at present, combined with the practice of foreign expert management, for the improvement of the system of expert witness qualification management puts forward new reform path.

Key words: the judicial authenticator qualification system

基于CiteSpace的司法鉴定学科热点与演进趋势研究

——以《中国司法鉴定》2006—2015年刊载文献为样本

王雅兰*

摘要：利用信息可视化领域的前沿技术——知识图谱，在主题演化以及研究的交叉联系等方面进行深度挖掘，基于数据库资源以及文献计量学基础理论，利用可视化工具，以中国知网(CNKI)中收录的2006—2015年《中国司法鉴定》的所有刊载文献为研究对象进行分析。并通过对图谱进行深入解读，分析该刊载文情况相关数据，探索近十年司法鉴定学科的研究热点与演进趋势，为司法鉴定领域研究人员提供直观的参考依据。最终以图谱的形式梳理学科的研究力量分布、学术代表人物、研究热点与演进趋势。用知识图谱来展示该刊研究的现状，是一次比较系统地用知识图谱的方法梳理该刊司法鉴定研究动向的过程。

关键词：CiteSpace　司法鉴定　知识图谱　文献计量分析

近年来，知识图谱(Mapping Knowledge Domain)以其理论上的综合化、方法上的可视化、描绘上的形象化等诸多特征获得迅猛的发展，目前已成为分析学科领域热点和前沿的有效手段与有力工具。

从概念上来说，知识图谱是一种把应用数学、图形学、信息可视化技术、计算机等学科的理论与方法与文献计量学的引文分析相互结合的跨学科研究领域。通过把复杂的知识通过数据挖掘、信息处理、知识计量和图形绘制显示出来，从而揭示知识领域的动态发展规律，为学科研究提供切实的、有价值的参考①。

一、研究方法

信息可视化是近年出现的数据挖掘方法之一，它能很好地利用人类对可视

* 王雅兰，华东政法大学2015级司法鉴定硕士研究生，主要研究方向为计算机声像资料鉴定。

① 秦长江、侯汉清：《知识图谱——信息管理与知识管理的新领域》，载《大学图书馆学报》2009年第1期。

化形式下的模型和结构的获取能力,解决科技文献数据量过大、无法快速和有效交流的问题,同时可视化数据挖掘能够观察、筛选、发现和理解信息,发现隐藏在数据和信息背后的含意。①

作为信息可视化领域的前沿,知识图谱利用现有的数据库资源,在主题演化以及研究的交叉联系等方面进行深度挖掘,最终以图谱的形式来展现待分析文献所在领域的研究现状与发展趋势。国内外学者结合其所在学科,进行了相关的知识图谱研究,如情报学、图书馆学、计算机学等等。然而,目前在司法鉴定领域,尚未发现有此类研究的文献报道。

基于此,本文采用知识图谱分析方法,以 2006—2015 年《中国司法鉴定》刊载的全部有效文献为数据来源,从研究主体、研究热点、研究前沿等方面较为深入地描绘和梳理了我国司法鉴定学科的主要研究进展,从全景化的角度对该刊的司法鉴定研究进行分析和总结。本文选取的数据来源于《中国司法鉴定》,它是我国惟一一份全面反映司法鉴定领域科学技术和制度建设等综合内容的国家级刊物,用十年的数据进行分析,具有一定的合理性,也较能反映学科的发展趋势和演进路径。从实践的角度,利用文献计量学的方法对期刊进行定期回顾,对科学工作者从事学术研究和期刊未来的发展具有重要意义。②

用于知识图谱分析的工具软件很多,目前常用的绘制软件主要有 Ucinet, Pajek, Histcite、CiteSpace 等。③本文采用的 CiteSpace 是美国德雷克塞尔大学陈超美博士应用 Java 语言开发的一款信息可视化软件,它主要基于共引分析理论(co-citation)和寻径网络算法(PathFinder)。通过对特定领域文献作为数据集合进行计量,探寻学科领域演化的关键路径及其知识拐点,以形成对学科演化潜在动力机制的分析和学科发展前沿的探测。④

二、文献数量分布

数据收集与获取步骤如下:进入 CNKI 检索界面,选择"高级检索",并在刊

① Chen, C(ed.), *Searching for intellectual turning points: Progressive Knowledge Domain Visualization*, Processings of the National Academy of Sciences of the United States of American, 2004, pp.5303—5310.

② 赵健、孙畅:《科学知识图谱对〈情报科学〉杂志的全景扫描》,载《情报科学》2013 年第 7 期。

③ Chen, C(ed.), *CiteSpace: Detecting and visualizing emerging trends and transient patterns in scientific literature*, Journal of the American Society for Information Science and Technology, 2006, pp.359—377.

④ 陈悦、陈超美、胡志刚等:《引文空间分析原理与应用》,科学出版社 2014 年版,第 12 页。

名处输入"中国司法鉴定",检索条件为"精确"。由于中国知网(CNKI)数据库中 2016 年份的数据不完整,故而选取 2006—2015 年共十年间的刊发论文为研究样本。将十年内《中国司法鉴定》刊载的所有有效期刊数据的全部信息,包括来源库、题名、作者、文献来源、关键词、摘要、发表时间等进行导出,共得到所有被收录的 2 015 条文献条目(最后检索时间为 2016 年 2 月 5 日)。

在 Excel 中对这些数据按年度进行统计,可以绘制出文献量随时间变化的趋势图,可知该刊司法鉴定研究的发文量从 2006 年开始一直呈上升态势,2008 年增速明显加快,该年份发文量近 300 篇,说明随着依法治国理念的推进以及国内科学技术发展的影响,国内司法鉴定研究展现出新兴的热点领域,具有较大的潜力和较强的爆发力。但从总体上来说,2006 年至 2015 年该刊年载文献数量虽略有起伏,但大体趋势平稳。如图 1 所示。

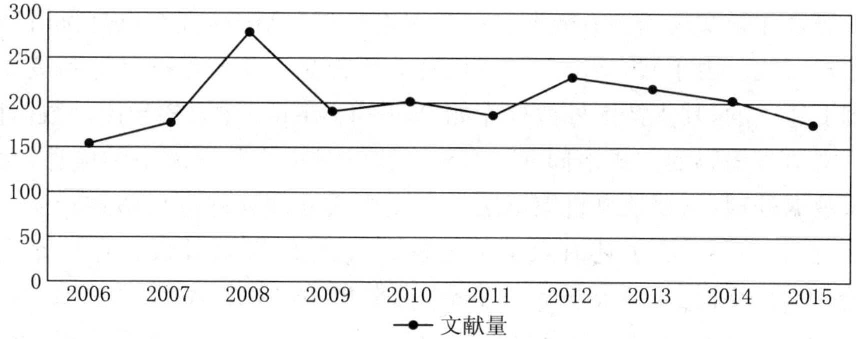

图 1　文献年度分布图

CNKI 数据库中有期刊总目录、稿约、学术论坛、发言稿、访谈记录以及研究会综述等信息,需要将这些数据人工去除以后,才能进行对该刊司法鉴定研究的分析。在原始数据的基础上,通过预处理,筛选出最终数据 1 743 条,统计结果如表 1:

表 1　CNKI 收录《中国司法鉴定》发表的司法鉴定文献统计

序号	年份	原始数据	最终数据
1	2015	176	159
2	2014	204	181
3	2013	217	190
4	2012	228	204
5	2011	187	156

(续表)

序号	年份	原始数据	最终数据
6	2010	200	170
7	2009	192	160
8	2008	278	246
9	2007	178	144
10	2006	155	133
合计		2 015	1 743

三、研究机构知识图谱

科研合作是实现资源有效配置的常用途径,跨机构的合作也是科研合作的重要表现形式。由于 CiteSpace 的界面和分析都是在英文数据来源和英文分析的基础上建立的,其支持国外数据库如 Web of Science 中直接导出的数据格式,而中英文语言编码的方式不同,CiteSpace 软件对中文数据库中的信息,无法直接进行数据处理,需要依靠自编算法程序或格式处理软件进行格式转换。转换成功后,在软件界面将上述有效文献记录导入、建立项目并设置存储路径。网络节点选择机构(Institution),主题词来源选择文献标题(title)、摘要(abstract)、关键词(keyword)和标识符(identifier),算法选择路径搜索(pathfinder),数据抽取对象为 Top50,设置"Time Slicing"的值为 1(即将 2006—2015 年分成 10 个时段进行处理)。运行 CiteSpace,在可视化界面设置相关参数后,得到有关该刊司法鉴定研究机构图谱,如图 2。

图 2 中,上面横条代表时间,从左到右时间由远至近,颜色逐渐从冷色变为暖色。其中,圆形节点代表研究机构,节点的大小代表该机构的发文量,节点越大,则该机构的发文量越多,节点颜色的变化代表不同年份发文量的变化。节点间的连线代表机构间的合作关系,连线的粗细代表机构间合作的次数,连线越粗,代表机构间合作越密切。

图 2 显示,2006—2015 年间有众多学术机构在该刊上发表文章,说明该刊的收录范围较广。《中国司法鉴定》的研究机构主要分布在司法部司法鉴定科学技术研究所,公安部物证鉴定中心,以及法学类院校,按照可视化界面的排名可以得出,在《学报》上发表文章的核心机构有:司法部司法鉴定科学技术研究所、西南政法大学、华东政法大学、中国人民公安大学、公安部物证鉴定中心、司

法部司法鉴定管理局、中国刑事警察学院、南京师范大学、重庆高校物证技术工程研究中心、中央财经大学法学院、上海市公安局物证鉴定中心、苏州市中级人民法院、上海市杨浦区人民检察院、北京大学法学院、公安部第三研究所等。

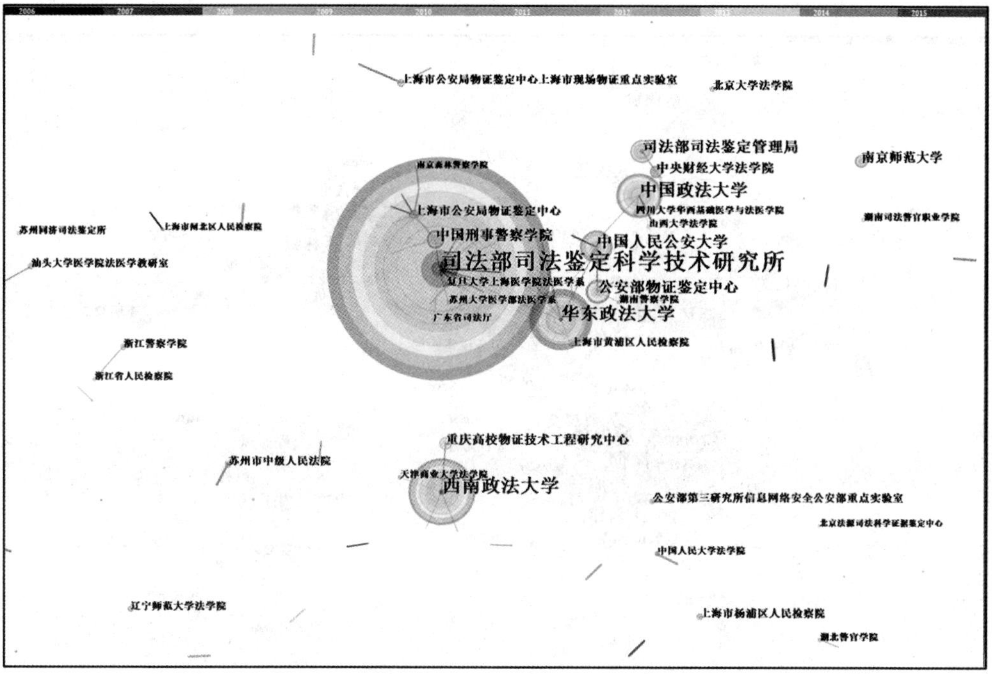

图 2　研究机构分布图谱

从各个节点的发文频次看，司法部司法鉴定科学技术研究所的文献贡献率最大，远高于其他机构，其次是政法类院校，以及公安部物证鉴定中心，三者成为该刊的核心研究力量，这些机构为司法鉴定学科的成长和发展作出了突出的贡献。

四、作者知识图谱分析

作者合著是某一领域合作研究的重要表现形式。通过分析期刊作者合著情况，可了解刊物的核心作者及其科学研究成果的科研组织形式，厘清科学研究当中的知识互动关系。①

在 CiteSpace 软件界面，网络节点选择 Author，其他选择策略不变，运行

① 赵健、薛明：《基于知识图谱的〈图书馆建设〉分析与评介》，载《河北科技图苑》2013 年第 3 期。

CiteSpace 得到有关《中国司法鉴定》作者的聚类，由于作者众多，全部展示不利于观察和分析，此处调整 Article 标签中的 Threshold 值为 1、Font Size 为 4、Node Size 为 52，选择 cluster view 后得到主流学术群体及其代表作者的知识图谱（如图 3）以及高频次作者列表（见表 2）。

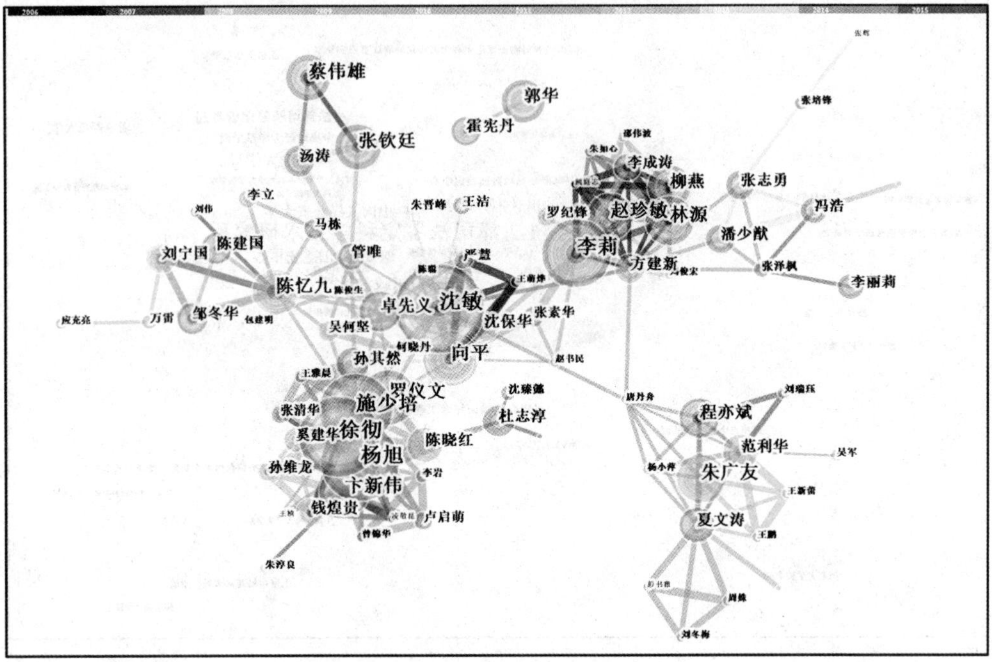

图 3　作者知识图谱

图中显示了近 10 年该刊发文量频次较高的作者，通过对高产作者的分析可以看出，这些学者都是近年来司法鉴定研究领域的核心研究学者，足见该刊的权威性。根据复杂网络理论，在任一个图形中，如果任意两个节点间都存在着相连的路径，则此图被定义为相连图形或连通图，否则为非连通图。通过对作者知识图谱的扫描，可以看出节点间连线较多。这是因为司法鉴定研究理论与实验并重，大型的实验项目往往会涉及作者间的合作，研究成果多采用共同署名。

从图 3 可以直观地看到，2006—2015 年本刊研究的作者网络以合作的形式占据主流，且围绕中心性较高的作者，形成了稳定的、具有影响力的核心作者群。在核心作者群的带领下，他们所代表的学术群体推动了司法鉴定学科不同分支领域的衍生与发展，堪称我国司法鉴定各个领域的科研主力军，他们的研究领域和方向代表着我国鉴定学科的研究热点，司法鉴定研究逐步呈现出多角度、专业化的演进趋势。

五、关键词共现知识图谱

(一) 研究热点分析

关键词是学术论文的一个重要组成部分，虽然往往只是几个词，在论文中所占篇幅比较少，但却是论文的核心与精髓，不仅可以利用关键词检索到文献，还可以通过关键词了解到文献涉及的领域和内容。①作为一种基于文献内容特征进行分析的方法，关键词共现分析的是计量单元内关键词共同出现的频率及关系，从而揭示某一学科领域内在的知识结构演变状况、研究热点以及科学研究的前沿。

在 CiteSpace 中，网络节点选择 Keyword 运行软件，调整 Threshold 为 12，Font Size 为 7，再通过 Citation/Frequency Burst 进行突发性检测得到初始图谱。从初始图谱中可以看到本刊研究中的重点领域，在热点词信息中选取频次排名较高的词，同时对意思相同的词进行合并统计，绘制出最终关键词图谱（见图 4），其中红色节点代表突发性节点。

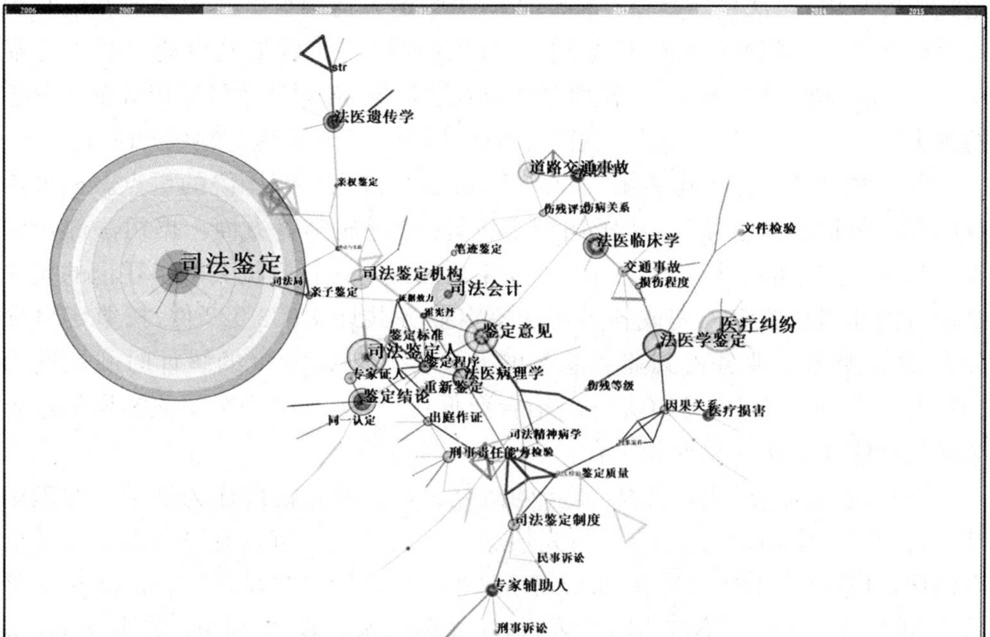

图 4　关键词图谱

① 姜春林、杜维滨等：《学术期刊网络结构的文献计量及可视化分析》，载《情报杂志》2009 年第 3 期。

图中各个圆圈的大小表示关键词出现频次的多少，圆圈越大说明相应关键词出现次数越多。结合 Generate a Narrative 导出的 HTML 格式分析报告，得到《中国司法鉴定》排名前 25 位的关键词分别是司法鉴定、法医学鉴定、医疗纠纷、司法鉴定人、司法会计、鉴定意见、法医临床学、道路交通事故、司法鉴定机构、鉴定结论、法医遗传学、法医病理学、专家辅助人、重新鉴定、医疗损害、司法鉴定制度、专家证人、刑事责任能力、鉴定程序、因果关系、鉴定标准、文件检验、出庭作证、损伤程度、STR 分型等。近十年来我国司法鉴定研究热点领域围绕以上方面来展开，可见，该刊一直紧密围绕司法鉴定学的研究领域，与办刊宗旨十分吻合。

在可视化界面的 Show Signature 标签中可以得到，图示网络共有节点 266 个，连线 263 条，Modularity Q＝0.847 9。Modularity 值是网络模块化评价指标，可用于评估图谱聚类效果。网络的 Modularity 值越大，则表示网络得到的聚类效果越好，Modularity 取值区间为[0，1]，当 Modularity 大于 0.3 时就意味得到的网络社团结构是显著的。故此，本文中的关键词图谱用于该刊的研究热点分析具有较高的可信度。

图 4 中，"司法鉴定"作为整个网络中心最高的节点，出现频次为 395 次。从定义角度来讲，司法鉴定是指在诉讼活动中鉴定人运用科学技术或者专门知识对诉讼涉及的专门性问题进行鉴别和判断并提供鉴定意见的活动。①按图谱显示，它是连接司法鉴定机构、司法鉴定人以及法医鉴定、司法会计鉴定等细化分类的源头与关键。从该节点出发，图谱向右展开，显示出司法鉴定领域的研究热点。

"法医学鉴定"作为排名第二位的关键词，是该刊持续围绕的重点。相关热点内容还包括法医临床学、法医病理学、司法精神病学等方面。据司法部司法鉴定管理局网站的统计数据显示，2015 年全国经司法行政机关审核登记的司法鉴定机构和司法鉴定人完成各类司法鉴定业务共计 1 933 928 件，按鉴定事项分类，法医类鉴定业务占到业务总量的 82.34％(2015 年度的统计时间周期为 2015 年 1 月 1 日至 11 月 30 日)。②结合数据可知，图谱中法医类关键词的排名结果与具体业务实践状况相符合。

"司法鉴定制度"也是传统、重点的研究领域。鉴定制度作为该学科的理论基石，自然是《中国司法鉴定》的研究热点。与之相关的节点有民事诉讼以及刑事诉讼，且这两方面的研究在 2012 年至 2014 年有较高热度，这与 2012 年 3 月 14 日刑事诉讼法修正案获得人大通过，完成第二次大修、2014 年 12 月 18 日《最

① 杜志淳：《司法鉴定概论(第二版)》，法律出版社 2012 年版，第 4 页。

② 《2015 年度全国司法鉴定情况统计分析》，司法部司法鉴定管理局官网，http://www.moj.gov.cn/Judicial_identification/content/2016-03/21/content_6532800_4.htm，访问日期：2016 年 5 月 5 日。

高人民法院关于适用〈中华人民共和国民事诉讼法〉的解释》的通过密不可分。不管是刑事诉讼还是民事诉讼，对于证据地位、效力、质证认证程序规定方面均有较大改动。

（二）研究前沿分析

研究前沿定义为持续引用固定的一组基础文献的文献聚类。早在 1965 年，普赖斯就提出用研究前沿来描述学科研究领域的过渡本质，并指出某领域研究前沿由包含最近出现的新主题的当代文献和科学家积极引用这部分文献的集合来体现。①在 CiteSpace 中，领域研究前沿分析可利用探测词频突发增长的突现词（burst term）功能来进行，通过考察词频的时间分布，将突现词从大量的主题词中探测出来，依靠词频的变动趋势，而不仅仅是频次的高低，来确定研究的前沿领域。

图 4 中的横条代表时间，对应在节点和连线上，可以看出关键词会随时间的变化而变化，颜色逐渐从蓝色变为红色，进而产生不同的研究前沿主题。在 CiteSpace 的功能设置中，包含识别突发性关键词及其所在文献，根据突发性关键词的出现率高低，可以准确高效地定位和辨别《中国司法鉴定》研究的前沿主题。此处截取了排名前 10 位的关键词，得到突发性关键词按照突发强度的排序（Sort by Strength of burst），如图 5。

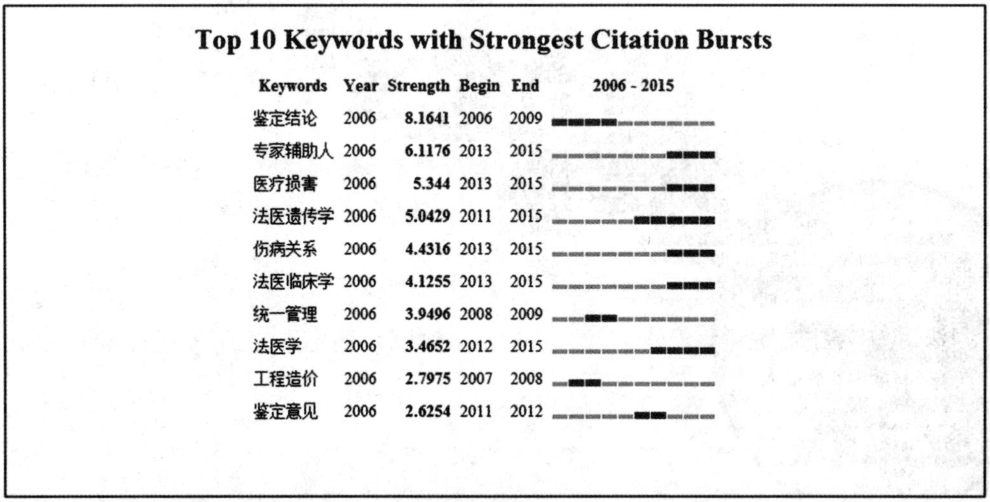

图 5　关键词突发强度

① PriceDD(ed.), *Networks of scientific papers*, Science, 1965, pp.510—515.

主题词突发强度最高的是“鉴定结论”，突变率达 8.164 1，突发年份为 2006 年至 2009 年，鉴定结论代表了对此种证据在诉讼中的地位及效力的研究。作为中国司法制度的有机组成部分，司法鉴定制度也一直处于改革进程之中。①我国原有的“鉴定结论”源于大陆法系职权主义模式下的鉴定人制度，2012 年新《刑事诉讼法》将“鉴定结论”修改为“鉴定意见”，虽然只有两字之差，但在立法的层面上纠正了司法工作人员和诉讼当事人对司法鉴定的迷信，因此具有重大意义。“鉴定意见”的突发年份为 2011 年至 2012 年，对其研究主要在审查运用、采信等方面。

除“鉴定结论”以外，主题词突发强度最高的是“专家辅助人”，突发年份为 2013 年至 2015 年。表明 2012 年新《刑事诉讼法》第 192 条增设了“有专门知识的人出庭”相关规定以后，该方向受到研究者的广泛关注。在庭审中，法官、当事人及其辩护人、诉讼代理人因缺乏专业知识对鉴定意见进行质疑难免流于形式，有专门知识的人的出现正是与鉴定人对阵的一个团队，在双方互相牵制下，更有利于尊重和保障人权的实现。

(三) 学科整体演进趋势与发展脉络

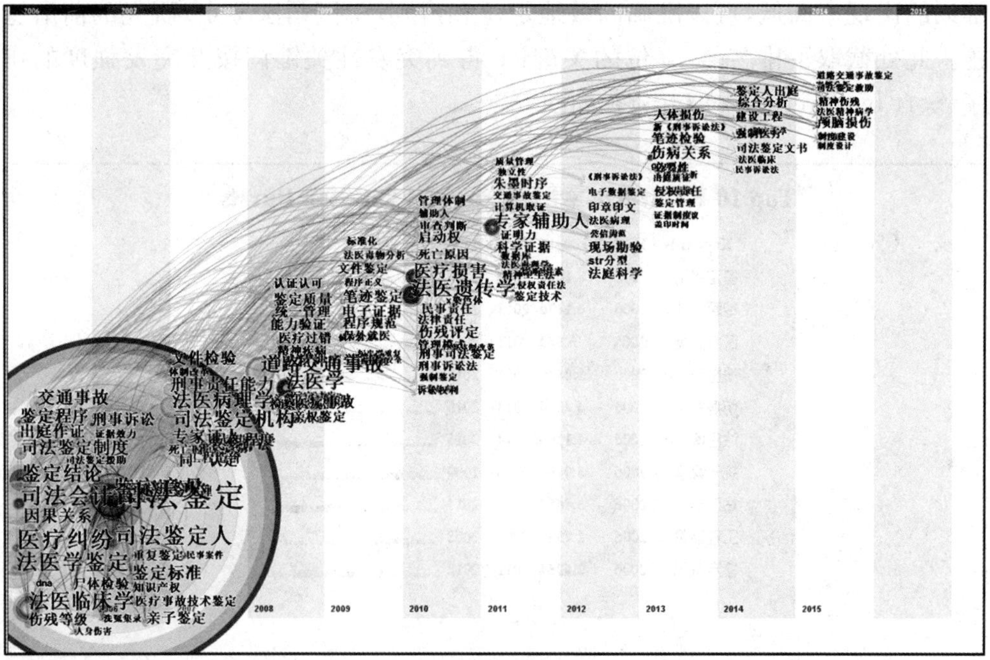

图 6　关键词时区分布图

---

① 陈瑞华:《鉴定意见的审查判断问题》，载《中国司法鉴定》2011 年第 5 期。

除了进行突发性检测以外，通过设定适当阈值可得到该刊司法鉴定研究前沿领域的关键词时区分布（Time Zone），如图 6。时区分布图是将相同时间内的节点集合在了相同的时区中，此处分析关键词网络，对关键词或主题而言就是它们首次出现的时间，时间序列按照从远到近的顺序排列。这种类型的视图是依据热点主题的交互关系和演进路径设计，可以清楚地看到关键词在不同年代的活跃程度，展现出各时间段的知识基础及其对应的研究前沿依序更换、逐渐演进的过程，也有助于捕获该研究领域的前沿方向。

由图 6 可知，2006 年至 2015 年关键词间的连线非常密集，这说明司法鉴定学科涉及的研究领域非常多，通过进一步归并、整理，对以下三大聚类作主要介绍：

1. 司法鉴定学基础理论

该类别研究开始时间较早，紧密连接其他节点与聚类，是司法鉴定学研究知识来源的核心。进一步分析发现，理论研究作为学科的知识基础，此聚类包含了多部（篇）司法鉴定学经典论著：《中国司法鉴定》、《司法鉴定法立法研究》、《鉴定意见争议解决机制研究》、《鉴定意见证明论》、《司法鉴定专家辅助人制度研究》等。这些文献为学科发展奠定了坚实有力的基础。随着司法改革以及鉴定制度的更新，基础理论研究的热点主题在稳定中又增加了一些新的变化，表现出由宏观到微观及多样化的发展态势。司法鉴定援助是 2015 年的研究热点之一，这也与全国司法鉴定情况统计数据相印证：该年司法鉴定援助业务量 26 441 件，比上年同期增长 41%，减免费用 4 320.18 万元人民币，比上年同期增长 84.14%。

2. 法医学鉴定

从图谱中可以看出，法医学领域聚类中集合了较多的关键词，从亲子鉴定、人体损伤、尸体检验、道路交通事故到毒物分析、医疗损害、str 分型、伤病关系、颅脑损伤，虽然不同时间热点关键词有一定差异，但法医学领域贯穿了该刊司法鉴定学研究的十年，且一直在我国司法鉴定研究中占据重要比重。

3. 计算机取证与电子数据

鉴定学科中关于电子数据的研究体现出较强的时代性特征。随着国内外网络犯罪案件的增多，司法部门越来越需要精确、智能化的取证技术来辅助工作，计算机技术逐步进入司法鉴定学研究的视野，这可能是该刊在 2009 年、2010 年涌现出较多电子证据、计算机取证、数据库等相关研究领域的直接原因。同时，这些连线一直延伸至 2015 年，该研究方向十分活跃。姚伟、沙晶的《Android 智能手机的取证》以及危蓉、麦永浩的《锁屏 Android 智能手机取证方法的研究》等都探讨了该领域的热点技术。此外,由于国内外多家公司、科研机构一直在开展电子证据检验技术的研究工作,并开发检验工具,如美国 Guidance Software 公司的 Encase、AccessData 公司的 FTK、德国 X-ways 公司的X-Ways Forensics 以及国内厦门美亚公司开发的取证大师、上海磐石数码的 SafeAnalyzer 取证系统,充分利用这些工具对于高效地提取证据、打击网络犯罪行为具有重要意义。今后,取证的自动化、规范化将引领该学科的研究热点。

通过对图谱进行分析以及对图谱中生成的文献原文的研读,可以发现司法鉴定研究是一个多学科交叉的领域,涉及法学、物证技术学、法医学、计算机学、司法会计学等多个方面,并且随着学科发展的深化、权威学者及经典文献的涌现,各领域之间的渗透交流也更加丰富。司法鉴定学科演进过程中应该逐渐提升高影响力作者以及机构数量,进而从学科内部驱动的角度提升学科整体研究水平和交流层次。

六、结　　语

本文以文献计量学中的共词分析为理论基础,利用信息可视化的前沿技术——知识图谱,以 2006—2015 年《中国司法鉴定》的刊载文献为数据来源进行研究。通过对图谱进行深入解读,运用作者分析、机构分析查找该刊刊发论文的研究主体;运用关键词共词分析法呈现该刊司法鉴定领域的研究热点;通过突发性检测及时区图,描绘该刊司法鉴定研究领域的演进趋势。综上得知,《中国司法鉴定》始终关注学术研究的前沿领域,及时敏锐地捕捉实践中的先进经验、迫切需要探讨的问题,在各个历史年代均刊发了一批具有预见性、导向性的学术力作。作为 2008 年入选北京大学《中文核心期刊要目总览》收录的期刊之一,据中国知网(CNKI)的数据显示,自 2000 年创刊以来,《中国司法鉴定》总下载量为 383 505,总被引量 8 565,①其刊载的文章全面反映司法鉴定领域科学技术和制度建设等综合内容,学术研究水平较高、研究观点新颖,在推进我国司法鉴定学科建设和指导司法鉴定实践中起着重要作用。

随着司法改革的深入,司法鉴定研究是近年来社会各界关注的焦点之一。在数据挖掘的基础上,对国内司法鉴定的权威期刊《中国司法鉴定》刊载文献进行可视化分析是笔者的一个全新尝试,鲜有成形的经验和模式可供借鉴。本文

① http://navi.cnki.net/knavi/journal/Detailq/CJFD/SFJD?Year=&Issue=&Entry=&uid=WEEvREcwSlJHSldTTGJhYlRaWEJIR2Y2bW5KdDNyd1dmWENEck9TaWhsWUo0VDZPK3FIeVZiUlV4ZC9pZTlHdmw4OD0=$9A4hF_YAuvQ5obgVAqNKPCYcEjKensW4IQMovwHtwkF4VYPoHbKxJw!! 访问日期:2016 年 5 月 20 日。

在数据收集、获取、处理、统计方面花费了大量的时间和精力，力求用科学化的数字，形象的图谱来展示该刊研究的现状，是一次比较系统地用知识图谱的方法梳理该刊司法鉴定研究热点与演进趋势的过程。利用知识图谱对期刊进行分析只是其应用的一个方面，继续探寻司法鉴定学与计算机学交叉领域的应用将是今后的重要研究方向。

Research on Hotspot and Developing Trend of Forensic Sciences based on Citespace

—*In 2006—2015 "Journal of Forensic Science" published literature as a sample*

Abstract: Objective By the frontier technology of the information visualization-mapping knowledge domain, which makes a deep excavation in sphere of topic revolution and research cross-links, aim to present the distribution of the research power, academic representatives, research hotspot and evolution trend through knowledge maps. Method Based on resources of database and the basic theory in bibliometrics, the author analyze all the published literature of Journal of Forensic Science included in China National Knowledge Infrastructure(CNKI) from 2006 to 2015. Results By in-depth interpretation of the map analysis, the author analyze related data of the published articles and research hotspot and evolution trend of forensic science over the past decade so as to provide a direct reference for researchers in the field. Conclusion It is a process using the knowledge map to sort out the research trend in the Journal of Forensic Science, ultimately showing the present situation of the research of the journal by scientific map, which synthesizes the research of forensic science in a holistic and panoramic way.

Key words: CiteSpace forensic science mapping knowledge domain bibliometric analysis

刑事物证保管链制度初探

范　瑶*

摘要:物证在刑事案件中起着至关重要的作用,但其从现场勘查至法庭审理过程中极易受到损害,影响案件的审理。物证保管链制度有利于维护物证的证明力、提高刑事案件审查效率、提升司法公信力。因此,刑事物证保管链制度的建设不容忽视。我国相关法律对刑事物证保管虽有涉及但略显不足,导致物证保管秩序较为混乱,有碍司法机关审查。相关部门应寻找原因,立足国情,结合范例,建立适用于我国的刑事物证保管链制度,营造公平正义的司法环境。

关键词:刑事物证　物证保管链　证据证明力

提到刑事物证保管链,大多数人对此都没有明确概念,更不用说刑事物证保管链制度了。我国刑事诉讼法及其他文件中对刑事物证保管都有所涉及,但我国的物证保管体制不够规范,相关法律规定不够全面完善,立法上刑事物证保管链制度更是一片空白。对刑事物证保管链制度的初探,首先就要从刑事物证保管链的相关概念入手,完整而深入地对其层层剖析,从而为我国保管链制度的构建做好准备。

一、刑事物证保管链制度的相关概念诠释

(一) 刑事物证概念阐释

刑事物证,简而明之,即刑事诉讼证据中的物证。我国《刑事诉讼法》第48条规定:“可以用于证明案件事实的材料,都是证据。证据包括:物证、书证、证人证言、被害人陈述、犯罪嫌疑人、被告人供述和辩解、鉴定意见、勘验、检查、辨认、侦查实验等笔录、视听资料、电子数据。这表明物证是证实、标明案件的客观、真实情况的所有事实”。

---

* 范瑶,华东政法大学2016级公安法学硕士研究生,主要研究方向为犯罪学。

物证在收集、保管、鉴定等过程中都极易受到损坏而产生动态变化。物证的动态变化是刑事物证最为显著的特征之一。物证的动态变化始终存在，并且在物证的整个存在过程中持续对物证产生着影响，直到物证完全毁灭。

刑事诉讼中的物证动态变化主要分为三大类：

第一，侦查阶段的刑事物证动态变化。许多人认为侦查阶段的刑事物证动态变化是由侦查人员进入勘验现场时开始，其实不然，在案件发生之后侦查人员进入现场之前，刑事物证就已然开始发生改变。案发时新鲜的血液随着时间的推移逐渐干涸变色、室外现场因天气等因素而变动或消灭、侦查人员到达前无关群众有意或无意的改变第一现场都会导致刑事物证发生与原始状态不同的动态变化。

第二，保管阶段的刑事物证动态变化。当侦查人员发现刑事物证后，通常会进行搜集、保管、交接工作。在这个过程中，刑事物证也并非呈静态模式。在搜集过程中，侦查人员根据物证属性采取的搜集手法会影响物证状态、质量及数量；在保管过程中，不当的保管手法也会对物证保存产生客观影响；在交接过程中，工作人员的不当操作或是遗落物证，都会使物证属性发生改变而对案件产生负面影响。

第三，实验阶段的刑事物证动态变化。对于需要进行实验鉴定的物证而言，鉴定方法及操作手段也是影响其动态变化的因素。实验鉴定操作往往会导致物证数量的减少、物证状态的改变甚至污染物证最终导致物证无法复原。然而，为了对案件进行深入的了解研究，物证的实验检验又是必不可少的过程。最常见的就是法医鉴定中的尸体解剖鉴定，为了查明案件事实往往需要对尸体进行解剖分析，同时又势必会对尸体完整度有所损伤，产生不可逆的影响，这就代表着检验阶段的刑事物证动态变化不可避免。

（二）刑事物证保管链梳理

随着我国刑事诉讼法对言词证据的弱化，刑事案件审理过程中对实物证据的运用日益凸显，大部分实物证据从现场勘查直至提交法庭都需要经历搜集、运输、移交、保管等多个流程。其中，物证保管工作往往是薄弱环节，各种不可预见的因素都有可能对物证的真实有效性产生影响从而妨碍司法公正。物证保管链（Chain of custody）概念就针对这一问题提出。参考西方法治发达国家的司法实践，刑事物证保管链是指“从获取证据时起至将证据提交法庭时止，关于实物证据的流转和安置的基本情况，以及保管证据的人员的沿革情况”。①证

① Bryan A.Garner（ed.）, *Black's Law Dictionary*, 9th ed., Minnesota: West, a Thomson Business, 2009, p.260.

据保管链不仅要求每一个对证据进行保管工作的人员对证据保管链连续性提供证明,还要求工作人员证明在其保管证据期间证据本质保持相同的状态。

根据我国刑事诉讼法实践和相关规定,刑事物证保管链可以分为现场勘查阶段的保管链、移交保管阶段的保管链以及实验室鉴定阶段的保管链。

第一,现场勘查阶段。当侦查人员到达现场之后,需要在第一时间对现场进行勘验,发现有效物证并及时搜集,在此过程中,要确保物证的完整性和有效性,保证物证具有证明力。

第二,移交保管阶段。侦查人员在案件现场对物证提取完毕后,应当及时将物证转移至专门的保管中心以防止物证失去效力。不论是移交保管中心,还是后续提取物证的过程中,都要保证物证状态与原始提取一致,任何与物证进行接触的相关人员都应记录在案,从而保证其证明力。

第三,实验室鉴定阶段。在案件需要的情况下,大部分物证都会被送往实验室进行技术鉴定,而实验鉴定常常要求在被提取的物证中再次进行提取检验,如此一来难免会对物证完整性产生影响,因此实验鉴定阶段保证刑事物证保管链的完整性也极为重要,不可忽视。

(三)刑事物证保管链制度

刑事物证保管链制度,顾名思义,即立法上对刑事物证保管链的相关系列规定。现阶段我国并未设立专门的刑事物证保管链制度,但在刑事诉讼法、公安机关办理刑事案件程序规定以及人民检察院刑事诉讼规则等法律、规章、司法解释等规范性文件中有所涉及。

根据刑事物证保管链的相关概念及司法实践,刑事物证保管链制度的基本要求大致分为以下三类:

第一,搜集物证原始快速。根据我国《公安机关办理刑事案件程序规定》第61条,“收集、调取的物证应当是原物。只有在原物不便搬运、不易保存或者依法应当由有关部门保管、处理或者依法应当返还时,才可以拍摄或者制作足以反映原物外形或者内容的照片、录像或者复制品”。因此,在现场勘查中,侦查人员必须快速保护现场,尽可能保证物证的原有状态并提取收集,防止无关人员对物证的接触,确保物证的原始性。

第二,保管物证分门别类。经过初步的侦查阶段物证搜集工作,现场相关物证需要送至相关保管中心,以待移交至检察机关。在此阶段的物证保管尤为重要,因为在运送、移交、保管等过程中,十分容易发生意外状况,一旦物证发生不可逆的改变,前期工作便会前功尽弃。因此,在运输、移交、保管过程中,都需要相关人员根据物证属性采取针对性保护，分门别类进行放置，做好相关记录，确保万无一失。

第三，参与人员专业公正。为了保证物证的原始性和合法性，对于侦查阶段参与物证搜集的工作人员，需要培养其侦查工作能力；对于参与物证保管的工作人员，需要加强其保管意识；对于参与物证鉴定的工作人员，需要明确鉴定规则。物证的搜集、保管、鉴定人员在参与审判工作时要遵循回避制度，在审判过程中一旦物证证明力受到合理质疑，经过法官允许，相关参与人员都要出庭作证，确保司法公正，一旦发现蓄意破坏物证者，应予以严惩。

根据前文所述，刑事物证保管链与刑事物证保管链制度是两个相互联系的概念，前者是证据完整性的外在表现，后者则是为了确保证据完整性而实施的具体程序、规则、设定的评价准则等事物的总和。要保证证据证明力、确保刑事物证保管链完整性、维护社会公正，刑事物证保管链制度的作用在司法实践中举足轻重。

二、刑事物证保管链制度的诉讼价值

（一）刑事物证保管链制度有利于规范证据搜集保管

刑事物证的收集可以说是物证保管链的源头，一旦物证收集发生错误，就会导致整个物证保管链的失效，影响刑事物证的证明力。建立严密的刑事物证保管链制度，有利于规范侦查起诉机关搜集保管证据等行为，防止主客观因素对证据的证明力造成不可逆的影响，保障司法机关查明案件事实。

（二）刑事物证保管链制度有利于保障证据的证明力

侦查人员现场勘查搜集物证完毕直至提交物证于法庭审理，这其中往往要经过多道手续流程，多个相关人员参与其中，物证完整性很难得以保障。建立刑事物证保管链制度可以有效避免此类问题，经过严密的手续和流程，可以确保每一次交接过程的合法性，保证刑事物证的证明能力，最终成为案件审理的重要依据。

（三）刑事物证保管链制度有利于提高办案质量与效率

在刑事案件审理过程中，法官主要从两个角度审查判断实物证据：首先，提交法庭的实物证据是否是相关案件所涉及的物品；其次，该物品的状态本质上是否发生变化。不论是哪个角度，法官都需要借助刑事物证保管链审查物证证明力。通过保管链可以较为方便快捷地查清物证来源及本质变化，从而进一步审理案件。

三、我国刑事诉讼过程中的物证保管链制度

目前，我国并没有建立完善的刑事物证保管链制度，只有在其他规章制度中有所涉及，这些规章制度在一定程度上弥补了刑事物证保管链制度在我国的空缺，值得肯定。但这些法条太过单薄，若仅以此提升司法公信力还远远不够。

（一）我国刑事物证保管链制度现状

通过对我国相关法规制度的查阅，我国与刑事物证保管链制度相关的法律法规如下：

法律法规	条　款　内　容
《刑事诉讼法》第一百四十条	对查封、扣押的财物、文件，应当会同在场见证人和被查封、扣押财物、文件持有人查点清楚，当场开列清单一式二份，由侦查人员、见证人和持有人签名或者盖章，一份交给持有人，另一份附卷备查。
《公安机关办理刑事案件程序规定》第二百二十六条	对作为犯罪证据但不便提取的财物、文件，经登记、拍照或者录像、估价后，可以交财物、文件持有人保管或者封存，并且开具登记保存清单一式两份，……文件持有人应当妥善保管，不得转移、变卖、毁损。
《人民检察院刑事诉讼规则（试行）》第二百四十条	对于查封、扣押在人民检察院的物品、文件、邮件、电报，应当妥善保管，不得使用、调换、损毁或者自行处理。经查明确实与案件无关的，应当在三日以内作出解除或者退还决定，并通知有关单位、当事人办理相关手续。
《最高人民法院关于适用〈中华人民共和国刑事诉讼法〉的解释》第六十九条	对物证、书证应当着重审查以下内容：物证、书证是否为原物、原件，是否经过辨认、鉴定；物证的照片、录像、复制品或者书证的副本、复制件是否与原物、原件相符，是否由二人以上制作，有无制作人关于制作过程以及原物、原件存放于何处的文字说明和签名……

（二）我国刑事物证保管链制度存在的问题

相较于国外发达法治国家的刑事物证保管链制度，我国的刑事物证保管链制度的主要问题来自于现场勘验及实验鉴定两方面。

1. 犯罪现场勘验方面

第一，物证搜集不规范。我国刑事诉讼法等其他相关规范性文件对于物证

收集的方法、属性、包装方式等都没有作明确规定。在美国，对于刑事物证搜集中各个流程的操作方法都有明确的定义，根据美国国家标准协会——美国质量学会认证机构认可委员会(ANAB)中的相关条例，所有犯罪调查人员在进行取证时必须遵守关于证物采集、包装、运输、管理和销毁的具体规定。对于现场勘查记录也有一系列详细的指导，例如在绘制犯罪现场草图时必须使用符合规定的可擦拭铅笔等。物证搜集工作不规范将会导致物证收集工作缺乏条理性、逻辑性，往往会导致现场物证的遗失或是已收集物证的混乱，最终导致物证保管链的失效。

第二，物证监管意识薄弱。我国《人民检察院规则》中规定对部分书画、文物等特殊物品采取密封方式收集，除此以外对其他物证的收集都未作相关规定，这种司法导向反映出我国司法机关过分注重物证经济价值而忽略其证明价值，暴露了我国司法机关对于刑事物证保管的忽视，缺乏建立刑事物证保管链的观念及意识。勘查和技术人员法律意识的欠缺，致使物证提取、保管工作难以全面施展，有些现场勘验人员对实物证据视而不见，即使及时提取物证也不知应如何存放而随意对待最终导致物证失去效力。这极易培养工作人员消极的工作方式，对保障证据的证明力极为不利。

第三，物证保管链接有漏洞。如前文所述，刑事物证保管链制度要求建立从收集物证时起至将物证提交法庭时止，有关实物证据运输、交接、保管以及保管人员沿革情况的连贯而完整的记录体系。而从我国刑事诉讼法及其相关司法解释等规定来看，我国只要求收集证据时制作清单，而不要求在运输、交接、保管证据等环节对证据的基本情况作相应记载，也不要求建立无缝对接式的刑事物证保管链记录。如此一来，除侦查人员等工作人员外，是否还有他人对物证进行接触，物证是否产生本质变化都不得而知，一旦物证证明力在庭审阶段受到质疑，残缺的保管链无法就物证是否与案件相关、是否发生实质变化进行证明，导致法官无从确认物证证明能力，影响案件公正审理。

2. 实验室鉴定方面

第一，鉴定方法不恰当。由于《公安机关物证鉴定规则》并未对物证在实验室的鉴定方法等作出详细描述，致使实验室鉴定方法无法统一，鉴定方法的决定权掌握在了鉴定人员的手中，这对物证保管链来说十分危险。一旦鉴定人员的专业素养不达标，采取的鉴定方法不甚妥当，往往会导致物证受到损伤、破坏，最终影响物证效力。

第二，损伤范围不明确。虽然规则明确规定如果实验鉴定过程中对物证采取有损方法需要委托人同意，但相关规定中就有损的范围、补救措施、注意事项都未作出明确定义。实验过程中一旦鉴定人员专业能力不够,当事人又对法律知识不甚了解,最终都会导致物证鉴定有损率上升,甚至产生错误结果,影响案件审理。

第三,科技应用不广泛。随着时代的进步、科技的发展,相比国外法治发达国家成熟利用高科技对物证进行鉴定分析,我国虽然引进部分技术,但总体上并未有相应的标准界定。一方面,经费不足使得实验鉴定方法捉襟见肘,只能采用传统鉴定手段。另一方面,科技人才的缺少也使得高科技在鉴定方面的应用无法飞速发展。没有技能娴熟的伯乐,焉来奔腾飞驰的汗血宝马。这些原因都对我国物证保管链制度的完善产生消极作用。

(三)我国刑事物证保管链制度存在问题的原因

目前,我国刑事物证保管链制度还未全面建立,既有的法律、规定虽然有所涉及但仍然无法解决我国物证保管链制度目前存在的漏洞,要想完善物证保管链制度,确保物证证明能力,就需要找到问题的根源,发现物证保管链制度存在问题的原因。

从侦查文化来看,我国的侦查概念是指公安机关、人民检察院、监狱、军队保卫部门以及其他法定刑事司法机关在办理刑事案件过程中,为了发现、固定、收集、提取证据、查明案件事实,揭示与证实犯罪,查获犯罪嫌疑人,而依照法律进行的专门性刑事侦查工作。①回顾我国侦查文化不难发现,侦查文化自封建时代始就缺乏独立发展的机会,在战争杀伐的年代还具有浓厚的政治特色及军事色彩,严刑拷打、刑讯逼供屡见不鲜。近代,由于早期的闭关锁国、中期的他国入侵、后期的救亡图存,坎坷艰辛的中国崛起之路无力为科技化侦查打下基础,导致侦查文化虽然不断完善但仍然较为传统。在侦查职业化程度上,一般侦查占主导地位,侦查手段较为单一,未有完整统一的侦查措施体系,一些侦查人员缺乏对犯罪现象的科学认识,影响策略的科学性,对侦查规律认识不够,浪费侦查资源,侦查程序结构性缺失,缺乏实践经验而光靠纸上谈兵,既无丰富经验又无制度可循,这最终导致了我国物证保管链制度的缺失。

从诉讼文化来看,一方面,自古以来,中国都"重实体,轻程序",不论是《唐律疏议》、《大明例律》还是《大清例律》,都不难发现封建社会的缩影,也反映了传统中国诉讼的短板。随着西方殖民者的入侵,在本土封建小农经济受到重创的同时,我国千年的悠久历史和传统文化也受到了西方文化的冲击。在爱国人

① 杨正鸣、倪铁主编:《侦查学原理(第二版)》,复旦大学出版社2013年版,第22页。

士救亡图存的运动中，大量西方文化法律制度被移植到中国制度中来，正是这一过程，近代诉讼文化得以飞速发展。但另一方面，传统文化根深蒂固，中国经济持续滞后也使得诉讼文化的发展并不顺利。我国法律所规定的法律面前人人平等原则几乎人人知晓，然而几千年的封建等级思想导致国际原则在我国举步维艰，犯罪嫌疑人及被告人的诉讼地位难以维护，诉讼机制存在程序性漏洞，经验不足导致对实物证据的证明及利用无法施展，最终导致物证保管链制度无法发挥其应有功效。

从鉴定文化来看，刑事诉讼中的鉴定文化是司法鉴定机构和鉴定工作者通过长期的物证鉴定实践产生的一系列物证鉴定理念和行为规范的形象表现。纵观我国数千年历史文明发展，鉴定文化一直没有独立的刑事地位，往往伴随着侦查活动出现。随着西方文化的侵入，我国物证鉴定文化随着时代的变化而不断发展。同时，也产生一些弊端，刑事诉讼法中对于鉴定的要求并没有进行统一的规定，鉴定人员决定权过大容易使得物证受到不可避免的伤害，鉴定过程中的物证污染也时有发生，使得案件的审理困难重重，鉴定人员的责任义务区分不明也使得物证证明能力容易遭到质疑，失去效力。

四、我国刑事物证保管链制度构建

目前我国刑事物证保管链制度虽仍未建立，相关规定或有欠缺，但相关部门仍在努力改革，力图建立完善的中国刑事物证保管链制度。新的《刑事诉讼法》中就确立了新的证据制度，明确了证据标准，规定了非法证据排除规则，明确“公安机关应进一步完善证据提取、保管、处理的有关规定和规范，做好证据的保密、登记、归档、存储、移交等管理工作。办案民警不仅要会制作笔录……还要懂得证据保全程序，对所获取的证据都能保全其证明力和证明实效”。[①]如此一来，刑事物证保管链制度在我国的发展逐渐明朗，本文参考国内外文献，试图为我国刑事物证保管链制度的完善提出一些建设性意见。

（一）以犯罪现场勘查为视角的刑事物证保管链制度构建

如前文所述，合格的现场勘查是物证搜集的良好保证，要想建立完善的刑事物证保管链制度，对现场勘查的规定首当其冲。具体如下：

① 张存信：《贯彻实施新刑诉法应做足哪几方面准备》，中国警察网，http://opinion.cpd.com.cn/n10258251/c14204995/content.html，访问日期：2015年2月24日。

1. 统一物证搜集

在犯罪勘验现场进行物证搜集时，必须根据证据的性质进行分类收集，独立包装，并进行密封保存。每一份证据都必须在外包装上加贴标签，标注证据的主要特征、搜集人姓名、搜集时间、搜集地点及相关备注，并拍照留档。整个过程需要严格按照相关规定执行，并进行拍照摄像记录保存。

2. 严格交接过程

在现场勘查搜集过程中，所有接触证据的相关工作人员都必须对保管证据的情况进行相应记录，交接人员在递交、接受物证时需要对物证进行检查。在查明证据的各项特征与标签、笔录的记载相符的情况下，双方均须在证据保管笔录上签字，并由接受证据的一方向移交证据的一方出具收据，形成一个紧密的记录监控体系。

3. 建立保管中心

接收人都应该妥善保管物证，非特殊情况物证都需要在专门物证保管中心存放，由专门负责物证保管的工作人员进行监管分类确定存储时间。相关工作人员需要具备物证保管的专业知识和素养，“主要职责是妥善保管证据，防止证据因各种主客观原因被污染、毁损或者遗失”，①保证物证在保管期间不受外界侵害。在保管过程中需要进行实时监控，一旦有接触物证的情况都要及时记录与保护。

(二) 以实验室鉴定为视角的刑事物证保管链制度构建

实验鉴定阶段对物证的监控也尤为重要，科学对待物证鉴定，降低物证在鉴定过程中的受损率可以确保物证的证明能力，有力提高案件审理效率，实验鉴定中的物证保管可以从以下三个方面进行探讨：

1. 统一规范鉴定方法

对物证的不同种类及其鉴定方法进行行业统一规定，建立刑事物证鉴定委员会以应对特殊案例。在鉴定过程中至少需要两名鉴定人员同时鉴定，确保以最低损坏率(或是无损率)对物证进行鉴定，鉴定中要注意对物证的保存方法，防止实验过程物证发生质变，实验鉴定过程也需要同步拍摄记录方便日后作为案件根据。

2. 加强鉴定人员专业素质培养

一方面加强实验鉴定中对物证最低损坏率(或是无损率)的鉴定方法及手

---

① 陈永生:《证据保管链制度研究》,载《法学研究》2014 年第 5 期。

段，另一方面培养鉴定人员对实验过程中的物证保管防护意识，确保物证证明力。在案件审理过程中，需要鉴定人员出庭进行作证的，鉴定人员必须出庭。鉴定人员及鉴定机构根据其鉴定过程、检验结果、案件审理获得行业评分并定期进行排名展示，督促鉴定人员加强业务能力。

3. 采取应用新技术

在巩固加强传统鉴定方式的同时，也可以引进国外技术为物证鉴定添砖加瓦。例如此前荷兰法医研究所运用的 RFID（Radio Frequency Identification）技术。

RFID——射频识别技术，无需建立光学或机械接触，直接通过无线电讯号识别指定目标，读写相关数据。即一种使用无线电波来执行自动数据采集已有的自动识别技术。它有两个基本器件，包含一个询问器及多个应答器，是一种简单的无线系统。数据自 RFID 标签传至阅读器或天线，通过中间设备发送至企业应用程序和中间库。

在荷兰，其政府采用 RFID 技术将现场勘验的证据采集及分析流程形成了 NFI 系统。此系统依照相关格式记录每一条物证保管链，同时，一旦有未经允许的保管链接触都会引发该系统的警告和记录。NFI 确保犯罪现场物证的追踪和分析，保证了物证保管链的合法性。

通过 NFI 系统不难发现，在实际操作中 RFID 具有数据存储、声像警报等特点，同时具备了自动实时追踪与数据采集、减少物证损失率、建立政府物证应用保准、在存储和分析阶段保护管理物证等优势。相较于我国传统的物证保管鉴定方式，RFID 技术的条形码更易于操作，读取数据更加快捷方便，数据保管具有更高安全性，能够对物证进行动态追踪和监控。通过科学技术在物证保管链的应用，可以有效节省资源，提高工作效率，保证物证证明能力，确保案件审理公正。

五、结　　语

刑事物证保管链对于刑事案件的审理有着非比寻常的意义，其重要地位不可取代。我国相关法律虽仍然稀缺，但好在随着刑事诉讼法的完善，我国对刑事物证保管链制度的研究逐渐深入，体现了国家力图营造公平正义司法环境的决心。只要正视司法实践中逐一反应的问题，发现本质、取长补短、对症下药，相信就能不断完善刑事物证保管链制度，构建公平正义的中国特色社会主义法治社会。

Preliminary Exploration of Criminal Evidence Chain of Custody

Abstract：Physical evidence plays an important role in criminal cases，but it can be easily damaged from the spot investigation to the court hearing，which will affect the trial of the case. The chain of evidence custody system is conducive to maintaining the evidence of evidence，to improve the efficiency of criminal cases to review and enhance the credibility of the judiciary. Therefore，the construction of criminal evidence chain custody system can not be ignored. China's relevant laws on criminal evidence custody，although involved，but slightly less，resulting in physical evidence custody order is more chaotic，hinder the judicial review. Relevant departments should find the reasons，based on national conditions，combined with examples，the establishment of criminal evidence for the custody chain system，and create a fair and just judicial environment.

Key words：criminal evidence　evidence chain of custody　evidence force

我国刑事强制医疗制度研究

郭媛媛*

摘要:2012 年《刑事诉讼法》新增特别程序——"依法不负刑事责任的精神病人的强制医疗程序",自此,我国正式建立了刑事强制医疗制度。施行多年后,该制度的弊端也显现出来,如:立法不完善、不明确、精神病诊断标准不一、评估机制存在缺陷、救济程序不完善等。需借鉴域外刑事强制医疗制度,取长补短,建立符合我国国情的刑事强制医疗制度。

关键词:刑事强制医疗　制度　完善途径

一、强制医疗制度概述

(一) 强制医疗法律依据

强制医疗,即非自愿的治疗。广义的强制医疗,是指国家通过治疗患者的疾病,以达到治愈疾病、防止疾病传播、保障公众健康的目的。强制医疗主要针对患有以下疾病的人:性病、吸毒、精神病、传染性公共疾病等。

我国强制医疗的相关法律规定主要见于《刑法》第 18 条、《刑事诉讼法》第五编第四章、《精神卫生法》中的非自愿住院医疗以及《人民警察法》中的临时性约束措施。此外,还包括《传染病防治法》中的强制隔离治疗和《禁毒法》中的强制隔离戒毒。

我国《刑事诉讼法》及相关解释从强制医疗的程序启动到审理鉴定,再到救济执行和法律监督都作了较为详细的规定。《人民警察法》基本上是《刑事诉讼法》关于精神病人强制医疗部分的补充性或细化性的规定,重点在于程序启动和临时性约束措施。《精神卫生法》则更强调从医学的角度对精神病患者进行科学的诊断、治疗和监护,该法在性质上属于行政法。此外,违反治安管理相关法律法规的精神病人的强制措施、患传染性疾病病人的强制隔离治疗、吸毒成

---

* 郭媛媛,华东政法大学 2016 级司法鉴定硕士研究生,主要研究方向为物证技术。

瘾人员的强制隔离戒毒本质上属于行政强制措施。本文仅探讨刑事强制医疗即《刑事诉讼法》及《人民警察法》的相关规定，不涉及行政性质的强制医疗。

（二）刑事强制医疗

1. 刑事强制医疗制度的适用

（1）刑事强制医疗制度的适用对象

1997年《刑法》、2012年通过的新《刑事诉讼法》都明确规定了强制医疗制度的适用对象。1997年《刑法》第18条规定：精神病患者实施了暴力行为，经过司法精神病鉴定，是在不清楚自己行为会造成何种后果，神志不清的时候实施的，依法不负相应的刑事责任。但是，精神病患者的家属或者监护人有看管和对其进行治疗的义务。在必要的时候，由政府强制医疗。[①]而新《刑事诉讼法》第284条也明确规定：精神病患者实施暴力行为，对社会公共秩序或者公民的人身安全造成威胁，经过司法精神病鉴定，属于不能辨认或控制自己行为的精神病患者，不负刑事责任。但如果其可能继续对社会安全造成威胁，可以对其采取相关措施。从上述条文可以看出，我国刑事强制医疗制度适用于无刑事责任能力的精神病人，即实施暴力行为时，不能够辨认或控制自己行为的精神病患者。

（2）刑事强制医疗制度的适用条件

刑事强制医疗的适用条件，主要包括以下几个方面：

① 行为条件

首先，行为条件是启动刑事强制医疗的第一个条件。即精神病人必须实施了暴力行为，对社会秩序的稳定或公民的人身安全造成严重威胁。第一，精神病患者必须已经着手实施了危害社会或公民人身安全的行为，且该行为具有侵犯法益的现实紧迫性。第二，该行为侵犯的客体有以下两个方面：一是社会秩序的稳定，精神病患者实施了暴力行为，危害到多数人或不特定人的生命、健康安全，或者危害到社会秩序的安宁与稳定；二是公民人身安全，精神病患者实施了暴力行为，危害到特定人的生命、健康和人身自由等权利，并且要求造成严重的侵害结果。

② 刑事责任条件

其次，刑事责任条件是启动刑事强制医疗的第二个条件。即精神病患者必须经过司法精神病鉴定程序，被确认不承担刑事责任。它包含以下含义：第一，精神病患者必须经过司法精神病鉴定程序的确认。精神病人在实施暴力行为时，普通人难以确认其是否无法辨认或控制自己的行为，这是一个专业性的问

① 张明楷主编：《刑法学（第四版）》，法律出版社2011年版，第281页。

题，需要精神疾病医生确认。因此，精神病患者是否具备刑事责任能力必须经过司法精神病鉴定程序的确认；第二，经过确认后，依法被认为是不负刑事责任的精神病人。它包含以下两种情况：一，完全无法辨认或控制自己所实施的危害行为的精神病人；二，行为人是间歇性精神病人，实施危害行为时，恰好处于精神病发作期间，此时行为人神志不清，无法控制自己的行为。

③ 社会危险条件

再次，社会危险条件是启动刑事强制医疗的第三个条件，即精神病人有继续危害社会的可能。对精神病人适用强制医疗措施的前提是，精神病患者已经实施了暴力行为，并且很有可能继续实施暴力行为。如果精神病人不再继续危害社会，那么即使其符合行为条件和刑事责任条件，也不需要对其实施相关治疗。

2. 我国刑事强制医疗制度的现状

（1）法律层面

首先，刑事强制医疗费用负担不合理。具体由谁来承担刑事强制医疗的相关费用，刑诉法并没有作出明确的规定。在实践操作中，通常情况下，是由精神病患者的近亲属负担；没有近亲属的，由法院指定，一般由精神病患者的其他亲属负担；无法指定亲属时，由精神病患者所在地区的政府承担。由于刑事强制医疗违背了精神病患者的意愿，大部分亲属不愿意支付昂贵的治疗费用，而且精神病治疗是一个非常漫长的过程，因为违背其意愿，再加上经济条件所限，亲属很容易放弃治疗。①

其次，临时性保护措施规定不明确。刑诉法虽然明确规定了公安机关可以对精神病人采取临时性保护措施，但是在实践操作中，这一规定存在很多问题。公安机关采取临时保护性约束措施应在哪里进行，该场所是根据现有的看守所或拘留所改造，还是独立建造一个中立的场所负责执行，以及采取措施应从何时开始计算，这些问题都需要立法或者司法解释进行细化。

（2）对象层面

我国对于刑事强制医疗适用对象的规定仅存在于新刑事诉讼法，目前关于其对象的规定极为单一，即没有刑事责任能力的精神病患者实施了暴力行为，且该行为足以构成刑事犯罪，以及精神病患者实施暴力行为的时候，不能够辨认或控制自己的行为。这项规定既不包括行为人犯罪的时候是限制刑事责任能力人，也不包括在实施暴力行为时精神正常、在进行诉讼活动过程中患精神

① 张东媛、周世虹：《论我国强制医疗制度的不足与完善》，载《重庆科技学院学报（社会科学版）》2015年第3期。

疾病的人,以及在服刑期间患精神疾病的人,可操作性不强。

(3) 实践层面

在我国,精神病患者伤人、杀人和毁坏物品等犯罪事件大量存在,并且还有大批的"被精神病"现象出现,将无辜的公民强制送入精神病院长期羁押及精神病人治疗已经完成,但仍被留置在安康医院的事件层出不穷。我国的强制医疗已经从行政决定上升为司法程序,形成了法院决定、检察院监督管理的程序。检察院的监督管理机制发挥了一定的作用,制约着法院的决定权,但由于检察官不具备医学、精神病学的相关知识,容易使这种监督机制流于形式。

二、域外刑事强制医疗制度

(一) 德国的保安处分制度

德国的刑事诉讼法规定了保安处分制度。通常来说,除非有特殊情况,保安处分的程序按照刑事诉讼法规定的程序进行。保安处分制度运用的条件是,行为人没有刑事责任能力或失去了受审能力,检察院不进行刑事诉讼时,可以按照本制度的规定自主申请。法院对这种程序是准许的,并根据侦查的结果可能判处矫正及保安处分。德国政府对于精神病人犯罪的问题,不管是联邦法还是州的法律都有相关的规定,无论是何种精神病人的犯罪,在被关押之前,法院要聘请精神疾病方面的专家,根据他们的专业鉴定,在听取他们的意见的基础上,结合法律的有关规定,再出具法庭令,决定精神病人的入院和出院,而且转换关押的具体地点要按照精神病患者的具体情况而定。[①]在保安处分程序中,被指控人不方便出庭时,法院可以不用告知被指控人,直接对其进行缺席判决。不能或者不适宜出庭的原因有很多,比如被指控人的精神状况不佳、可能危及公共安全或社会秩序等。在这种情况下,主审法官在审判之前应当对被告进行相关的讯问及检查,讯问及检查时鉴定人必须在场。

在德国,收容精神病罪犯的机构是精神病院,并且根据具体情况转换执行场所。根据德国刑法第63条的规定,犯罪时无责任能力或限制责任能力,法院在考虑犯罪行为和行为人后,如认为该人还可能违法犯罪而危害公共安全的,可命令将其收容于精神病院。第67a条规定,经命令收容于精神病院或戒除瘾癖机构,如法院认为转换收容场所能更好地促进行为人重返社会,可将行为人

① 李娜玲:《域外刑事强制医疗程序之比较分析》,载《河北法学》2013年第12期。

转移到其他两个场所中的任何一个场所。第67条第4款规定,收容期间及考查方法,依原判决收容处分的规定为准。当然如果不将精神病罪犯收容于精神病院也可实现保安处分的目的,也即防止其违法犯罪而危害公共安全的,法院也可宣布对其缓刑。第67b条规定,法院命令收容于精神病院或戒除瘾癖的机构,如有特殊情况,认为不执行也能实现处分之目的,可同时命令缓刑交付考验。如行为人被同时判处自由刑未缓刑而须执行的,则处分不得缓刑。凡经缓刑交付考验的,对行为人的行为实行监督。

(二)日本的医疗观察制度

日本于1987年颁布了新精神保健法,这一法律的出台,充分体现了对精神病人基本权利的保护。首先,日本新颁布的精神保健法,给予了精神病患者部分刑事权利。使精神病人入院接受治疗,并提供最好的医疗条件,确保精神病人得到最好的治疗,早日痊愈。其次,日本建立了精神科复核审查委员会。它的主要职能是定期审核精神病人的入院条件,若符合入院条件,检查精神病患者的治疗情况,若其已经痊愈,应及时让其出院,早日回归社会。若不符合住院条件,应及时告知法院,进行处理。

在精神病鉴定方面,日本也有详细规定。精神保健判断医生或具有同等以上学识经验的医生根据法院的命令就触法精神病人是否属于精神障碍的人及有无必要接受治疗进行鉴定,但认为明显无此必要的场合除外。在进行鉴定时,鉴定人应当考虑精神障碍的类型、之前的病历、现在及实施犯罪行为时的病情、治疗情况、从病情及治疗状况所预测的以后的症状、对象行为的内容、过去有无他害行为及内容以及触法精神病人的性格。在鉴定结果中,应当根据精神病人的病情提出是否应当接受治疗的意见。法院可以提示鉴定过程中应当留意的事项。为了进行鉴定或者医疗观察,法官可以在预先向被申请人说明禁止强迫供述及可以选任律师为辅佐人、告知申请理由要旨及事实,并给予陈述机会的基础上,命令被申请人住院直到相关裁定作出。从命令执行之日起住院期间不能超过两个月。一般可在一个月的范围内裁定延期。

(三)我国台湾地区的强制住院医疗制度

1990年,我国台湾地区正式颁布实行了“精神卫生法”,其分为六章。根据该“法”的授权,台湾地区又先后颁布了一系列行政规章。其目的在于保障“精神卫生法”的实施,保护精神病患者的人权。随后,该法经过小幅修正或增订条文,逐渐形成了强制住院与社区治疗相结合的治疗诊断体系。其亮点主要在刑事强制医疗的期间方面。

根据该“法”规定,精神病患者被强制在医院治疗的时间不得超过六十日。但是经两位以上精神病医师确认需要延长的,经过相关机构许可,可以适当进行延长。但每次延长的时间不得超过六十日。延长住院的申请,必须在原期间届满前十四日提出。但是,没有相关的法律规定其次数,需要医师结合实际情况确认。所以,精神病患者可能被数次延长治疗时间。

域外在运用强制医疗的程序上,也具有我们可以借鉴的相通之处。具体有:第一,法律体系完备。大多数国家或地区的刑法典或者刑事诉讼法典中,都有关于精神病人刑事责任能力的确认、鉴定程序的实施、保安措施的实体和相关程序的规定,并且还有相应的“精神卫生法”予以调整,值得我们借鉴。第二,在综合考虑各方面因素的前提下,决定对精神病患者实施何种措施。可以根据精神病人自身的身体情况进行治疗,根据精神病人对于社会的危险状况进行隔离等。第三,大多数国家或地区刑事强制医疗措施的时间都是不定期的或是相对不定期的。

三、我国刑事强制医疗制度现状分析

(一) 立法不完善、不明确

在我国现行的法律中,只有刑法和新刑诉法规定了刑事强制医疗措施。1997 年刑法只作出了原则性的规定,适用对象只有一个,运用的条件含糊不清,而且没有明确指出决定主体。2012 年新刑诉法虽然将强制医疗从行政决定上升为司法决定,但由于没有出台专门的司法解释,造成司法实践中出现诸多难题,无法可依,难以解决。首先,比如上文提到的医疗费用的负担问题。对于强制医疗的费用,刑事诉讼法没有作具体规定,也没有出台相应的司法解释,容易造成实践中治疗费用不能及时收回,精神病患者病情持续恶化的问题。其次,目前法律明确规定的刑事强制医疗的对象仅指不具备刑事责任能力的精神病人,不包括犯罪时为限制责任能力人、失去受审能力和服刑能力的人,适用对象单一,可操作性不强。再次,临时保护性约束措施规定不明确,虽然公安机关可以依法采取临时性保护性措施,但因为没有限制,很可能使这种措施沦为刑讯逼供的工具。

(二) 精神病诊断标准不一

刑诉法只规定了经过司法鉴定机构的鉴定后,鉴定意见认为该行为人是精神病患者，不能承担相应的刑事责任，而且其可能再次实施暴力行为，在这种情况下，可以采取相应的强制医疗措施，但并没有明确规定精神病鉴定的标准。对于精神病鉴定，存在两个标准，即医学标准和法学标准，医学上主要鉴定人的精神状态，法学则着重于人的辨认或者控制能力。医学和法学分别属于两个不同的领域，我国目前缺乏同时精通这两个领域的实务工作者。没有统一的鉴定标准，而且这两个标准并没有进行有机的结合统一，精神病鉴定标准不一，易增大错案发生的概率。

（三）评估机制存在缺陷

刑诉法规定：强制医疗机构负责对精神病患者进行周期性的诊断，以及提出书面评估意见。对于符合解除条件的，没必要继续治疗的精神病患者，强制医疗机构应及时向法院提出。由上述条文可以看出，刑诉法规定了刑事强制医疗制度的解除机制。法院作出决定后，将精神病患者送到强制医疗机构，直到精神病患者精神状态好转，并且不能对社会及他人造成威胁时，才可以解除强制医疗措施。但是，法律没有规定精神病患者的治疗期限以及对精神病患者的评估期限，容易造成行为人“被强制医疗”的情况，不仅侵犯了行为人的人权，还浪费了社会资源。

（四）救济程序不完善

在审判阶段，法律给予了当事人救济权，但是在细节上没有明确规定。比如复议时采用何种程序、审理是否公开进行等，还是没有参照的法律或司法解释。此外，强制医疗案件的审理采取的是一审终审制，相关当事人只能够采取复议的方式，途径单一，不能很好地保护精神病人的救济权。

在刑诉法中，对于精神病人及其近亲属申请解除强制医疗措施，并没有形成完整的救济模式。虽然法律规定了当事人及其近亲属有申请强制医疗的解除权，但是其权利的行使又严重依赖于安康医院所出具的诊断评估报告，只有在安康机构拒不提供诊断报告，人民法院认为需要时，才可以委托鉴定机构进行鉴定，精神病人及其近亲属不能自行委托。

四、我国刑事强制医疗制度的完善途径

（一）完善立法及相关司法解释

首先，完善法律对于实践中难题的规定。如治疗费用方面，建议合理分配

强制医疗的费用，由亲属、政府、社会共同承担。精神病患者的亲属若因经济条件限制，应以自己能承受的范围为限，承担部分费用。政府发挥相应职能，实现基本治疗费用由国家医保体系承担。此外，可以设立相应的基金会，借助社会的帮助，使精神病人早日回归社会。

其次，应当将限制行为能力人列入刑事强制医疗的对象。若间歇性精神病患者在疾病发作时对社会安全及公民人身安全造成威胁，对于他们的处置应当视具体情况而定。主要应考虑其疾病的严重程度以及发病的具体时间、时间间隔。首先应划分精神病的等级，对于达到严重程度的，就要对精神病患者采取相应的措施。若间歇性精神病患者在神志清醒时实施了暴力行为，则要考虑其精神病的严重情况。若其疾病严重，有可能对社会稳定或公民人身安全造成威胁，也应对其采取相应的控制措施。

再次，关于公安机关的临时性保护措施，应当确定具体的执行场所。可以从安康医院分割出一部分作为执行临时性保护措施的场所。看守所、监狱因为不具备对精神病人必要的医疗条件而不适宜作为执行地点；由于临时保护性约束措施具有一定的拘留性质，而普通的医疗机构还收治了很多其他病人，对精神病人不能很好的进行管理，不适宜作为执行地点；安康医院既有治疗条件，也有管理条件，而且便于进行对精神病人进行鉴定，比较适宜作为临时性保护措施的执行地点。

（二）统一精神病诊断标准

司法行政部门作为精神疾病强制医疗司法鉴定的主管部门，应当从管理主体的角度出发，适时牵头并依托卫生计生行政部门、行业组织、高等院校、科研机构以及医疗机构等专业力量的优势地位，积极开展精神疾病强制医疗司法鉴定技术标准的研制与推行工作。①

同时组织经验丰富的精神医学专家、司法精神病鉴定专家、法学专家学者，召开会议，听取多方的意见，借鉴域外的先进经验。比如日本首创的精神科复核审查委员会，定期审查出院条件，对精神病人进行检查评估。符合出院条件的，应及早让他们回归社会。这一举措不仅保护了精神病人的人权，也节约了社会资源。此外，应结合我国实际情况，制定出全国统一的司法精神病鉴定标准，建立一套符合我国国情的司法精神病鉴定的诊断评定系统，并且根据相关学科以及实践的发展不断改进，规范我国的司法精神病鉴定，更好地指导实践。

① 杜志淳等著：《强制医疗司法鉴定研究》，法律出版社2015年版，第174页。

(三)明确定期评估时间

参照台湾地区的有关规定,应对精神病患者的精神状况等进行定期的评估、检查。对精神病患者精神状况的评估,每月检查一次较为适宜。实施评估的机构,应当与执行机构没有任何利益关系,这样可以有效的保障精神病人的人权,维护社会的公平正义。同时,有关的检察机关应加强监督,确保定期评估制度的实行。检察部门应当建立健全精神病患者的跟踪检查档案,包括每月定期诊断情况、每月的评估意见等法律文书,促进强制医疗制度规范化。

(四)完善救济程序

首先,我国的刑事强制医疗案件实行一审终审,减少了精神病人的救济途径,不能很好的保护精神病人的权利。目前,精神病人主要的救济途径即提出复议申请,但单一的上诉途径易带来多种问题。所以,应当参照刑事诉讼的理念来完善刑事强制医疗的救济程序。首先,将上诉纳入强制医疗的救济途径,可以使当事人的辩护权得到完整的保护。同时参照普通刑事诉讼二审上诉的有关规定,明确规定上诉的程序。即被决定强制医疗的人、被害人及其法定代理人、近亲属对强制医疗决定不服的,可以在收到决定书之日起五日内,通过原法院或者直接向上一级人民法院提出上诉。上诉形式可书面可口头。①

其次,还应赋予精神病人及其近亲属申请解除强制医疗相关救济的权利。精神病人经过治疗,已不能对社会、他人造成危险的情况下,此时就应解除强制医疗措施。当解除强制医疗措施时,精神病人及其近亲属可以要求提供诊断评估报告。若安康医院拒不提供,可向法院提出申请鉴定。此时,若法院也认为没有进行鉴定的必要,当事人及其近亲属就没有了救济的途径。所以,应当赋予当事人及其近亲属委托鉴定机构进行鉴定的权利,鉴定机构须与当事人一方、法院一方没有利益关系,并应当允许鉴定机构的鉴定人出庭作证。

五、结　　语

刑事强制医疗程序作为《刑事诉讼法》规定的特别程序,在保护人权、防范潜在的暴力风险等方面具有重要的现实意义。强制医疗的制度建设不能仅依

① 林思蘋:《强制治疗与监护处分——对精神障碍者之社会控制》,国立台湾大学法律学院法律研究所2009年硕士论文,第106页。

靠立法，社区、家人的监护，社会对精神病人的关爱亦是重要因素。同时应借鉴域外的先进经验，以期强制医疗制度更加完备，实现防卫社会，尊重精神病人人权的目的。

Research on China's Criminal Compulsory Medical Treatment System

Abstract: In 2012 the new "criminal procedural law" special procedures "in accordance with the law is not criminally responsible for the mental patients forced medical procedures", since then, China formally established the criminal compulsory medical system. The purposes for many years, the shortcomings of this system have emerged, such as: the legislation is not perfect, not clear, psychiatric diagnosis standards, assessment mechanism defects, the relief procedure is not perfect. To learn from foreign criminal compulsory medical system. Establishment of compulsory medical system according to the situation of our country criminal.

Key words: Criminal compulsory medical treatment System Improvement Way

摹仿笔迹鉴定研究

姚　舜*

摘要：当前，随着时代、社会、科学技术的进步，笔迹鉴定的法制化、科学化、精确化、专业化发展不断取得发展的同时，笔迹鉴定的难度、深度、广度也发生了巨大的变化，对检验人员以及检验技术的要求也呈现出日渐上升的趋势。在各种现代化因素的影响下，笔迹的伪装手段也推陈出新。一般的伪装笔迹的鉴定技术已经较为发达，而摹仿笔迹的鉴定因其具有复杂、多变、不易预测的特点，始终存在着较多可以改进发展之处。因此，发现识别摹仿笔迹，研究摹仿笔迹的变化规律，总结摹仿笔迹鉴定的特殊技巧逐渐成为文书司法鉴定中的一项重要任务。

关键词：摹仿笔迹　伪装手段　鉴定方法

在众多的伪装笔迹中，摹仿笔迹具有极为重要的意义。在战争年代，笔迹摹仿手段曾多次用于间谍战、心理战，并取得了不战而屈人之兵的效果。《三国演义》中曾记述了魏、蜀、吴三国鼎立时代用笔迹杀人的战例，也是世界上首例用笔迹作为杀人武器的记录。东大都督周瑜受命迎战曹操亲率的80余万魏军，为了使火攻计谋能够实现，周瑜必须先除掉熟知水战的魏军水军统帅蔡瑁、张允二人，周瑜设计使曹操派来的间谍蒋干偷走假冒蔡瑁、张允二人书写的意欲叛逃东吴的密信。曹操信以为真，采取了先杀蔡瑁、张允二人，而后将舰船连在一起的愚蠢策略。此举正中周瑜布下的圈套，周瑜立即指挥火烧连营，一举歼灭了80万魏军，曹操狼狈逃回北方。由此可以看出，早在东汉年间，伪装笔迹的作用已经日益显现。

随着社会的发展，人民的文化水平和物质生活水平普遍提高，摹仿他人笔迹书写欠条、收条、遗嘱或者是在合同、协议书、单据上摹仿当事人签名等，以经济为目的的造假案件有日益增多的趋势。因此，发现识别摹仿笔迹，研究摹仿笔迹的变化规律，总结摹仿笔迹鉴定的特殊技巧逐渐成为文书司法鉴定中的一项重要任务。

* 姚舜，华东政法大学2016级司法鉴定硕士研究生，主要研究方向为物证技术。

总的来说，书写人书写摹仿笔迹的目的无外乎两种。其一大多为栽赃陷害而摹仿他人笔迹。

其二，摹仿笔迹主要被较多的运用于经济方面。例如在民间借贷合同中的价款人在借款期限到来时，为了减少还款的金额或者非法免除自己还款的义务而使用摹仿出借人笔迹的手段，改造诸如借条借据等不同种类的借款凭证，以达到自己非法的目的。在经济与贸易往来，以及部分的家庭纠纷中，此种摹仿笔迹屡见不鲜。

由此可见，摹仿笔迹鉴定的研究意义对于现代社会来说非同小可。从最基础的解决民间矛盾与纠纷开始，上至关乎国家司法正义的重大刑事案件的鉴别判定，都起着至关重要的作用。所以说，研究摹仿笔迹的鉴定在调和民间社会矛盾的同时，又有着维护国家司法权威、司法正义的巨大作用。

一、概　述

(一) 摹仿笔迹的定义

顾名思义，摹仿笔迹是指书写人出于某种特定的目的，在了解、仔细查看了特定的被摹仿人的笔迹之后，借助于摹仿书写的手法，尝试以被摹仿人的书写手法抑制自身所特有的书写手法而形成的笔迹。

(二) 摹仿笔迹的形成原理分析

现代笔迹鉴定在我国已经形成了相对科学完备的理论体系，从可鉴定的形成机理和变化规律方面均有较大突破。

笔迹是人类所掌握的书写技能的产物，笔迹不能独立于书写技能的生成而建立。而书写技能是在生理机能和心里机能共同参与的作用下，通过包括接受言语训练、文化教育、文字书写训练和应用的社会实践，才能获得的。因此，笔迹根植于文字，根植于语言，又根植于人的思维活动。没有语言、文字和思维，就不存在所谓的笔迹。

摹仿笔迹亦然。摹仿笔迹的形成，主要过程是起于摹仿人对被摹仿人笔迹的特征进行了一段时间的观察以后，感知其字形、字间结构及搭配比例关系，笔顺等特征后，在摹仿书写的过程中，既要按照被摹仿字迹的笔顺特征，又要极力抑制自身的书写习惯。这就会不可避免地出现一系列的问题，例如书写速度缓慢，前后两笔之间的连贯性不强烈，整个字笔画之间的轻重差异明显不同，墨水渗散程度不相符合。同时,对于一些笔画特征的细小之处、复杂的连笔方式的处理不当就会导致摹仿笔迹与被摹仿笔迹之间的明显差异,这些差异的大小以及可被察觉的程度也就决定了摹仿笔迹被识别、被认知的可能性的大小,最终使得摹仿笔迹的鉴定成为可能。

(三) 摹仿笔迹研究的意义

1. 学科研究意义

摹仿笔迹的学科研究意义主要指的是它对于笔迹鉴定学科的价值大小的量度。研究摹仿笔迹意义的根本属性是其体现的个性化程度。与此同时,这些个性化特征的总和决定了摹仿笔迹的唯一性,是不同于其他任何笔迹的特性。摹仿笔迹鉴定的学科研究意义主要是由笔迹特征的特定性、稳定性和反应性决定的。前两个特征决定了摹仿笔迹的鉴定价值,后一个特征决定了摹仿笔迹的表现形式。

2. 社会研究意义

在现代社会,摹仿笔迹出现的主要场所已经慢慢转移到了民事、刑事以及各种各样的经济型案件中。例如,在民事纠纷中,双方签订的合同中的签名或者民间借贷中的各种手写条款,特别是关于借款金额以及还款时间的约定极易出现非当事人亲笔书写的摹仿笔迹的情况。在刑事案件中,口供以及笔录的真实性、准确性在很大程度上依赖于笔迹的真实性,反之亦然,在第一手材料的字迹为非被摹仿者真实意思表示并书写的情况下,冤假错案不断滋生,从极大程度上影响到了国家法律的权威性以及司法的公正性。然而,摹仿笔迹的多样性与变化性也为摹仿笔迹的鉴定增加了难度。鉴定人员对摹仿笔迹的正确识别与辨析的成功与否很大程度上影响到了案件的进程、审判工作的进程。更甚者,可能会对案件的结果产生一定的影响。由此可见,对摹仿笔迹鉴定进行研究不仅对社会主义市场经济制度起着维护、协调的作用,也对国家司法公正有着防护与预判的效果。

(四) 摹仿笔迹鉴定研究的现状

1. 国内摹仿笔迹鉴定研究的现状

自 20 世纪 80 年代起,中国大陆的笔迹鉴定进入了一个全新的发展时期。通过开展广泛的科学研究、总结办案经验、增加与域外的学术交流机会、引进世界各地的先进检验技术、中国现在的笔迹鉴定已经发展到了一个较高的研究水平。[①]其中,中国刑警学院陆续编发了笔迹检验、文件检验等方面的专门教材。

---

① 贾治辉主编:《笔迹学》,法律出版社 2010 年版,第 25 页。

除此之外，在部分的政法类高校及公安高等专科院校中的专家、学者、教师也陆续出版发行了与笔迹鉴定相关的专门教材及专著。总的来说，笔迹鉴定学在整个现代化司法鉴定领域中的地位已经牢牢树立，并且形成了自己独有的理论与实践基础。

与此同时，随着高新技术的不断发展，越来越多的高新技术得以运用于摹仿笔迹鉴定中。例如，运用光谱仪显示模糊字迹，利用激光技术显示掩盖字迹等。笔迹鉴定的发展带动着摹仿笔迹鉴定研究的深入，摹仿笔迹鉴定的重点也慢慢转移到了更加注重鉴定意见的准确性上来，并且更加注重鉴定过程的规范化、精确化、标准化。当前摹仿笔迹鉴定已经朝着科技含量高、质量监控严、计算机化程度高的方向稳步发展。

2. 域外国家摹仿笔迹鉴定研究的现状

早在1672年雅克·雷文诺等欧洲学者就撰写过笔迹鉴定方面的文章。1871年，查尔斯·沙伯在英国出版的《朱尼厄斯的笔迹学研究》(The handwriting of Junius, Professionally Investigated)一书中首次提出存在笔迹鉴定学的观点并进行了详细的阐述。[①]与此同时，由于这门学科在19世纪英国最广为人知的蒂奇伯恩律师事务所一桩索赔案中崭露头角，笔迹鉴定学即刻跃入了众人的视角中。笔迹鉴定学这两次重大的公开露面能如此成功，是人们所始料未及的。[②]

二、摹仿笔迹鉴定的基础理论

(一) 摹仿笔迹的分类

1. 临摹笔迹

临摹笔迹，是指摹仿人对于被摹仿笔迹的外形特征进行初步、短暂的记忆后，在未经练习的情况下仿写而成的笔迹；或者是摹仿人一边对被摹仿笔迹进行观察和感知一边进行仿写活动，逐笔逐划的仿写而成的字迹。

2. 套摹笔迹

套摹笔迹，是把被摹仿字迹放置于具有一定透明度的纸张下面，通过透视的方法或者利用相关的透视透影仪器，形成可见的字形笔画，然后在透明纸张上逐笔逐画的描摹出被摹仿字迹。这种摹仿笔迹与被摹仿笔迹外形特征极其相似，检验难度有所增加。但若能收集到被摹仿字迹的底样作为样本，则会大

---

① 许爱东主编：《笔迹鉴定理论与实务研究》，法律出版社2014年版，第30页。

② Joseph D.Nicol, *Police Science Technical Abstracts and Notes* 2004, p.34.

大地降低检验的难度，获得事半功倍的效果。

3. 描摹笔迹

描摹笔迹，是指把被摹仿的字迹放置于伪造文件上，用力在被摹仿字迹上描摹，利用复写纸或抑压力在下方的纸张上形成复写字迹或者压痕文字，然后再使用钢笔或者中性笔等书写工具进行填描而成的笔迹。若描摹人的书写水平高，描摹字迹与被摹仿字迹甚至能达到一模一样的程度，但是只要在显微镜下观察，就能发现纸张上的复写纸色料或多余的抑压痕迹。

4. 忆摹笔迹

忆摹笔迹，即记忆摹仿，是摹仿人记忆储存被摹仿人的笔迹特征后，在仿写时将记忆中被摹仿人的笔迹特征重复再现而形成的笔迹。忆摹笔迹与被摹仿笔迹的相似程度与完成记忆储存和着手仿写之间的时间间隔长短以及摹仿人记忆时间的充足与否有直接的关系，一般间隔时间越长，记忆时间不充足，则笔迹相似程度越低，间隔时间越短，记忆时间充分，则笔迹相似程度越高。

摹仿笔迹的种类又可以笼统的分为摹写笔迹和仿写笔迹两种。摹仿书写的情况比较复杂，反映出来的伪装笔迹的形式也各不相同。被摹仿的笔迹常为摹仿人能接触到的他人的笔迹或字帖或其他文字材料中的字迹。

摹写其实是对他人的字迹进行复制的伪造笔迹形式。主要采取以下形式进行摹写：

(1)蒙描摹写，用半透明的纸张蒙在被摹写的字迹上，逐笔画逐字地将字体描绘出来。(2)复写摹写。将被摹写的字迹放在空白纸上，中间放置复写纸，用笔或者坚硬的工具描绘被摹字迹，在空白纸上便留下了复写纸的印痕字迹。然后，再用描绘印痕以掩盖复写印痕。(3)光线投射摹写。将被摹字迹运用光学透光方法或光学仪器将其投射到空白纸上，再描绘投射的字迹笔画，形成伪装笔迹。采用这种方法伪装书写时，需要伪装人集中精力注意观察别人的书写形式，一边观察一边仿照书写。

两种对摹仿笔迹的分类因分类方法不同而有所差异，两者相较之，笔者更倾向于将摹仿笔迹分为四种的分类方法，即上述第一种分类方法。

(二) 摹仿笔迹的特征

1. 一般特征

摹仿笔迹的特征主要反映在运笔上，具体表现在用笔轻重及其变化的节律、行笔速度的快慢及快慢交替的节奏、相邻两笔之间的照应关系以及行笔的压力与速度相匹配所体现的笔力。

摹写的过程等于被摹写字迹的复制。因此,有可能出现相同单字完全重合的现象,而正常书写中相同的单字几乎是不可能完全重合的。摹写中还常常出现笔画重叠的现象,另外还会出现因摹写方法而出现的痕迹,如印压痕迹,复写纸痕迹以及修描痕迹等。由于摹写方式的局限,对于细微处,比如起、收笔特征等,伪装人常不能辨认清楚,往往出现书写人自己固有的书写形式。

相对于摹写笔迹,仿写笔迹由于自己特有的书写体系的干扰作用,被摹仿字迹书写体系的复杂性,仿照书写所形成的笔迹会形成一些独有的特点。由于人的注意力的有限性,常常出现笔迹开始阶段伪装程度高,中间阶段伪装程度低,最后阶段伪装程度低的现象。根据伪装程度的不同,具有不同的识别伪装的可能性。识别的依据是那些细微地方的书写形式的表现形态。

2. 临摹笔迹的特征

(1) 形快实慢

临摹笔迹,由于摹仿人必须一边观察被摹仿字迹的笔迹特征,一边逐笔逐画的进行仿写,必然降低书写速度,在行笔时运笔迟滞、墨迹浓重、笔画粗细不一,在连笔时书写速度与运笔形态不一致。

(2) 笔力平缓

书写水平高的人,其运笔富有轻重徐急的节奏感,一般单字的主干笔画笔力较重,笔画的连接部位笔力则较轻,字迹整体显得流畅有力。书写水平较低的人,其笔力变化也有规律可循,不失为流畅自然。

(3) 中途停顿

其他一些快速书写笔迹的过程中,由于书写人运笔非常熟练,自动化程度高,一般不会出现中途停顿,另起笔的现象。且不相连的两笔之间会存在照应关系,组成单字的各笔画相互联系、浑然一体、不会显得突兀或者孤立。反观临摹笔迹,由于摹仿人在摹仿一些较长的笔画或笔画转折处、复杂的连笔绕笔动作时,受记忆短暂性的局限,不得不停笔重新观察摹本的笔迹特征,使临摹笔迹在连笔形式快的外衣下隐藏着运笔速度缓慢有不自然的停笔及上下笔之间缺乏照应关系的实质。

(4) 抖动弯曲

正常书写,除因生理条件衰弱或书写环境不良,如因垫物不平、在颠簸的环境中书写引起手的震颤外,一般情况下书写动作连贯,行笔平直圆滑,笔画边缘整齐,没有弯曲和抖动现象。而临摹笔迹由于书写人心情紧张,谨小慎微边看边写,不仅行笔缓慢,而且还伴随着运笔抖动,笔画弯曲的现象,在某些长笔画或笔画转折处则更为明显。

(5) 起、收笔呆滞,笔画间照应关系缺失

正常书写时书写人运笔动作较为自动化,因此起笔较自然,多是尖状或者是回旋反转状态,收笔较快,尾端尖细有反射动作,与下笔之间存在意连关系。而摹写时,下笔前要仔细观察被摹写字迹的运笔趋势,下笔缓慢,起笔位置有顿压动作,笔画较粗,墨迹较浓。收笔后需要观察下一笔运笔特征,收笔与下笔起笔时间间隔较长,造成上下笔之间缺乏意连关系,笔画显得孤立、呆滞。

3. 套摹笔迹的特征

(1) 具有临摹笔迹的基本特征

套摹笔迹指的就是仿写人在观察了被摹仿笔迹之后,仔细小心地书写而成。所以在套摹笔迹中也会出现形快实慢、笔力平缓、中途停顿、修饰重描、弯曲抖动、起收笔呆滞等特征。如果被摹仿字迹透影到纸面上的清晰度高,则中途停顿、修饰重描、弯曲抖动等现象可能不十分明显。

(2) 原样重复

当物证文书上相同字较多,摹仿人找不到足够的被摹仿字迹时,往往会在摹仿时反复套摹仿写同一个字,当重合比对物证文书上重复出现的单字时,其形体和笔画往往能够基本重合,这是确定套摹字迹的有力依据之一。

(3) 布局失调

正常书写而成的词组、句子或段落,由于文件的书写人是一气呵成,因此其书写动作连贯,排列布局富有整体性和协调性。但是对于套摹笔迹来说,有些则由于套用的单字来自被摹仿人不同时期书写的不同文件而导致单字形体、大小不一。

(4) 笔画或多或少,连笔紊乱

由于受被摹仿笔迹的结构和笔画的清晰度、透视影像能见度以及自身知识和经验所限,摹仿人不可能完全掌握那些笔画多、结构复杂、连笔动作和笔顺分辨不清的被摹仿字迹的特征,常常出现多笔少画、连笔紊乱、笔顺颠倒等现象。[①]

(5) 语义不通

由于受被摹仿笔迹材料的限制,在仿写一篇字数较多的物证文件时,常常无法占有足够的底样字迹,致使套摹笔迹中出现用词不当、词句牵强、文理不通、句子不完整等现象。

---

① 罗红,罗屹:《疑难笔迹的成因及对策探析》,载《中国司法鉴定》2005年第1期。

4. 描摹笔迹的特征

(1) 具有套摹笔迹的特征

描摹笔迹也是摹仿人利用特殊方法先在物证文书上形成可见字形笔画，然后逐笔逐画的进行描画书写而成，同样会受被摹仿字迹数量有限性的影响，出现原样重复、布局失调、多笔少画、连笔紊乱、语义不通等特征。

(2) 留有附加痕迹特征

描摹笔迹形成的方式的特殊性必然导致存在复写色料或二次抑压的痕迹，而且有的打样痕迹与字迹运笔不一定能完全重合。若是复写打样，在显微镜下观察，可见字迹色料深浅不一，表现色泽反常，甚至能够检见未被字迹色料完全覆盖的复写色料。

5. 忆摹笔迹的特征

由于摹仿人在仿写前经过反复练习，其运笔一般较为流畅，形快实慢、抖动弯曲、中途变快等典型的摹仿特征不明显，仅就检材本身不易判断是否为摹仿笔迹。但是摹仿人在反复练习过程中势必或多或少的夹杂自身的书写习惯，同时受对被摹仿字迹细节特征记忆的片面性、短暂性的影响，这种摹仿字迹与被摹仿字迹只能在大体上相似，而对于细节上来说，相差较多。

(三) 摹仿笔迹变化的规律分析

1. 书写工具对摹仿笔迹的影响

书写工具是书写稳定的前提，是促使书写运动协调的因素之一。书写工具发生变化会对固有的书写运动习惯产生干扰。

(1) 非正常书写工具书写笔迹特征

使用非正常书写工具，书写工具与书写承载体的摩擦系数较正常书写条件大，摹仿笔迹特征也会变得更加明显。

(2) 正常书写工具书写笔迹特征

相比于钢笔，圆珠笔和中性笔是目前较为新颖、流行、广泛使用的书写工具。采用硬笔书写，再配合正常的书写承载体，良好的书写衬垫物和书写环境等，是最能体现书写人书写习惯的。

2. 书写承载体变化对摹仿笔迹的影响

书写承载体是书写活动中直接接触书写工具、书写衬垫物、承载书写痕迹的物体。承载物体靠自身变化反映摹仿笔迹特征。同书写工具一样，使用惯用的书写承载体是保障书写效果的因素之一。长期的书写使书写人习惯在适宜的书写承载体上书写，书写一旦遇到不适应的承载体可能引起书写运动阻碍，同时适宜的书写承载体也是反映摹仿笔迹特征的客观条件之一。

3. 书写姿势变化对摹仿笔迹特征的影响

书写姿势分为正常和非正常两种。正常的书写姿势所书写的文字在日常生活中较为常见。非正常的书写姿势破坏了手腕部倚枕固定桌面所形成的手臂肌肉参与书写的动作的协调性，致使摹仿笔迹发生变化，但是笔迹发生变化的程度与书写技能的高低成反比。书写技能高的人，笔迹变化特征小；书写技能低的人，笔迹变化特征大。

（四）摹仿笔迹与其他伪装笔迹的关系分析

1. 摹仿笔迹与左手伪装笔迹的关系

若被摹仿人使用的是左手书写，而书写人并没有认识到这样一个事实的情况下，将被摹仿人的左手笔迹以及摹仿人的正常笔迹相对比的情况下，判断出摹仿笔迹的难度也大大减小。①

2. 老年人笔迹与摹仿笔迹的关系

老年人笔迹的特征主要是由于两大方面的原因所形成的。其一是客观（生理）方面的原因，包括书写运动系统的生理变化、神经系统方面的衰退老化、生理系统整体协调性方面的老化。其二是主观（心理）方面的原因，其包括了记忆力的影响、视觉和听觉的影响这两方面。在判断是摹仿笔迹还是老年人笔迹时，关键点是识别这两种相似笔迹的差别之处。

3. 精神病笔迹与摹仿笔迹的关系

精神病人的笔迹特点有：布局杂乱、不按格线，字迹潦草、结构松散，运笔抖动、任意修描，错别字多、古怪离奇，乱用标点、寓意晦涩。精神病人笔迹与摹仿笔迹之间相似点较少。

三、摹仿笔迹鉴定方法

（一）摹仿笔迹鉴定程序

1. 分析确定检材的鉴定条件

如果检材字迹送检时就声称是复印件，通常案件受理人已对鉴定意见的表述形式作出过提醒。如果检材字迹送检时声称是原件，检验时发现是复印件，

---

① 叶奕乾、祝蓓里：《生理学》，华东师范大学出版社1996年版，第59—70页。

鉴定人应该积极与委托人联系,以确定是否需要更改委托要求。从检验字迹笔画的清晰程度、笔画的数量、笔画的复杂程度、书写模式等方面综合判断检材字迹是否具备检验条件。

2. 分析确定样本的比对条件

由于自然样本存在一定的不确定性,因此即使委托人声称自然样本为同一人所写,也需要经过仔细的辨别。

3. 检材字迹与样本字迹的比较检验

在笔迹鉴定规范中,笔迹特征分为8大类,这8种特征又可概括为细节特征和概貌特征两种。在比较检验阶段,必须同等重视概貌特征和细节特征。如果过于重视概貌特征,在实验中容易导致先入为主的错误;如果过于重视细节特征,则在检验实践中又容易出现机械比对的毛病。

4. 价值评断和鉴定意见

价值评断关乎鉴定意见的出具,该阶段也是鉴定意见出现分歧的关键阶段。鉴定人亲自临摹检材字迹,并绘制手工笔迹特征比对表,是提高自身价值评断水平的有效途径之一。

(二) 摹仿笔迹鉴定要点

1. 样本笔迹的收集要求

当前,由于司法人员对于笔迹鉴定了解不足,送检案件时提供的样本多以实验样本为主。然而,受审查人在书写实验样本时,受紧张或者故意改变书写模式和书写速度妄图逃避责任等心理因素的影响,使得实验样本的比对价值往往较低,对于摹仿笔迹等特殊笔迹而言,往往难以通过实验样本分析受审查人笔迹特征的变化规律。在套摹、描摹笔迹的检验中,若能找到被摹仿字迹的底样,则能达到事半功倍的效果。

2. 全面、细致的比较检验

在对摹仿笔迹鉴定的过程中,仔细观察样本笔迹和检材笔迹的区别是最关键之处。

3. 认定摹仿人

认定摹仿人,必须具有良好的比对条件和充分的依据。首先,可疑摹仿人一般与被摹仿人之间存在利害关系,主观上有作案动机,客观上则具有能够占有被摹仿人笔迹的有利条件,书写水平一般不低于被摹仿人。其次,仔细比较检材笔迹与被摹仿人的笔迹,筛选出不属于被摹仿人的笔迹特征,此类特征多为摹仿人自身的笔迹特征。最后,将检材中不属于被摹仿人的笔迹特征与可疑摹仿人的笔迹进行比较，如果发现其中多数的高质量细节特征相符，则能为认定摹仿人提供依据。①

（三）摹仿笔迹鉴定意见在诉讼中的审查与质证

1. 摹仿笔迹鉴定合法性的审查

对笔迹鉴定的审查应该从可疑文书、被认定文书的来源、鉴定人的资格、鉴定的操作程序等方面来审查笔迹鉴定是否完全按照法律的规定进行。审查鉴定所用的文书来源是否是所预期的可疑文书，也即可疑文书有无被调换的可能，都经过哪些人的手，尤其要审查被认定为文书的来源是否合法。并且，审查笔迹鉴定过程，应审查笔迹鉴定所采用的方法、步骤直至结论是否符合相关法律法规的规定。

2. 摹仿笔迹鉴定意见是一种间接证据

笔迹鉴定意见在证据的分类上，是属于一种间接证据，换言之，鉴定意见常常并不直接说明案件的事实，只能说明被鉴定人的笔迹与案件有某种联系。否定同一认定结论，可以否定被审查人不是可疑文书的书写人。

四、摹仿笔迹特征与个人特点的关系

（一）摹仿笔迹特征的概念

笔迹特点是指书写人所具有的不同于一般人的书写形式，该书写形式表现为书写人普遍具有的某种特点的书写形式。例如，笔迹中普遍的横画向上倾斜的书写形式。

（二）摹仿笔迹特征与个人性格、能力的关系

西方国家在对犯罪人的性格进行研究时，或者公司在对求职者进行考察时，往往对这些考察研究对象的笔迹进行分析，以确定其性格是否属于犯罪人的性格，或者是否符合该公司的工作要求具备的性格，从而确定该人是否具有从事该项工作的条件。②

摹仿笔迹的特点可能在某些方面与性格有某种联系。原因在于，性格是一个复杂的复合体，人们无法根据摹仿笔迹的某些个别特点来确定一个人的性格

① 贾治辉主编：《文件检验》，中国民主法制出版社2007年版，第55页。

② 王冠卿：《笔迹鉴定理论与实践新探》，北京大学出版社2003年版，第257页。

体系，并由此来认定某一人是否是犯罪嫌疑人。与此同时，性格并不能决定行为能力的全部，摹仿书写活动作为一种能力活动，称为书写技能。书写技能的形成是受人的注意、感觉和知觉、记忆、想象、思维、情绪和情感等多方面因素影响的结果。

换言之，行为能力与性格之间并不存在一一对应的关系，书写能力与性格之间也并非单一的对应关系。因此，从摹仿笔迹中判断性格，并由此判断人的行为能力以及与其的社会效果是不完全科学的。

五、结　语

摹仿笔迹的形成，主要过程是起于摹仿人对被摹仿人笔迹的特征进行了一段时间的观察以后，感知其字形、字间结构及搭配比例关系、笔顺等特征后，在摹仿书写的过程中，既要按照被摹仿字迹的笔顺特征，又要极力抑制自身的书写习惯。这就会不可避免地出现一系列的问题，例如书写速度缓慢，前后两笔之间的连贯性不强烈，整个字笔画之间的轻重差异明显不同，墨水的渗散程度不相符合。

摹仿笔迹鉴定是现阶段的重点和难点问题。“纸上谈来终觉浅，绝知此事要躬行”。这极为通俗易懂的两句诗句却要司法鉴定人用一生的聪明才智与辛勤汗水来研究与实践。

Imitate handwriting identification study

Abstract：At present，with the progress of time，society，science and technology，handwriting identification of legal，scientific，accurate，professional development and constantly develop at the same time，handwriting difficulties breadth，depth，great changes have taken place，inspectors and inspection requirements are also showing a rising trend. In economic-related criminal，civil and administrative cases handwriting handwriting evidence in identification of the main object，to identify the authenticity of handwriting，proved imitate forged handwriting of reason became the main task of handwriting. Clearly，under the influence of various factors of modernization，handwriting disguised means of innovation. Among them，General disguised handwriting identification technology has been developed，and imitate handwriting identification has complex， changeable and unpredictable characteristics, there is always more to improve development. Therefore, imitate handwriting found recognition, research mimics handwriting variation summary imitating the special skills handwriting becomes an important task in the forensic instrument. In simple terms, imitate handwriting refers to the writer for some specific purpose or purposes, will be imitating human handwriting as a template or ground pattern, according to their own awareness of the handwriting feature, used to imitate the writing technique, to be counterfeit instruments, trying to have others write inhibit their natural habit of writing and the formation of marks.

Key words: imitate handwriting　camouflage methods　authentication method

图书在版编目(CIP)数据

公安学新论/杜志淳,杨正鸣主编.—上海:上海人民出版社,2017

ISBN 978-7-208-14432-3

Ⅰ.①公… Ⅱ.①杜… ②杨… Ⅲ.①公安学 Ⅳ.①D035.3

中国版本图书馆 CIP 数据核字(2017)第 080402 号

责任编辑 龙 敏 夏红梅

封面设计 夏 芳

公安学新论

杜志淳 杨正鸣 主编

世 纪 出 版 集 团

上海人民出版社出版

(200001 上海福建中路 193 号 www.ewen.co)

世纪出版集团发行中心发行 常熟市新骅印刷有限公司印刷

开本 720×1000 1/16 印张 15.75 插页 1 字数 267,000

2017 年 5 月第 1 版 2017 年 5 月第 1 次印刷

ISBN 978-7-208-14432-3/D·3022

定价 58.00 元